中国旅游院校五星联盟教材编写出版项目

中国骨干旅游高职院校教材编写出版项目

旅游概论

（第二版）

主　编　唐志国　刘晓琳

副主编　朱培锋　刘　萍　解姣姣　张东晨

中国旅游出版社

出版说明

把中国旅游业建设成国民经济的战略性支柱产业和人民群众更加满意的现代服务业，实现由世界旅游大国向世界旅游强国的跨越，是中国旅游界的光荣使命和艰巨任务。要达成这一宏伟目标，关键靠人才。人才的培养，关键看教育。教育质量的高低，关键在师资与教材。

经过 20 多年的发展，我国高等旅游职业教育已逐步形成了比较成熟的基础课程教学体系、专业模块课程体系以及学生行业实习制度，形成了紧密跟踪旅游行业动态发展和培养满足饭店、旅行社、旅游景区、旅游交通、会展、购物、娱乐等行业需求的人才的开放式办学理念，逐渐摸索出了一套有中国特色的应用型旅游人才培养模式。在肯定成绩的同时，旅游教育界也清醒地看到，目前的旅游高等职业教育教材建设和出版还存在着严重的不足，体现在教材反映出的专业教学理念滞后，学科体系不健全，内容更新慢，理论与旅游业实际发展部分脱节等，阻碍了旅游高等职业教育的健康发展。因此，必须对教材体系和教学内容进行改革，以适应飞速发展的中国旅游业对人才的需求。

上海旅游高等专科学校、浙江旅游职业学院、桂林旅游高等专科学校、南京旅游职业学院、山东旅游职业学院等中国最早从事旅游职业教育的骨干旅游职业院校，在学科课程设置、专业教材开发、实训实习教学、旅游产学研一体化研究、旅游专业人才标准化体系建设等方面走在全国前列，成为全国旅游教育的排头兵、旅游教学科研改革的试验田、旅游职业教育创新发展的先行者。他们不仅是全国旅游职业教育的旗帜，也是国家旅游局非常关注的旅游教育人才培养示范单位，培养出众多高素质的应用型、复合型、技能型的旅游专业人才，为旅游业发展作出了贡献。中国旅游出版社作为旅游教材与教辅、旅游学术与理论研究、旅游资讯等行业图书的专业出版机构，充分认识到高质量的应用型、复合型、技能型人才对现阶段我国旅游行业发展的重要意义，认识到推广中国骨干旅游高等职业院校的基础课程、专业课程、实习制度对行业人才培养的重要性，由此发起并组织了"中国旅游院校五星联盟"教材编写出版项目暨中国骨干旅游高等职业院校教材编写出版项目，将五校的基础课程和专业课程的教材成系统精选出版。该项目得到了"五星联盟"院校的积极响应，得到了国家旅游局人事司、教育部高职高专旅游专业教学指导委员会、中国旅游协会旅游教育分会的大力支持。经过各方两年多的精心准备与辛勤编写，在国家"十二五"开局之年，这套教材终于推出面世了。

"中国旅游院校五星联盟"教材编写出版项目暨中国骨干旅游高等职业院校教材编写出版项目所含教材分为六个专业模块："**旅游管理专业模块**"（《旅游概论》《旅游经济学》《旅游管理基础》《旅游市场营销实务》《旅游应用心理学》《中国旅游资源概论》《旅游电子商务》《旅游职业英语》《旅游职业道德》《旅游礼宾礼仪》）;"**酒店服务与管理专业模块**"（《酒店概论》《酒店前厅部服务与管理》《酒店客房部服务与管理》《酒店餐饮部服务与管理》《酒店财务管理》《酒店英语》《酒店市场营销》《调酒专业与酒吧服务与管理》）;"**旅行社服务与管理专业模块**"（《旅行社经营管理》《旅游政策与法规》《导游业务》《导游文化基础知识》《旅行社门市业务》）;"**景区服务与管理专业模块**"（《景区规划原理与实务》《旅游景区服务与管理》《旅游资源的调查与评价》）;"**会展服务与管理专业模块**"（《会展概论》《会展策划与管理》《会展设计与布置》《实用会展英语》）;"**烹饪工艺与营养专业模块**"（《厨政管理》《食品安全与卫生》《面点工艺学》《烹饪原料学》），共计 34 本。本套教材实行模块主编审稿制，每一个专业模块均聘请了一至三位该学科领域的资深专家作为特邀专业主编，负责对本模块内每一位主编提交的编写大纲及书稿进行审阅，以确保本套教材的科学性、体系性和专业性。"五星联盟"的资深专家及五校相关课程的骨干教师参与了本套教材的编写工作。他们融合多年的教学经验和行业实践的体会，吸收了最新的教学与科研成果，选择了最适合旅游职业教育教学的方式进行编写，从而使本套教材具有了鲜明的特点。

1. 定位于旅游高等职业教育教材的"精品"风格，着眼于应用型、复合型、技能型人才的培养，强调互动式教学，强调旅游职业氛围以及与行业动态发展的零距离接触。

2. 强调三个维度能力的综合，即专业能力（掌握知识、掌握技能）、方法能力（学会学习、学会工作）、社会能力（学会共处、学会做人）。

3. 注重应用性，强调行动理念。职业院校学生的直观形象思维强于抽象逻辑思维，更擅长感性认识和行动把握。因此，本套教材根据各门课程的特点，突出对行业中的实际问题和热点问题的分析研讨，并以案例、资料表述和图表的形式予以展现，同时将学生应该掌握的知识点（理论）融入具体的案例阐释中，使学生能较好地将理论和职业要求、实际操作融合在一起。

4. 与相关的行业资格考试、职业考核相对应。目前，国家对于饭店、导游从业人员的资格考试制度已日渐完善，而会展、旅游规划等的从业资格考核也在很多旅游发达地区逐渐展开。有鉴于此，本教材在编写过程中尽可能参照最新的各项考试大纲，把考点融入到教材当中，让学生通过实践操作而不是理论的硬背来掌握知识，帮助他们顺利通过相关的考试。

"中国旅游院校五星联盟"教材编写出版项目暨中国骨干旅游高职院校教材编写出版项目是一个持续的出版工程，是以中国骨干旅游高职院校和中国旅游出版社为平台的可持续发展事业。我们对参予这一出版工程的所有特邀专家、学者及每一位主编、参编者和旅游企业界人士为此书编写贡献出的教育教学和行业从业的才华、智慧、经验以及辛勤劳动表示崇高的敬意和衷心的感谢。我们期望这套精品教材能在中国旅游高等职业教育教学中发挥它应有的作用，作出它应有的贡献，这也是众多参与此项编写出版工作的同人们的共同希望。同时，我们更期盼旅游高等职业教育界和旅游行业的专家、学者、教师、企业界人士和学生在使用本套教材时，能对其中的不足之处提出宝贵意见和建议，我们将认真对待并吸纳合理意见和建议，不断对这套教材进行修改和完善，使之能够始终保持行业领先水平。这将是我们不懈的追求。

中国旅游出版社

2011年3月

再版前言

近十年来，我国旅游业迅速发展，产业规模不断扩大，初步形成了观光旅游和休闲度假旅游并重、旅游传统业态和新业态齐升、基础设施建设和旅游公共服务共进的新格局。旅游业已融入经济社会发展全局，成为国民经济战略性支柱产业。截至 2019 年年底，我国已成为世界第一大出境旅游国、第一大国内旅游国、第三大入境旅游接待国。文旅融合、全域旅游等成为旅游业发展的重要方向，文化创意旅游产品、精品民宿等旅游新业态不断涌现，旅游业界基于鲜活的实践经验也不断进行理论创新，成果丰硕。

《旅游概论》一书自 2011 年出版以来，成为高职高专院校旅游专业学生喜爱的教材之一，为了更好地吸收近十年来我国旅游业发展的实践和理论成果，编写组对《旅游概论》进行了修订。在修订过程中，针对旅游专业学生的特点，根据项目化教学要求，更新编写体例，丰富教学内容，以期更加符合高职高专层次旅游类专业的教学需要。本教材在对旅游业的基本概念、基本内容进行阐述的同时，结合我国旅游业发展的新变化、新趋势，将旅游饭店、旅行社、旅游景区、旅游交通等专门编辑成章，加入了文化主题酒店、精品民宿、高铁旅游、邮轮旅游、自驾游等旅游业新知识，以期能更好地反映当前我国旅游业发展的实际情况。

本教材编者全部来自旅游类高职院校，多年从事旅游职业教学实践和理论研究，均为"双师型"教师，部分编者具有在旅游饭店、旅行社担任高级管理人员的职务经历。在修订过程中，采取了项目化模块方式编写章节，增加了课前导读、课堂思考、课后案例分析等内容。在每个项目中，穿插了相关知识链接，适当增加图片和图表，使本书图文并茂；课后的思考题和推荐阅读材料，有助于学生进行拓展学习，加深学生对所学知识的理解和掌握。

本书由唐志国教授主持编写，并对全书进行统稿。全书共分上、下两篇，上篇为旅游基础，下篇为旅游实务，共分为十个学习项目，分别由刘晓琳、朱培锋、刘萍、解姣姣、张东晨负责编写。

由于编者水平的局限性，以及对我国旅游业发展的研究和了解还有待进一步加深，书中难免存在缺点和不足，恳请各位同人和读者不吝赐教。

编写组
2020年6月2日

前言

进入 21 世纪，我国旅游业发展迅速，已经从国民经济新的经济增长点发展成为国民经济的支柱产业。旅游活动也成为人们改善生活质量，追求幸福生活的重要手段。伴随着我国旅游业的快速发展，我国旅游职业教育事业也呈现出勃勃生机。旅游职业院校的办学规模和招生规模不断扩大，办学条件日益改善。为适应我国旅游职业教育事业的发展要求，由中国旅游院校五星联盟学校和中国旅游出版社联合组织编写了旅游专业系列教材。

《旅游概论》作为系列教材之一，针对高职高专院校旅游类专业学生的特点，采用全新的编写体例，从旅游的起源与发展入手，系统地阐述了旅游的本质特征以及旅游者、旅游资源和旅游业的基本概念，对现代旅游业的各个组成行业——旅游饭店、旅行社、旅游交通、旅游景区等的现状和发展趋势作了基础的描述；通过对旅游市场、旅游环境和旅游组织的分析，使学生能够全面、深刻的认识旅游和旅游业，把握现代旅游活动对社会经济、文化和环境的影响。

本教材编者全部来自旅游高职院校，多年从事旅游职业教学实践和理论研究，部分编者有多年在旅游饭店、旅行社从事管理岗位工作的经历。在编写过程中，我们努力吸收国内外旅游学教材的优点和长处，将当前旅游业的最新研究成果及旅游实践中的成功经验和做法融入其中。

本教材在编写过程中根据高职教育教学规律，结合旅游高职院校学生的实际需要，在体例上增加了课前导读、课堂思考、课后案例分析等环节，有利于提高课堂教学效果；在每章节中穿插相关链接，适当添加图片和图表，使本书图文并茂；课后的推荐阅读材料和思考题，有助于学生进行拓展学习，加深对所学知识的理解和掌握。

本书由唐志国副教授主持编写，并对全书进行统稿。全书共七章，分别由王煜琴、曹银玲、刘萍、朱培峰、王艳玲、封秀霞老师负责编写。在本书的编写过程中，得到了桂林旅游高等专科学校黄国良教授、山东旅游职业学院陈增红教授的指导和帮助，也得到济南市部分旅游企业的大力支持，在此一并表示由衷的感谢。

由于编者水平的局限和旅游业的快速发展，书中难免存在缺点和不足，恳请各位同人和读者不吝赐教，以便在本书修订时加以改正。

编者

2011年5月18日

目　录

JICHU 上篇 旅游基础

项目一 旅游

了解旅游产生与发展的过程，理解旅游的本质属性及旅游活动的特点；掌握旅游的定义及旅游的类型；能够理解旅游的特点，并运用其解释旅游现象。

1. 学习旅游的产生和发展历史。
2. 剖析旅游的本质和旅游活动的特点。
3. 介绍旅游的定义及旅游的类型。

全域旅游如火如荼

随着大众旅游时代的到来，旅游如今已由少数人的奢侈消费变成普通人的大众消费，在经济、社会、民生、外交等各领域发挥着不可替代的作用。在旅游全景化、全时化、全民化、全业化的当下，用"全域旅游"来对接"大众旅游时代"，可谓恰逢其时。各地全域旅游发展精彩纷呈，处处能旅游、时时可旅游、行行加旅游、人人享旅游的美丽画卷正徐徐展开。

1. 成为国家战略

在大众旅游时代，人们的生活方式与旅游方式发生了很大变化，自助游超过85%，自驾游超过60%。传统的以点为特征的景点旅游模式已不能满足现代旅游发展的需要，必须加快从景点旅游模式向全域旅游模式转变。全域旅游不仅仅是热词，更上升为国家战略。2016年7月，习近平总书记在宁夏考察时指出，"发展全域旅游，路子是对的，要坚持走下去"。2019 年的政府工作报告中也提出，"大力发展全域旅游"。2018 年，500 家国家全域旅游示范区创建单位共接待中外游客 18 亿人次，约占全国旅游人数的 40.5%，同比增长 20%，旅游总收入 1.76 万亿元，同比增长 21%。全域旅游投资逆势增长，成为社会投资的热点领域。

2. 展示美丽中国

中国的美丽不仅在景点景区，全域旅游向海内外游客展示着更为广阔、更具魅力的美丽中国。碧海蓝天一色，烟波帆影点点；椰林婆娑伴奇石，海角天涯话流连。海南作为国家首个全域旅游示范省创建单位，以"点、线、面"相结合为推进模式，以海南国际旅游岛建设发展为总抓手，以"美丽海南百千工程"为重要载体。随着海口、三亚、儋州等旅游精品城市旅游功能逐步完善，海口观澜湖、三亚海棠湾等 6 大旅游产业园及 25 个重点旅游度假区、旅游综合体建设进展顺利，海南处处是风景。

3. 创新旅游发展

全域旅游是一种全新的发展模式，已远远超出旅游领域自身的意义。旅游不仅直接带动住宿、餐饮、航空、铁路、公路、水运等服务产业，而且有力推动农业转型和促进工业发展。全域旅游突破了景区景点的资源观念，延伸到农耕民俗、生态环境、工业遗产、文化节庆、科技产业、体育活动、医疗教育等各类社会资源的整合，把各类有价值可利用的吸引力转化为旅游吸引物。精彩体育赛事、高品质医疗资源、高科技基地等，都可以成为体育旅游、康养旅游和科普旅游的资源。

4. "旅游 +"衍生出的新产品、新业态不断涌现

"旅游 + 城镇化、工业化和商贸"，形成了美丽乡村、旅游小镇、森林小镇、风情县城、文化街区、宜游名城等；"旅游 + 农业、林业和水利"，形成了现代农业庄园、田园综合体、森林人家、沙漠公园、国家水利风景区等产品；"旅游 + 科技、教育、文化、卫生和体育"，形成了科技旅游、研学旅游、养生养老旅游、体育旅游等业态；"旅游 + 交通、环保等"，涌现了众多自由行产品，如自驾车房车营地、公路旅游区、低空旅游、海洋海岛旅游等；"旅游 + 互联网"，形成了在线旅游产品，如旅游互联网金融、分享型旅游产品、旅游大数据等。

（资料来源：http://travel.people.com.cn/n1/2017/0814/c41570-29469298.html）

> **课堂思考：**旅游业正在影响着大众生活，在更宽地域、更广领域里发挥着重要的作用，那么旅游业有哪些属性决定了它的发展能够成为影响国家战略和人民生活的一种业态？

任务一　旅游的产生与发展

一、古代的旅行活动

（一）奴隶制社会时期的旅行活动

新石器时代晚期，由于金属工具（铜）的问世，生产力水平进一步提高，导致了人类历史的第二次社会大分工，即手工业同农业和畜牧业的分离。社会化大分工进一步促进了生产技术的进步，进而促进了生产率的提高，推动了生产力的发展，使得剩余产品数量增多、交换剩余产品成为可能，也就导致了商品经济的发展和私有制的形成。到了原始社会末期已经出现了专门从事商品交换的商人阶级，商业从农业、畜牧业、手工业中分离出来，这就是第三次社会大分工。在最初的年代，商人开创了人类外出旅行的先河，也就是在原始社会末期，人类有意识的外出旅行活动开始萌芽，到奴隶制社会时期迅速发展，到了封建社会，参加旅行的人数和范围极大发展，直到19世纪中叶前，这是人类古代旅行的发展阶段。

与原始社会比较，奴隶制社会是一个巨大的进步。它打破了原始社会氏族部落关系的狭隘性，有利于社会生产规模的扩大，有利于体力劳动和脑力劳动分工的发展，为整个人类物质文明和精神文化的进一步发展创造了条件，客观上为人类旅行提供了便利的物质条件，明显地扩大了人类旅行活动的规模和范围。

在西方奴隶社会，古代旅行以古埃及、古罗马、古希腊和腓尼基的旅行活动最为著名。公元前3000多年，古埃及建成统一的奴隶制国家，之后，古埃及确立了以法老为首的中央专制政体，开始大规模兴建金字塔和神庙，吸引了无数前来参观旅行的人们。到新王国时代（公元前1567—前1085年），埃及已经是世界闻名的游览胜地。约公元前1490年，埃及荷赛普赛特女王访问旁特地区（大约

图1-1　埃及卢克索神庙
（图片来源：https://image.baidu.com）

是今天的索马里），是世界上第一次为了和平和以游览观光为目的的旅行。埃及卢克索神庙（见图1-1）的墙上刻写着这次巡游的经过。

古罗马时代（公元前8世纪至公元5世纪）是世界古代旅行的全盛时期。古罗马

帝国的版图以罗马为中心，北到欧洲中部莱茵河、多瑙河一带，西到大西洋不列颠、西班牙，南抵北部非洲，东达西亚两河流域，地跨欧、亚、非三洲，地中海成为帝国的内湖，"条条大道通罗马"是其真实写照。古罗马修建了四通八达的公路网，它们分别由当地部门管理，并由军队保护，社会治安也逐渐好转。由于这些空间移动的基本条件越来越完备，在一部分特权阶层中开始了以寻求乐趣为目的的闲暇性旅行，旅行超越了商务、宗教信仰，出现了以疗养、观览庙宇、欣赏建筑、游览古迹等为目的的各种各样的旅行。为适应旅行的发展，古罗马在去那不勒斯沿途，还建起了豪华别致的别墅，供旅游者享用。罗马帝国后期，基督教取得合法地位，朝拜圣地的宗教旅行随之兴起。闻名世界的"七大奇迹"（埃及金字塔、巴比伦空中花园、亚历山大灯塔、罗德港巨人雕像、宙斯神像、阿提密斯神殿、摩索拉斯陵墓）是这一时期宗教建筑的典型代表，对人们产生了巨大的吸引力。

宗教旅行鼎盛时期是在古希腊时代。古希腊的提洛岛、特尔斐和奥林匹斯山是当时世界著名的宗教圣地。在建有宙斯神庙的奥林匹亚村，奥林匹亚节是最负盛名的盛典。宙斯神大祭之日，前来参加者不绝于道。节庆期间，举行赛马、赛车、赛跑、角斗等体育活动。当时的奥林匹亚庆典，纯属一种宗教活动，但却促进了周围剧院的建立和宗教旅行的发展。后来，宗教旅行逐渐遍及全球，成为一种世界性的旅行活动。

商业旅行早在公元前3000年就产生了。被称为"海上民族"的腓尼基，很早就有发达的商业和手工业，造船业最为发达，这为商业旅行提供了条件，因此，腓尼基最早出现了商业旅行。另外，波斯帝国也是较早兴起商务旅行的国家，在公元前6世纪中叶，波斯帝国兴建了两条"御道"：第一条东起帝国首都苏萨，穿越美索不达米亚中心地区和小亚细亚，直抵爱琴海的以弗所，全长约2400公里；另一条大道起自巴比伦城，横贯伊朗高原，直达巴克特利亚（大夏）和印度边境，这条路成为以后"丝绸之路"西端的基础。这两条道路的修建，为商业旅行的兴起和发展起到了巨大的推动作用。

在中国的奴隶制社会时期，社会经济一度繁荣，特别是在商代，由于生产工具和技术的进步及社会分工的深入，生产效率比以往有了较大提高，从而产生了剩余劳动产品。为了交换这些剩余产品，以经济为目的的旅行活动得到很大发展。从商代到春秋战国，从事贸易经济的商人足迹几乎遍布当时他们所知道的所有范围。

（二）封建制社会时期的旅行

欧洲在公元5世纪开始进入封建社会。7世纪初，穆罕默德创立伊斯兰教后，建立了阿拉伯国家，8世纪中叶形成地跨亚、非、欧三洲的大帝国（1258年被蒙古人所灭）。辽阔的地域、特殊的地理位置（欧亚之间）及宗教原因（伊斯兰教规定，每个穆斯林一生必须到其宗教圣地麦加朝圣一次），促进了旅行活动的发展。

13 世纪，欧洲的外交、贸易旅行发展起来，中世纪的城市开始复兴，中产阶级迅速成长，马可·波罗就是其中典型的代表。马可·波罗 17 岁时随父亲和叔父从威尼斯出发，沿着古丝绸之路东行，横贯整个欧亚大陆，最后到达元大都北京，忽必烈接见了马可·波罗，之后他在元朝宫廷任职 17 年，这 17 年间，他到过中国多地和一些邻近国家进行游览访问。后来，他回到威尼斯，经他口述旅行经历，由鲁斯蒂谦（Rustichello da Pisa）记录完成了不朽名著《马可·波罗游记》，此书引发了 15—16 世纪欧洲的东方热。

15 世纪，欧洲对外扩张和对财富的狂热，驱使欧洲的商人、航海家、封建主从事海洋远航。哥伦布、麦哲伦的航海旅行兼有探险、考察旅行的性质。

16 世纪，教育旅行开始盛行起来，贵族们把出国旅行视为增长知识、开阔眼界的一种好途径，这种以教育和求知为目的的旅行延续了好几个世纪，但真正发展和流行起来，则是在 18 世纪，并一直延续至今。

18 世纪中叶，世界上第一次出现了真正自觉地、有特定目的的自然观光旅游。一些大文豪、画家、音乐家酷爱大自然，用文学作品、画卷和音乐鼓励人们到大自然中去，为自己的创作寻觅源泉。

中国的封建社会长达 2000 多年，与奴隶社会相比，封建社会的生产关系发生了质的改变，生产力和科学技术不断进步，加上统一的国家环境，使得封建社会的政治、经济和文化都得到了进一步发展和繁荣。社会的安定与经济的繁荣为中国封建社会时期旅行活动的发展奠定了新的物质基础。

秦王嬴政建立了中国历史上第一个中央集权制封建国家，秦始皇成为我国封建社会帝王巡游的第一个重要代表，他先后进行过五次远途巡游，车驾所至，遍及华夏。至今，民间还流传着秦始皇巡游的种种传说故事。汉武帝在位几十年共巡游三十余次，巡游规模、声势浩大，与秦始皇相比，有过之而无不及。汉武帝还三次攻打匈奴，打通漠北交通线，两次派遣张骞出使西域，开拓了"丝绸之路"。

丝绸之路的商旅活动持续了 1000 多年，促进了中国和世界各国经济、文化等多方面的交流与合作。汉代的司马迁开启了中国古代学术考察之旅，为了写一部真实可靠、内容丰富翔实的历史著作，他周游天下，足迹几乎遍布华夏。司马迁留给后世垂范千古的文史巨著《史记》，成为中国古代学术考察之旅的表率。

相关链接：中国旅游业的标志——马踏飞燕

马踏飞燕（见图1-2）又称"马超龙雀""铜奔马"，青铜制，高34.5厘米，长45厘米，宽10厘米，制作于东汉时期，出土于甘肃武威雷台墓，现收藏于甘肃省博物馆。

骏马在中国古代是作战、运输和通信中最为迅速有效的工具，强大的骑兵也曾经是汉朝反击匈奴入侵、保持北部地区安定必不可少的军事条件，所以汉人对马的喜爱超过了以往的任何一个朝代，并把骏马看作民族尊严、国力强盛和英雄业绩的象征。因此，大量骏马形象出现于汉朝雕塑和工艺作品中，其中最令人赞叹的就是这件举世闻名的"马踏飞燕"。

图1-2 马踏飞燕

（图片来源：http://blog.sina.com.cn/s/blog_c50e14dd0101j68i.html）

这匹正撒开四蹄飞奔的骏马体态矫健，昂首甩尾，头微微左侧，三足腾空，只有右后足落在一只展翼疾飞的龙雀背上。骏马粗壮圆浑的身躯显示了它强大的力量，但其动作又是如此轻盈，以至于人们似乎忘记了它只通过一足就将全身重量都放在了一只小小的飞燕身上。它嘶鸣着，额鬃、尾巴都迎风飘扬，充满了"天马行空"的骄傲；飞燕似乎正回首而望，惊愕于同奔马的不期而遇。这简直就是古人"扬鞭只共鸟争飞"诗句的真实再现！

骏马体型的每一部分都异常完美而匀称，姿态动感强烈，同时也保持着精确的平衡。雕塑的重心显然经过了极其周密的计算，稳稳地落在踏鸟的一只足上。作为具有三维空间的圆雕作品能取得如此非凡的艺术效果，作者想象力之卓越、构思之新颖及铜铸工艺运用之巧妙，都令人惊叹不已。

"马踏飞燕"是汉代艺术家高度智慧、丰富想象、浪漫主义精神和高超艺术技巧的结晶，是我国古代雕塑艺术的稀世之宝。

马踏飞燕具有的蓬勃的生命力和一往无前的气势，更是中华民族的象征。因此，把它作为旅游界的标志再合适不过。

（资料来源：https://zhidao.baidu.com/question/8806117.html）

魏晋南北朝时期，社会长期分裂，天下大乱，是中国封建社会的大分裂和民族大融合时期，大部分知识分子对残酷的现实世界感到恐惧和厌恶，产生了消极遁世的思想，走上把灵魂放逐于自然山水的旅行中。竹林七贤、陶渊明、谢灵运都是这一时期士人漫游的典型。这一时期还有为传经、取经开展的宗教旅行。法显因佛经中的戒律残缺不全而立志求法，65 岁高龄时毅然西行，历尽千辛万苦，14 年后，回到国内，他撰写的《佛国记》是考察研究南亚古代史的重要著作和可贵的旅行地理文献。此时期访山问水寻求人生哲理的僧人还有于法兰、支道林、释道安、慧远等。

隋唐时期，中国封建社会处于鼎盛时期，上至帝王达官，下至黎民百姓，游历之风盛行。隋炀帝开凿了沟通南北的大运河，每次南下都声势浩大，一路劳民伤财，奢侈浪费，开创了中国古代帝王舟游的新篇章。唐代的武则天、唐玄宗也曾带领文武百官组成封禅队伍，浩浩荡荡，到泰山等地封禅。初唐的王绩、宋之问，盛唐的孟浩然、王维，中唐的陆羽、张志和、柳宗元、白居易、陆龟蒙等，有的寄情山水，有的爱好出游，是名噪一时的山水游客。李白放酒纵歌，足迹遍布大半个中国，写下了大量的壮美诗篇。唐代还出现了一些著名的漫游僧侣，玄奘、鉴真是其杰出代表。玄奘一生历时 17 年，游历了 100 多个国家，对印度等国做了全面考察，他的《大唐西域记》记载和传播了古代印度的风貌；鉴真和尚不畏艰难险阻，六次东渡日本传扬佛法，对日本的社会经济和文化等产生了重要影响。

宋代旅行与唐代相比，抹去了激昂奋进，多了些雅静内敛和理性。元代政府推行的歧视汉人的政策，打压了汉人的生活积极性，使得国内旅行较为平淡，主要是中西旅行家的往来。

明清时期人们的旅行愿望更加强烈，旅游不再是少数达官贵人、文人学士的专利，黎民百姓的出游热情开始被激活。尤其是明朝的国内科学考察旅行盛行，徐霞客经历千山万水，考察地质地貌，先后游历了 16 个省份，他的《徐霞客游记》是一部集地理学、地质学及游记文学的传世之作。李时珍为了钻研医药，也曾考察我国多个省区，他的《本草纲目》被誉为"东方医学巨典"。郑和曾率领明朝远洋航海船队七次下西洋，航行十余万里，他绘制的《郑和航海图》是我国最早的远洋航海地图。明朝中期以后，西方列强侵略我国，中国处在内忧外患的境遇，人们的旅行观念也逐渐发生了变化。

我国封建社会时期已经出现了不少属于非经济目的的旅行活动。例如，以张骞、郑和为代表的公务旅行；以大诗人李白、杜甫为代表的士人漫游；以玄奘、鉴真为代表的宗教旅行；以徐霞客、李时珍为代表的科学考察旅行等。然而，此类旅行的参与人数并不多，真正在规模上占支配地位的始终是以贸易经商旅行为代表的经济目的的旅行，这就不难推断出这一时期旅行活动参加者的基本构成。

课堂思考：人类最初的旅行需要是如何产生的？

二、近代旅游的开端与发展

（一）产业革命对旅游的影响

18世纪中叶开始的产业革命最终把人类旅游推向近代旅游的新阶段。1763年，瓦特改进了纽科门发明的蒸汽机并取得专利，随后投入工业生产，从而揭开了英国工业革命的序幕。之后，美、法、德、日等国家到19世纪中叶先后完成工业革命。整个19世纪，工业化的浪潮席卷了世界的每一个角落，蒸汽船、火车和20世纪初伴随第二次工业革命出现的飞机，改变了人们的旅行方式，也改变了人们对世界的认识。产业革命促进了资本主义社会生产力的发展，提高了生产社会化程度，给人类社会带来了一系列的变化，对旅游的发展也带来了重大的影响和促进。

首先，产业革命加速了城市化进程。由于产业革命的影响，人们生活工作重心由农村转移到了城市，城市生活的紧张节奏和拥挤嘈杂的环境使人们产生回归自然的需求，从而刺激了旅游的发展。

其次，产业革命使大众购买能力提高，闲暇时间增多。产业革命造就了工业资产阶级和产业工人，并使得社会财富不再只流向封建贵族和土地所有者，工业资产阶级慢慢富裕起来，有财力外出旅游的人们增多了。随着生产力的提高和工人阶级争取权益的不懈努力，工人阶级也逐渐加入到了旅游者的队伍中来。

再次，产业革命促使人们旅游内在动机的产生。产业革命改变了人们的工作性质和生活方式。产业革命使大批的农民从农村走进了城市，忙闲有致的多样性农业劳动被枯燥重复的机器化工业劳动所取代，这就使得人们产生克服工作单调性的冲动，而旅游是满足人们生活多样性的最好方式。

最后，产业革命带动了交通运输工具的革新，为远距离旅行提供了客观条件。旅游的发展与交通条件的改善息息相关，二者紧密联系在一起。新式交通工具不仅速度快、运载量大，还具有价格相对低廉的优势，这使得远距离大规模的人员流动成为可能。

相关链接

蒸汽机用于陆上交通是工业革命的一个重要特征。1763年，一名叫尼古拉·居纽的法国工程师建造了第一辆模型蒸汽机，这个模型让人们寄予了很大的希望，并为1769年建造一辆实际大小的牵引车提供保证。后来这辆车一小时行驶3.6公里，但由于它不稳定，一次在繁忙的街道拐角处倾覆，鉴于此种危险，它被搁置不用（亚沃尔夫，1991），不过他应该被看作汽车的最早雏形。瓦特在申请蒸汽机的专利时已经包括一项关于机车的计划，他的合作者默多克也致力于

制作一辆模型机车，并于1784年做过一些试验，不过没有继续。1797年，特里维克西制作了一个公路机车模型，1801—1808年间，制成了几辆实际尺寸的机车并进行了一系列试验，都因为效果不够理想而未受到重视。1830年，斯蒂芬森发明了在轨道上运行的机车"火箭号"，以平均每小时22.5公里的速度行驶了50公里，将一列火车从利物浦牵引到曼彻斯特，短短几年内，火车支配了长途运输，能够以比在公路或运河上所可能有的更快的速度和更低廉的成本运输旅客和货物（斯塔夫里阿诺斯，1988）。从伦敦到爱克赛特280公里的路程，1841年公共马车需行驶21小时，1846年火车只需4小时。一辆火车可以相当于22匹马在普通道路上所干的活。1837年英国每公里客运票价合3.1生丁，1887年降至0.78生丁。

[资料来源：小艾尔弗雷德·D.钱德勒.看得见的手：美国企业的管理革命（中译本）[M].北京：商务印书馆，1987]

（二）旅游业的诞生

产业革命为人类旅游活动的发展奠定了物质基础，特别是蒸汽轮船、火车等交通运输工具的使用，为人们出游提供了便利的交通条件。但是，由于大多数人对外出旅游没有经验，对交通工具的选择、出入境手续办理、货币兑换及语言交流等方面存在许多顾虑。这种情况下，人们迫切需要提供这方面的帮助，这在客观上导致了旅游业的诞生。

1841年7月5日，英国人托马斯·库克以包租火车的方式，组织了570人从英格兰中部的莱斯特前往洛赫伯勒，参加该地举行的一次禁酒大会（见图1-3）。全程往返24英里，票价一先令。这是人类首次有目的的组团旅游活动。托马斯·库克组织的这次活动被当时的人们称为"伟大的创举"，并普遍被后人看作近代旅游业的开端。

图1-3　托马斯·库克莱组织前往戒酒大会

（图片来源：https://image.baidu.com）

在托马斯·库克组织这次活动之前，已经有一些城市的技工协会组织自己的会员利用火车团体去其他城市拜访同行、交流经验。但是，托马斯·库克组织的活动之所以被认定是近代旅游业的开端，这是因为：第一，本次火车团体旅游具有广泛的公众性，其参加者来自各行各业并包括家庭妇女和儿童，不再只是一个行业协会或组织的内部成员。第二，本次活动由托马斯·库克本人全程随团照顾。相比之下，此前的其他团体的旅行只是有人筹划和安排，却无人在旅途中负责组织和照顾。第三，此次活动的参加人数之多、规模之大在当时是空前的，在社会上造成了巨大反响。

1841年的这次团体旅游活动使托马斯·库克名声大噪。此后的几年里他也应邀组织了多次旅游活动，这丰富了托马斯·库克组织和安排旅游活动的工作经验，同时，他也意识到开展商业性旅游经营的时机到来了。1845年，托马斯·库克决定开办商业性旅游业务。当年夏季，他组织了从莱斯特到利物浦的团体消遣旅游，此行为期一周，有350人参加，按人收取费用。托马斯·库克开展的此次活动从考察和设计线路、组织产品、确定旅游点、宣传广告、为旅游者联系食宿、印制《旅游手册》直到陪同和导游，都体现了现代旅行社的基本业务。此次团体旅游是一次真正的纯商业目的的旅游活动，是一次在外过夜数天的长途旅游。托马斯·库克还雇用了地方导游，编写了世界上第一本旅游指南《利物浦旅行手册》，它的意义是1841年第一次组织团体火车旅游的活动所不能比拟的。1855年，他组织了从英国莱斯特到法国巴黎的旅游，全程采用一次性包价，这是世界上组织出国包价旅游的开端。1856年，托马斯·库克通过广告推出了欧洲大陆游。1863年，他在瑞士成立了一个营业所，专门负责赴瑞士的旅行活动安排。1865年，"托马斯·库克父子公司"正式成立，这是世界上最大的一家旅游企业，并先后在美洲、亚洲、非洲设立了分公司。此后，库克还推出了一种旅游代金券，用于支付与其旅行社、有合同关系的交通运输公司和食宿接待企业的费用，这种代金券实际上是最早的旅行支票。1872年，库克又首次组织了环球旅游。鉴于托马斯·库克在世界旅游史上的卓越贡献，他被公认为近代旅游业的创始人，他组织的旅游活动的开展标志了近代旅游业的诞生。

> 课堂思考：托马斯·库克组团旅游活动为什么被普遍看作近代旅游业的开端？

三、现代旅游的发展背景

在早期的铁路时代，汽车作为一种陆路交通工具已经问世，但靠蒸汽驱动的汽车在速度和运载能力方面无法与同时期的火车、轮船相比，直到19世纪末汽车采用了内燃机技术后，汽车的结构和运行速度发生了革命性进展。之后，汽车数量猛增，这使人们对出游地点的选择、旅游时间的掌握有了较大的自由。内燃机技术的发展也促成了飞机的发明。20 世纪 20 年代末，体积较大并且较为安全的民用客机开始投入使用，到了 20 世纪 50 年代中期，喷气式飞机用于民航，之后不断发展和改进，飞机的使用大大缩短了两地之间的时间距离，为远程旅游提供了方便，机票价格的不断降低也使得航空旅行不断普及。喷气推进技术在民用航空中的应用，标志着现代旅游的到来。

一般认为，现代旅游是指第二次世界大战后，特别是 20 世纪 60 年代以来，迅速普及于世界各地的社会化旅游活动。这是因为"二战"以前，无论旅游者的人数、参加的阶层、旅程的距离及旅游消费都受到较大局限，直到"二战"以后，欧美许多国家经济迅速恢复，人们生活水平普遍提高，旅游作为群体性的活动普遍开展起来，现代旅游业开始成为一个完整独立的旅游经济体系，专门为旅游者服务、为旅游者活动提供便利条件的经济活动逐渐从其他部门中分离出来，形成一个新行业，成为一个新兴产业部门。

"二战"以后促使现代旅游迅速发展的原因很多，但归结起来，主要是两大因素：一是经济的迅猛增长和相对持续的和平环境，二是现代科学技术的革命性成果。具体来讲，促使战后世界旅游活动迅速发展和扩大的主要背景有以下几点。

（1）"二战"后世界人口迅速增多。在战后初期，全世界人口约为 25 亿，而到了 20 世纪 60 年代，增加到了 36 亿。世界人口的增多为战后大众旅游人数增加奠定了基础。

（2）"二战"后经济迅速发展和个人收入增加。几乎所有国家的经济增长速度都大幅度地超过了战前的增长速度，世界市场经济国家国民收入按人均计算，1960 年为 520 美元，1979 年增至 2690 美元，20 年内增长了 5.7 倍。随着经济的发展，个人收入也在逐步增加，人们除了日常生活开支外，有剩余收入可以用于旅游。

（3）"二战"后人们的闲暇时间增加。科技的进步、社会劳动生产率的大大提高，增加了社会闲暇时间，为人们外出旅游在时间上创造了有利条件。带薪假期制度的推广使工薪阶层外出旅游成为可能。进入 20 世纪 60 年代，发达国家都在不同程度上实施了带薪假期制度，使得更多的劳动者跨入旅游者的行列，导致现代旅游具有明显的大众化特征。

（4）科技突飞猛进使得交通运输条件大大改善。汽车日益成为人们的主要旅游交通工具，缩短了人们旅行过程中的时间距离。20 世纪 50 年代中期，喷气式飞机用于民航客运，大大缩短了世界的时空距离，使得出国旅游、洲际和环球旅游不再是一种梦想。

（5）人们的求知欲大大增强。战后教育事业不断发展，信息技术不断进步，民众的文化修养不断提高，求知欲大大增强，人们希望有机会外出旅行开阔眼界，通过旅游提高自己的生活质量和实现自己的生命价值。

四、现代旅游发展的主要特征

"二战"以后，旅游业开始成为一个完整的旅游经济体系，成为国民经济中一个重要的组成部分。在现代旅游的发展过程中，逐渐形成以下几个方面的特征。

（1）增长的持续性。从 20 世纪 50 年代起，世界旅游业发展持续不衰，虽然受国际能源危机、政治局势或经济危机的影响，个别年份略有波动，但总体趋势具有增长的持续性。特别是到了 20 世纪 90 年代中期以来，世界上 170 多个国家和地区中有 120 多个国家和地区把旅游业列为 21 世纪的支柱产业，世界旅游组织称旅游业是"世界上最富有活力的经济增长点"。

从年平均增长率来看，现代旅游业的发展经历了一个旅游人次年平均增长速度不断放缓，旅游收入年平均增长率先高速后慢慢放缓的趋势，这也说明了现代国际旅游已由数量增长型向效益型转变，产业发展日趋成熟。

（2）旅游活动的普及性。虽然"二战"之前的旅游者队伍中已经有劳动阶层参加，然而劳动阶层真正形成旅游大军的主力则是在战后，或者更确切地说，是在 20 世纪 60 年代中期以后。自此开始，大众旅游便成为现代旅游的代名词。所谓大众旅游，指的是参加者的范围已扩展到普通的劳动大众。旅游度假已经不再是资产阶级独享，它已成为普通大众人人都可以享有的权利。世界旅游组织在 1980 年发表的《马尼拉宣言》中明确提出，旅游也是人类社会基本需要之一。为了使旅游同其他社会基本需要协调发展，各国应将旅游纳入国家发展的内容之一，使旅游度假真正成为人人享有的权利。据世界旅游组织调查，1979 年全世界参加国际、国内旅游的总人数 23.7 亿人次，1983 年增至 35 亿人次，4 年内增长 48%。1983 年，旅游的人数占当年世界总人口的 70%，旅游活动几乎遍及社会各个阶层。20 世纪末，在经济发达国家，居民年净出游率已高达 50% 以上。当然，在广大发展中国家，旅游活动不断普及的程度还比不上发达国家，但随着社会经济的发展，旅游活动不断普及的发展趋势也已表现得比较明显。以我国为例，20 世纪 90 年代初，参加国内旅游的达 3 亿人次，2018 年参加国内旅游的升至 55.4 亿人次，而且这种普及化趋势近几年仍在继续。

现代旅游的普及还表现在旅游活动的全球性。随着现代科学技术的进步，通信技术和手段的现代化及交通运输条件的极大改善，使人们越来越感觉世界正在缩小成

"地球村"。在较短的时间内，以较少的经济支出就可以周游世界各地，获得更多旅游需求的满足。

现代旅游活动普及性的另一种表现是大众性旅游的发展，尤其是那些有组织的团体报价旅游十分普及。这种旅游形式是指旅游者在旅行社的组织和安排下，采取集体活动的形式，借助各类有关旅游企业提供的设施和服务，按照预定的时间、地点或线路及活动内容，有计划地完成全程旅游活动。同样，适合于这种旅游形式的旅游产品也具有大众性。

（3）竞争的激烈性。为了争夺旅游市场，扩大市场占有率，旅游目的地国家和地区或旅游企业组织竭尽全力，从国家旅游发展战略到区域旅游发展规划，从整体产品设计到旅游产品的包装与宣传，特别是旅游发展理念的转变，竞争可谓日益激烈。在旅游产品的设计上，各国旅游部门都充分挖掘旅游优势，力争满足游客的不同需求。在旅游宣传上，各国和地区的旅游企业、组织都利用参加各种旅游博览会、展销会的机会，利用现代媒体手段不遗余力地宣传旅游目的地的旅游线路和旅游商品。在营销理念上，经历了一个由资源营销到产品营销再到文化营销的过程，更加注重区域文化的挖掘和整合，营造旅游氛围。

五、中国旅游业的发展

（一）近代中国的旅游业

1840 年鸦片战争爆发，英帝国主义用坚船利炮打开了中国封建王朝的大门，大批西方商人、传教士、冒险家涌入中国。从 1840 年鸦片战争到 1949 年新中国诞生，这一时期的中国已由一个独立的封建国家沦为半殖民地半封建社会，虽然有一些有识之士和革命先行者如孙中山、严复等人多次到西方国家考察和游历，但因特殊的历史背景，这一阶段我国的旅游未能获得较快发展。这一时期外国人来华的旅行和旅游，与帝国主义的殖民侵略是密不可分的。这一历史时期的旅游被称为中国的近代旅游。

20 世纪 20 年代的上海交通较为发达、民族资本集中，是中国与国际联系密切的城市，这为上海旅游业的发展提供了较好的环境条件。1923 年 8 月，上海商业银行的陈光甫在国外旅行社蓬勃发展及外国旅游企业侵入中国市场的情况下，为了给上海商业银行扩大生财之道，也为开办中国人自己的旅行社，经当时北洋政府的批准，成立了上海商业银行储蓄银行旅行部。此旅行部一经成立，很受国内外人士欢迎，加上刻苦经营，业务大有发展。1924 年春，该部组织了第一批国内旅游团，由上海赴杭州游览。1925 年春，该行旅行部开始承办出国旅游业务，第一次组织由 20 余人组成的赴日本"观樱"旅行团。在三周时间内，游客游览了日本的长崎、京都、东京、大阪等地。1927年春，该部出版了中国第一本《旅行杂志》，先是出季刊，后改为月刊，专门宣传祖国的风景名胜、秀丽风光。后来，此杂志一直出版、发行至1954年。1927年6月，旅行部更名为中国旅行社，分设7部1处，即运输、车务、航务、出版、会计、出纳、稽核7部和文书处。业务范围也相应扩大，包括代售国内外各种交通票据，办理和提供住宿招待所与餐事，举办赴国内外的团体旅行，出版期刊和各种宣传品，代办各种出国手续和证件等。除上海的中国旅行社外，新中国成立前还出现过几家地方性的旅行社，组织以集体旅游为唯一业务的旅行团，但规模都不大。

这一时期的中国旅游，除了出现旅行社外，在旅游资源开发方面，也曾利用外资，在庐山、北戴河、莫干山、鸡公山等地建设了避暑区。在旅游促销方面，参加过芝加哥、伦敦博览会，另在上海、杭州举办过相当规模的国货博览会和西湖博览会。在现代旅馆和饭店以及交通客运方面也有很大发展，外国资本家兴建的饭店规模宏大、装饰华丽、设备先进，受其影响，中国民族资本家也投资兴建了大批中西风格结合的新式饭店，到了20世纪30年代，中西式饭店的发展达到鼎盛，当时，上海、北平、天津、广州、汉口等大城市成为现代饭店业的热点城市。国有公路、民用航空、远洋航运也有很大发展。

尽管这一时期旅游业取得了一定的发展，但总体上由于我国处于半封建半殖民地时代，近代旅游只是刚刚起步，在列强干预、内政腐败、战火连绵的情况下，未能获得较大发展。

（二）现代中国的旅游业

中国的现代旅游是指1949年中华人民共和国成立以来的旅游发展过程，大体经历了开创、改革振兴、高速成长、质量提升四个阶段。

第一阶段是开创阶段：1949年至1977年改革开放前。这一阶段的旅游业务主要是入境旅游。从人数来看，主要是接待全世界各地的华侨，其次是来自苏联和东欧等国家的旅游者，西方国家的旅游者占极少数。基本特点是旅游接待多为单纯政治接待，不计成本、不讲求效益。中国现代旅游业开创阶段有着两个重要标志：其一，新中国旅游业的诞生是以两个旅游机构的建立为标志的，即1954年成立的"中国国际旅行社"和1957年由各地的华侨服务社组建而成的"华侨旅行社"（1974年改名为中国旅行社）。前者负责接待外国自费旅游者，由国务院及地方政府的外事办公室领导；后者负责接待海外华侨、外籍华人、港澳及台湾同胞，属于政府的侨务系统。其二，新中国旅游业的拓展是以"中国旅行游览事业管理局"的建立和中国客源市场的转移及旅游者构成的变化为标志的。1964 年 7 月 22 日，中国旅行游览事业管理局成立，其直接意义是中国旅游事业从此有了专门领导机构。

1956—1960 年，由于"左倾"错误的危害尚未明显暴露，我国国际旅游和华侨、港、澳同胞回内地旅游呈平稳上升趋势。1961—1963 年，"左倾"错误严重再加上自然灾害的爆发，同时国际政治关系恶化，苏联和东欧来华的旅游者逐年下降，西方国家旅游者大幅增加。到 1965 年，来华旅游者总数的 86% 来自西方国家，我国国际旅游市场发生了根本变化。1964—1966 年，周恩来总理出访亚、非 14 国及中法建交、中国和古巴通航等一系列外交成果，为我国旅游事业的发展提供了契机。同时，来华旅游者人员构成也有较大变化，散客增多，民间组织的旅游团所占的比重日益增长，其经济效益也有了较大提高。

正当我国旅游业逐渐步入正轨之时，却遭到"文革"的厄运，使得我国刚刚起步的旅游事业遭受重创，处于十分萧条的停滞阶段。1968 年，全国仅接待外宾 303 人。70 年代初期，毛泽东主席要求做好国际交流工作，国际旅游接待才有所恢复。到"文革"结束时的 1976 年，全国接待外国旅游者近 5 万人次，比 1975 年翻一番，1978 年，全国接待外国旅游者达 23 万人次，是 1976 年的 4 倍多。开创阶段的标志性事件如表 1-1 所示。

表1-1 开创阶段的标志性事件

时间	事件	地点
1923年8月	上海商业银行储蓄银行旅行部成立	上海
1927年春	第一本《旅行杂志》出版	上海
1927年6月	上海商业银行储蓄银行旅行部更名为中国旅行社	上海
1954年	中国国际旅行社成立	泉州、深圳、汕头、广州
1957年4月	中国华侨旅行社成立	厦门
1964年7月	中国旅行游览事业管理局成立	原国家旅游局前身

（资料来源：根据相关资料整理而成）

第二阶段是改革振兴阶段：1978 年至 20 世纪 90 年代初。1978 年年底召开的党的十一届三中全会，开创了中国改革开放的新局面。邓小平同志作为第二代领导集体的核心，是我国改革开放的总设计师，也是积极发展旅游业的倡导者和奠基人。1979 年 1 月到 7 月，邓小平同志连续发表了《旅游业要变成综合性的行业》《旅游事业大有文章可做》《发展旅游事业，增加国家收入》《把黄山的牌子打出去》四篇讲话，在邓小平同志的积极倡导下，发展旅游业得到了党中央、国务院的高度重视。1978 年 11 月 23 日，国务院批转全国旅游工作座谈会纪要；1979 年 8 月 6 日，国务院决定将全国各地的高级饭店划归地方旅游局和国际旅行社分、支社管理，实行企业化经营；1979年11月29日，国务院批转了国家旅游局关于大力发展旅游事业若干问题的报告；1980年，国家开始在一批大学里开办旅游系或旅游专业，又决定将北京第二外国语学院划归国家旅游总局领导；1982年8月23日，五届人大常委会第24次会议确定中国旅行游览事业管理总局更名为中华人民共和国国家旅游局，为国务院直属机构；1983年10月，"世界旅游组织"印度新德里会议一致通过接纳中华人民共和国为正式成员国，标志着中国旅游业已跨入世界旅游业的行列；1985年12月20日，国务院常务会议决定，把旅游业发展列入国家的"七五"计划，这是旅游业第一次在国家计划中出现，是我国旅游业发展史上的一个里程碑。党中央、国务院按照邓小平同志指示陆续采取的这一系列重大举措，为中国旅游业走上产业化大发展的道路奠定了基础。

在一系列正确的旅游方针政策指引下，通过不断改革，突破了我国旅游业长期以来基本属外事接待的模式，旅游业作为一个综合性的经济事业的性质得到肯定。

第三阶段是高速成长阶段：20世纪90年代到21世纪前10年。我国旅游业步入高速成长并发展为国民经济新的增长点阶段。在此阶段，主要着眼点在于扩大旅游产品供给，丰富旅游业态，满足快速增长的国民旅游需求。进入"八五"计划以后，随着我国旅游基础设施的逐步配套完善，我国旅游业发展开始走上了快车道。

在产业定位方面，1992年6月，党中央、国务院做出《关于加快发展第三产业的决定》，明确旅游业是第三产业的重点；1992年8月，国务院做出试办国家旅游度假区的决定，并为此出台了八个方面的优惠政策；2001年4月发出《国务院关于进一步加快旅游业发展的通知》，明确了新世纪前期我国旅游业发展的指导思想、奋斗目标和主要工作举措；2006年，中国旅游业发展"十一五"规划纲要明确提出，要把旅游业培育成为国民经济的重要产业；2009年12月31日，出台了《国务院关于加快发展旅游业的意见》（国发〔2009〕41号），首次提出要把旅游业培育成国民经济的战略性支柱产业和人民群众更加满意的现代服务业。从"旅游事业"到"旅游产业"到"战略性支柱产业"，中国旅游正在经历一场嬗变。

在三大市场方面，入境旅游稳步发展并在个别年份出现下滑，国内旅游市场保持快速增长，出境旅游发展更为迅猛。1993年11月，国务院办公厅转发了国家旅游局《关于积极发展国内旅游业的意见》，明确了国内旅游要纳入国民经济和社会发展计划等一系列支持发展国内旅游业的方针；1997年7月1日正式实施了《中国公民自费出国旅游管理暂行办法》，提出"大力发展入境旅游、积极发展国内旅游、适度发展出境旅游"方针，并召开出境旅游工作会议，标志中国出境旅游市场的形成；同年，在试办港澳游、边境游的基础上，正式开展中国公民自费出境旅游业务；1999年开始实施的"黄金周"制度带动了国内旅游的"井喷"（见图1-4）；旅游区（点）质量等级管理、旅游城市评选等提升了旅游供给的质量；2005年提出"大力发展入境旅游，规范发展出境旅游，全面提升国内旅游"方针；2009年进一步调整为"大力发展国内旅游，积极发展入境旅游，有序开展出境旅游"。

图1-4 "黄金周"期间的长城
（图片来源：https://image.so.com/）

在产业构成方面，产业体系不断完善，产业结构日趋合理；在饭店业、旅行社业和交通业得到快速发展的基础上，旅游娱乐业、旅游商品业、旅游咨询、旅游研究也飞速发展；饭店类型日趋多元，旅行社也实现了垂直分工和水平分工，民营资本大量进入民航业，低价航空实现突破发展，旅游演艺、旅游商品制造、旅游咨询和设计等也得到了快速发展。

第四阶段是质量提升阶段：2010年至今。近年来，我国旅游业进入质量提升阶段。旅游发展的主要着眼点在于提升旅游产品的供给质量，满足人民日益增长的对旅游消费需求的多样化、个性化和品质化的旅游需求。旅游业的支柱产业定位更加凸显（见图1-5），旅游产品及业态更加丰富。

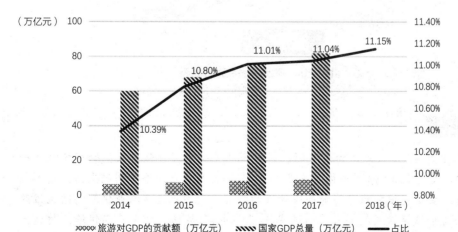

图1-5 2014—2018年全国旅游业对GDP的贡献额及在国家GDP总量中的占比
（资料来源：国家旅游统计公报）

在产业认知方面，2010年7月20日，国务院办公厅又印发了《贯彻落实国务院关于加快发展旅游业意见重点工作分工方案》，对《国务院关于加快发展旅游业的意见》进一步分解和细化，并应用于实践。这些大决策、大政策、大举措，有力地推动和保障了我国旅游业的持续快速健康发展。2016年，国务院办公厅《关于进一步扩大旅游文化体育健康养老教育培训等领域消费的意见》，提出要打造幸福产业，并将旅游产业定位为幸福产业之首。

在产业结构方面，现代科技在旅游行业得到广泛应用，各种形式的旅游新业态飞速发展，旅游与相关产业加速融合，旅游产业结构逐步多元化、高级化（见图1-6）。具体体现为：饭店业创新加速，共享住宿和民宿得到快速发展；旅游娱乐业更加注重休闲与品质化；旅游商品业更加注重文化特色；线上线下旅行社加快融合，在线旅游、定制旅游掀起热潮；各种旅游新业态不断涌现，乡村旅游、邮轮、自驾游、体育旅游、低空旅游、医疗旅游等亮点纷呈。

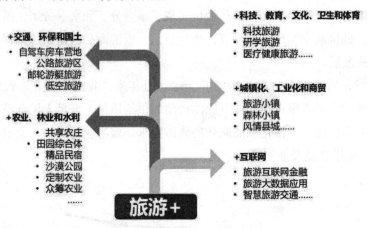

图1-6　旅游产品及旅游业态
（图片来源：特色小镇研究院微信公众号）

相关链接

2018年12月，文化和旅游部最新发布的《关于提升假日及高峰期旅游供给品质的指导意见》（以下简称《意见》）。《意见》在重点任务中明确提出：完善供给体系。要牢牢把握旅游消费加快升级的特征，大力推进旅游业供给侧结构性改革，坚持全域旅游发展方式，通过实施"旅游+"战略，扩大产品供给，打造产品品牌，提高产品质量。加大旅游新业态建设，着力开发文化体验游、乡村民宿游、休闲度假游、生态和谐游、城市购物游、工业遗产游、研学知识游、红色教育游、康养体育游、邮轮游艇游、自驾车房车游等。加快旅游产品升级改造，注重提升旅游产品的文化内涵、科技含量、绿色元素，重点打造以民宿为核心的乡村旅游产品，以教育传播为功能的体验产品。加大旅游产品品牌推广力度，着力打造精品旅游景区，持续提升国家级、省级旅游度假区，全域旅游示范区等精品旅游品牌的市场吸引力。

[资料来源：文化和旅游部《关于提升假日及高峰期旅游供给品质的指导意见》（文旅资源发〔2018〕100号）]

在产业推动方面，旅游的市场化程度和法制化程度同步提升：各类资本加快进入旅游业；《中华人民共和国旅游法》于2013年颁布实施；制约旅游发展的用地问题、融资问题、税收问题、规划问题等随着全面深化改革步伐的加快而得到一定解决。

党的十九大报告指出，中国特色社会主义进入新时代。在决胜全面建成小康社会、进而建成社会主义现代化强国的过程中，人民日益增长的美好生活需要和不平衡不充分的发展之间的矛盾越发凸显；在中国日益走近世界舞台中央、不断为人类做出更大贡献的背景下，国际社会在解决各类世界性问题时将对中国怀有更多期待。在新的时代背景下，面对社会发展新矛盾和国际舞台新角色，旅游业将承担新的历史使命，应对自身功能和产业定位以及国际交流做出相应的调整。

2018年3月，中华人民共和国文化和旅游部批准设立。这也标志着存续了36年的"国家旅游局"正式成为历史。旅游的文化属性凸显，文化为旅游赋予了更加丰富的内容，为旅游的产品化升级赋予了内涵。旅游为文化的传播提供了载体，为文化的产业化提供了手段和渠道。文化旅游这项充满憧憬、创意的文化活动，在经济新常态下，文化旅游产业链在不断延伸和增强，文化和旅游也呈现出多领域融合发展的趋势。中国的文化和旅游产业必将迎来经济效益与社会效益上的大繁荣。

任务二　旅游的定义与属性

一、旅游的定义

旅游是人的活动，是人类的一种特定的社会现象。"旅游"一词在我国最早出现在魏晋南北朝时期南朝梁诗人沈约的《悲哉行》一诗："旅游媚年春，年春媚游人。徐光旦垂彩，和露晓凝津。时嘤起稚叶，蕙气动出频。一朝阻旧国，万里隔良辰。"从诗句中看，"旅游"一词在当时就已含有外出游览的意思了。在西语中，旅游（Tour）来源于拉丁语的"tornare"和希腊语的"tornos"，其含义是"车床或圆圈，围绕一个中心点或轴的运动"，这个含义在现代英语中演变为"顺序"。后缀 ism 被定义为"一个行动或过程及特定行为或特性"，而后缀 ist 则意指"从事特定活动的人"。词根 tour 与后缀 ism 和 ist 连在一起，指按照圆形轨迹的移动。所以，旅游指一种往复的行程，即指离开后再回到起点的活动，完成这个行程的人也就被称为旅游者（Tourist）。但是旅游应当如何定义，这是旅游研究中首先要回答的基本问题。根据已有的有关旅游的定义的研究成果，大体可以把旅游的定义划分为两类：一类是概念性的定义或理论性定义；另一类是人们为了完成某项工作例如调查统计工作的需要而对旅游做出的较为具体的定义，即所谓的技术性定义或操作性定义。较有代表性的定义有以下几种。

（1）旅游是非定居者的旅行和暂时居留而引起的一种现象及关系的总和。这些人不会因而永久居留，并且主要不从事赚钱的活动。此定义于 1942 年，由瑞士学者汉沃克尔和克拉普夫提出，后来在 1981 年，此定义被"旅游科学专家国际联合会"（AIEST）所采用，习惯称为"艾斯特"定义。这是一个概念性的定义，并普遍被旅游界所采纳。此定义反映了旅游内涵的综合性，把旅游者及其旅游活动、旅游业及其服务和经营活动以及这双方的活动对旅游目的地的影响三方面都包括了进去。此定义还规定了旅游研究范围的界限，即只有与旅游者的活动直接或间接有关的关系和现象才包括到旅游的概念范围中，明确了旅游研究与其他社会经济研究之间的区别。关于"非定居者"的表述强调了旅游活动的异地性与暂时性。关于"不从事赚钱活动"的表述反映了旅游的非就业性，那么外出商务洽谈、参加展销活动等公、商事务性差旅原因而外出的旅行和逗留活动是否就要排除在旅游的范畴之外，目前人们尚无统一认识。此外，此定义中缺少了对旅游目的的严格限制，其实这也正是其重要的缺陷。

（2）旅游是指人们为休闲、商务或其他目的离开惯常环境，到其他地方旅行，连续逗留时间不超过一年的活动。这是世界旅游组织（WTO）、世界旅游理事会（WTTC）、地球理事会（Earth Council）联合制定的《关于旅游业的 21 世纪议程》中对旅游的重新定义。这里的"惯常环境"包括居住地及居住地附近的地方和人们经常去的地方。一是指人们常去的地方，即使这个地方离他的居住地很远，如某人的度假别墅或第二住房皆属于惯常环境。二是指离一个人的居住地很近的地方，即使他很少去，也属于惯常环境。这是一个技术性的定义，注重其在技术上的可行性和对旅游产业规模的功利性意义上。

不论是概念性定义还是技术性定义对旅游的表述，可以发现至少在以下两个方面已经得到共识：第一，旅游是人们离开其惯常环境，到异国他乡的访问活动，这一点反映了旅游的异地性。第二，旅游是人们前往旅游目的地，并在那里进行有别于长期居住的短暂停留的访问活动，这一点反映了旅游的暂时性。异地性和暂时性正是旅游的两个最突出的外部特征。加之，旅游审美和愉悦的本质属性，我们对旅游的定义做出以下归纳：旅游是人们为了审美和愉悦等非就业性目的，离开自己的惯常环境到旅游目的地进行一年以内的短期外出访问活动所引起的一切现象和关系的综合。

旅行与旅游的关系：旅行，即外出，为了实现某一目的而在空间上从甲地到乙地的行进过程。旅行一次的外延随着社会生产力的发展及人类对外部世界知识的不断积累而拓展其空间范畴。早在人类具有审美意识之前，人们经常发生离开其常住地到异地作短暂停留并按计划返回的行为，这便是旅行。可见，旅行也具有异地性和暂时性的外部特征，这一点与旅游是相同的。但是，旅行可以出于迁徙以外的任何目的，包括经商、出使、游说等，当然也包括出于审美和愉悦目的的情况。因此，二者在出行目的上存在不同。由此可见，旅行和旅游不是对等的关系，而是所有的旅游都要经过旅行的过程，但不是所有的旅行都是旅游。

二、旅游的本质属性

旅游是一种大规模的综合性活动，众多复杂的社会现象交织在一起，使人们很难认清其本质。由于人们所处的不同历史阶段及当时社会实践情况的局限性，人们对于旅游本质属性的认识是一个不断深入的过程。早在20世纪二三十年代，欧洲学者就有旅游活动属于经济性质还是非经济性质的争论，直到第二次世界大战之后，人们才逐渐认清旅游活动属于文化性质的事实，而非单纯的经济活动。20世纪80年代初，我国有学者指出旅游是一种文化事业，当时旅游业是作为事业来进行组织和管理的。

现代旅游是一种大众旅游，旅游已经发展成为一种全民性的活动，是使人们从日常工作和生活的紧张中解脱出来的一种手段，成为现代人的物质和精神生活的必要组成部分。随着对旅游研究的不断深入，人们从旅游是一种综合性的社会现象，进而更深层次的认识到旅游最基本的还是一种文化现象。旅游这种以文化为主的综合性社会现象，必须以人们的可自由支配收入和闲暇时间为前提条件。因此旅游的本质属性是以经济支出为手段，以审美和愉悦为目的的文化消费活动。

任务三　旅游活动的构成及类型

一、旅游活动的构成

一般意义上的旅游活动就是指旅游，旅游与旅游活动是同一个概念，任何活动关系都是由不同的要素所构成的。关于旅游活动的构成要素存在着"三要素""传统六要素""新六要素"的说法。

（一）旅游活动"三要素"

1. 旅游者是旅游活动的主体

在旅游活动构成的三要素中，旅游者处于主体地位。旅游者在与其他二者的关系中处于母体的地位，其他二者的一切活动都是为了旅游者所进行，为了满足母体旅游者的需要而产生。如果没有旅游者，旅游活动的进行就成了无源之水、无本之木，整个由旅游活动而产生的各种经济或社会现象也就无从谈起。

旅游活动的发展历史证明，旅游实践是先有旅游者的旅游活动，而后才有旅游业的开始发展。旅游业作为一个"市场导向型的行业"，其一切开发和接待工作无一不是针对和围绕旅游者的需求而进行的。旅游资源的开发和利用也直接受到旅游者的客源结构、旅游流向及旅游活动变化规律的影响和制约。一个地区的旅游开发通常也是以客源市场为导向、以旅游资源为依托进行的。

旅游者的数量、偏好、消费水平、旅游方式、消费结构等是决定旅游业内部产业结构及关系协调的主要因素。随着旅游活动规模的不断扩大，旅游者群体形成了一个具有足够规模的市场，他们作为处于一定社会关系之中的社会人，由于不同国度、不同民族或种族而具有了不同的价值观、不同的社会文化及不同的思想感情。旅游者与旅游目的地的人们在接触交往中，某些思想观念、意识思想、道德观念、风俗习惯等方面就成为其交流和相互影响的方面，这也是旅游者外出旅游的重要动机之一。旅游者还是随着社会历史文化的发展而不断演变着的历史的人。在人类历史发展的长河中，旅行、旅游的主体发生了巨大的变化，由只限于少数人的活动，发展为广大劳动群众参与的现代旅游。

2. 旅游资源是旅游活动的客体

旅游资源又称为旅游吸引物，在旅游活动构成的三要素中，旅游资源处于客体或对象的地位。旅游资源是旅游活动得以开展的物质基础，是激发旅游兴趣并导致各种旅游活动的最直接因素。

求新求美是人类的天性，而旅游资源恰恰能满足旅游者审美和自娱的需求。显然旅游资源的吸引力是促使旅游者外出的最根本动因，而旅游地的基础设施和生活条件是由此派生出的次要需求。一些拥有世界级旅游资源的旅游地可以建造诸如交通、住宿、购物等设施或场所来满足旅游者的需要，张家界（见图1-7）就是一个典型的例子。

具有典型地域特色和民族特色的旅游资源既不可移动，又不可替代，唯有旅游者亲临其境才能真切感受到其魅力所在。那么是否所有对旅游者产生吸引力的事物都能成为旅游资源，旅游资源与自然界和社会中的事物和现象有什么联系和区别？二者的联系是旅游资源来自自然界和人类社会，二者的区别是旅游资源又高于自然界和人类社会中的事物和现象。因为只有那些能满足旅游者审美享受的对象才能成为旅游资源，而这其中那些在现代科学技术条件下具备开发条件的对象才能成为现实的旅游资源，其他的只能是潜在的旅游资源。

图1-7　张家界的风光

（图片来源：https://dp.pconline.com.cn/dphoto/list_1445237.html）

> **课堂思考**：能对旅游者产生吸引力的事物和现象必须具备哪些条件才能成为旅游资源？

3. 旅游业是旅游活动的媒介

在旅游活动构成的三要素中，旅游业连接旅游主体和旅游客体，是旅游活动的媒介，是推动旅游活动发展最积极和最活跃的因素。

旅游业为旅游活动提供各种服务，架起了旅游客源地与目的地、旅游需求与旅游目的之间的桥梁，使旅游者的各种旅游动机与愿望得以实现。旅游业是旅游发展的产物，同时是旅游发展的推动者。旅游业的根本属性在于它是一项经济性产业，其目的是通过对旅游活动的促进和向旅游者提供服务而获得收入。从国民经济各行业中为游客提供产品和服务的角度出发，人们认为旅游业最主要由三部分构成，即旅行社业、交通客运业和以饭店为代表的住宿业，它们是旅游业的三大支柱。

（二）旅游活动"传统六要素"

从旅游活动涉及的内容而言，旅游活动构成的六要素是：食、住、行、游、购、娱，六要素以"游"为中心，以"吃、住、行、购、娱"为辅助要素，概括了旅游过程中可能涉及的方方面面。六要素是旅游活动最低层次的需求、最基本的保证，离开六要素，无从谈旅游。

"食"是旅游活动中最基本的一项内容，安全整洁的就餐环境是最基本的要求。具有当地特色、体现深厚饮食文化传统的饮食更能满足旅游者心理上、精神上的需求，受到旅游者青睐。有时，餐饮本身就是一种旅游资源。"住"是旅游活动得以顺利进行的基本保障。舒适、安全的住宿设施能帮助旅游者补充体力、完成后续的旅游活动。"行"是旅游活动的必要前提。旅游活动的异地性决定了旅游者必须借助旅游交通工具实现空间转移。"游"是指旅游景区或旅游目的地，是六要素的中心内容。"游"的质量高低很大程度上决定了旅游体验的好坏。"购"，指旅游购物，是旅游的乐趣所在。购物能增加旅游目的地的吸引力，使旅游活动更加丰富。"娱"指旅游者参加的文娱活动。目前，我国旅游活动的娱乐大多是反映当地民俗风情的文艺演出。但是随着文化和旅游业融合不断走向深入，娱乐活动的形式不断创新，2019年文化和旅游部下发了《文化和旅游部关于促进旅游演艺发展的指导意见》，着力推进旅游演艺转型升级、提质增效，旅游演艺事业不断放大，娱乐活动的时间突破了白天的限制，"夜游"市场潜力巨大。

（三）旅游活动的"新六要素"

现代旅游业进入质量提升阶段，激发人们旅游的动机和体验要素越来越多，在原来"食、住、行、游、购、娱"旅游六要素的基础上，概括出新的旅游六要素："商、养、学、闲、情、奇"，为旅游发展要素或拓展要素。"商"是指商务旅游，包括商务旅游、会议会展、奖励旅游等旅游新需求、新要素；"养"是指养生旅游，包括养生、养老、养心、体育健身等健康旅游新需求、新要素；"学"是指研学旅游，包括修学旅游、科考、培训、拓展训练、摄影、采风、各种夏令营和冬令营等活动；"闲"是指休闲度假，包括乡村休闲、都市休闲、度假等各类休闲旅游新产品和新要素，是未来旅游发展的方向和主体；"情"是指情感旅游，包括婚庆、婚恋、纪念日旅游、宗教朝觐等各类精神和情感的旅游新业态、新要素；"奇"是指探奇，包括探索、探险、探秘、游乐、新奇体验等探索性的旅游新产品、新要素。商、养、学、闲、情、奇新旅游六要素，是基于现阶段实践的总结。

新旅游六要素说明了现代旅游的特色和更深层次的需求，突出了现代旅游体验的特点，同时强调了现代旅游注重主题化的需求。

二、旅游活动的特点

（一）旅游活动的审美性

叶朗先生在国内较早地提出："旅游，从本质上说，是一种审美活动。离开审美，还谈什么旅游……旅游活动就是审美活动。"旅游活动是一种以审美为突出特征的休闲活动，是综合性的审美实践。在旅游活动中，自然美、艺术美、生活美、服务美等融为一体，观察外在形式美到领会内在精神的美，二者缺一不可，审美需求、审美体验、审美情趣、审美感受等贯穿于旅游活动全过程。

旅游主体追求美。尽管人们的旅游动机各异，旅游形式和内容也是不断发展变化，但有一个共同点，那就是通过旅游陶冶情操、愉悦身心，追求美的享受。

旅游客体体现美，旅游资源是体现美的载体。审美对象不外乎是自然美、社会美、艺术美，而自然界中的名山大川、小桥流水、大漠孤烟、黄昏夕照、松柏竹海等，传统文化中的雕塑建筑、绘画戏曲、音乐舞蹈等，客源地的风俗人情、语言服饰、善良友爱等，凡被列为旅游资源者，无不处处洋溢着美、渗透着美，滋润着旅游者的心灵。

旅游媒介创造美，旅游业是创造美和生产美的行业。旅游业生产以服务为核心的综合性产品，通过美的艺术、美的商品、美的服务和管理来满足旅游者的审美需要。例如，烹饪艺术不仅讲究菜点的色美、味美、形美、意境美，还讲究饮食器皿的造型美、质地美，更包括环境布置美、餐桌摆设美、宴席配乐美、服务美等在内的饮食环境美。

总之，旅游活动中的一切都审美化了。

（二）旅游活动的异地性

异地性特征是指旅游活动的发生要以行为主体的空间移动为前提。根据心理学的理论，人们总是有追求复杂性与单一性相平衡的心理要求，在长期的生活环境中，人们往往对于自己所熟悉的事物与氛围感到平淡无奇与乏味，在这种情况下，人们总想感知周围生活环境中从未看见过、从未听到过的东西，陌生的事物则会引起人们的特殊悬念和联想。一方面，人们借助旅游可以欣赏和领略异地风光、风俗、社会百态，这是旅游异地性产生的主观基础。另一方面，对旅游者产生吸引力的旅游资源，由于与旅游目的地的时空环境紧密相连，具有地理上的不可移动性。旅游者只有克服空间障碍，离开其常住地前往旅游目的地才能实现旅游活动，这是旅游异地性产生的客观前提。

然而，在理论上表述"异地"的含义并不难，而在实践中却有大量难以认定的现象。其原因在于人们难于对所谓"常住地"的空间区划给以清楚的界定。城镇大小不一，社区也是一样，无论按什么标准，都难有统一的结果，这是实践中遇到的最棘手的问题。

（三）旅游活动的流动性

旅游的异地性，决定了旅游的流动性。旅游者离开常住地到异国他乡进行访问或到异地景区进行参观游览，作短暂停留后，又会前往另一旅游目的地或景区，这种不间断的转移就产生了旅游活动的流动性。旅游活动的运动形态由两部分组成：一部分是线上的运动，即旅游者从离开常住地，到异地旅游，又返回家中，这一期间所发生的所有空间转移过程。在这一过程中，旅游者始终处于移动的状态，这种动态的线上运动构成了旅游经历中"行"的部分，也即旅游运动的"动态"部分。另一部分是点上的运动，即旅游者在某一旅游目的地的逗留所进行的所有活动，也就是旅游运动中"静态"的运动部分。旅游经历中"食、住、游、购、娱"的部分是点上运动的主要内容。因此，旅游活动是动静结合、快速流动与舒缓观赏结合。

（四）旅游活动的地理集中性

现代旅游活动体现出地理集中性的特点。旅游者并非平均分散在世界各地，而是集中到某些地区开展活动。

首先，就世界范围而言，自"二战"以来，经济发达的欧洲和美洲是国际旅游最主要的市场，二者占到整个国际旅游人次和国际旅游收入的75%和90%。此外，两个地区还是世界上最重要的国际旅游接待地，二者每年接待的国际旅游者数量占该年全世界国际旅游者总量的80%以上。相比之下，不发达国家的接待量所占全球比例较小，不到10%。虽然发展中国家接待的国际旅游者人数的比重有明显上升趋势，但从全球范围来看，国际旅游活动集中性仍很明显。

其次，就某一个旅游接待国而言，由于国内各地旅游资源的差异和旅游者的差异，其接待量也有所不同，甚至差距悬殊，从而形成了所谓旅游"热点"地区和"冷点"地区。

最后，同一个旅游城市中，旅游者也并非平均分布在市区各处进行活动。素有"家家泉水，户户垂杨""四面荷花三面柳，一城山色半城湖"之称的泉城济南是一座以泉水众多、风光明秀而著称于世的美丽城市。来济南市旅游的游客多集中在趵突泉（见图1-8）、大明湖、千佛山等景区，而济南当地或周边市民出游多选择红叶谷文化旅游区、九顶塔民俗风情园等景区。

图1-8　济南趵突泉
（图片来源：https://image.baidu.com）

（五）旅游活动的季节性

旅游城市、旅游景区（点）客流的流向、流量及旅游企业的接待量集中于一年中相对较短的几个时段所造成的旅游消费及旅游收入的分布不均衡现象被称为旅游的季节性。在旅游业经营中，人们把一年中旅游者来访人数（或某地人口中外出旅游人数）明显较多的时期称为旺季，明显较少的时期称为淡季，其余时期称为平季。旅游的季节性具体体现在旅游者人数和旅游收入的差别上，即淡季、旺季和平季的区分，这是旅游地共有的特征之一，在旅游资源、旅游活动及整个旅游业中都有体现。

产生旅游季节性的因素很多，但基本上归因于两方面的原因：自然方面的原因和制度上的原因。自然的季节性是指自然现象有规律的变化，特别是那些与全年气候周期性变化密切相关的自然现象，如气温、降雨（雪、冰雹）等；制度因素反映在社会规范和社会习惯上，具有代表性的制度因素包括宗教、文化、种族、社交、经济利益、宗教现象、学校和带薪假期等。

旅游季节性的影响在旅游目的地和旅游客源地都有所体现。在旅游目的地，当地的气候条件对旅游季节性的形成具有重大影响。在旅游吸引物受气候变化所左右的地区，很多旅游企业是季节性经营，每到淡季，游客十分稀少，从而造成设施设备的闲置、从业人员的季节性失业及其他各方面的经济和社会问题。在旅游客源地，带薪假期在影响旅游季节性方面表现突出。以英国的度假旅游情况为例，据统计，在英国人出国旅游度假者中，每年7—9月出游者大约占45%，4—6月出游者大约占28%，1—3月出游者约占12%，11—12月相应的比例约为15%。

（六）旅游活动的综合性

旅游是人们的旅行和暂时居留而引起的各种现象和关系的总和。旅游活动的内容除了食、住、行、游、购、娱六大主要消费方面外，还包括邮电、通信、医疗、出入境办理等方面的需求，这势必与旅游运营商发生一系列经济关系，随着旅游规模的日益扩大，旅游者群体与目的地居民之间形成了大规模的群体性社会交往，并引发了一系列社会文化问题，随着各地对旅游业的重视，目的地政府出于政治、经济和社会动机的考虑，都会对旅游予以关注。

当前旅游活动已经成为一项广泛和深刻影响的综合性社会现象，其综合性表现在旅游者、旅游业、目的地政府和目的地居民之间所产生的纷繁复杂的关系。

> **课堂思考**：谈一谈你是怎样理解旅游活动的审美性的。

三、传统旅游活动类型与旅游新业态

当今世界旅游业已经跃居为世界第一大产业，世界旅游组织的资料显示，国际出口服务的40%左右来自旅游业。目前全球约有10亿人次的出境游客，到2020年，这一数字将达到16亿人次。

现代旅游活动的领域越来越广，参加旅游的人数越来越多，旅游的内容和形式越来越多种多样，随着时代的进步和时尚潮流的涌动，旅游活动的方式会表现的越来越具有差异性和多样性。为了便于旅游理论研究和旅游业经营方面的需要，有必要对人们旅游活动的类型进行必要的分类，但分类不是目的，而是为了更好地分析和认识旅游。

（一）按照地域特征划分

按照地域特征划分可以将旅游活动划分为国内旅游和国际旅游。世界旅游发展历史表明，旅游活动总是按照由近及远、先国内后国外的规律发展的，一般来说，国内旅游是国际旅游的先导，而国际旅游是国内旅游发展的必然要求。

一是国内旅游。国内旅游是指人们在居住国境内开展的旅游活动，通常是指一个国家的居民离开自己的长住地到本国境内其他地方的旅游活动。但根据世界旅游组织的解释，长住地外国人在所在国境内进行的旅游活动属于国内旅游。例如，长住我国的外国使领馆人员、外国专家、记者等在我国境内进行的旅游活动，对我国而言，仍属于国内旅游。

根据在旅游目的地的停留时间，国内旅游活动又划分为过夜旅游和不过夜的一日游。

根据旅游者的旅游支付能力、闲暇时间的长短、旅游需求的差异、旅行距离等不同，国内旅游又可以具体分为地方性旅游、区域性旅游、全国性旅游三种形式。地方性旅游通常是指当地居民在本省、区范围内进行的旅游。实际上是一种短时间、近距离的参观游览活动，多数和节假日娱乐生活活动相结合，时间短、活动项目较少。区域性旅游是指居民离开长住地到邻省、区进行的旅游。例如，山东济南的旅游部门组织的苏州三日游，北京组织的承德避暑山庄六日游等。全国性旅游主要是指跨省、区的旅游，通常是跨越多个省份，如从济南出发到南京、苏州、上海、杭州、武夷山、厦门等一线的旅游活动就属于全国性旅游。

二是国际旅游。国际旅游是指跨越国界的旅游活动，即一个国家的居民跨越国界到另一个或几个国家和地区去的旅游活动。包括入境旅游和出境旅游。入境旅游是指其他国家和地区的居民来到本国或地区的旅游；出境旅游是指本国居民离开本国到境外其他国家或地区去旅游，也称出国旅游。也就是说，国际旅游既包括国际来访的入境旅游，也包括本国居民的出境旅游或出国旅游。

根据在旅游目的地国停留时间的长短，国际旅游可划分为过夜的国际旅游和不过夜的国际一日游。

根据旅行距离、旅游消费水平等，国际旅游还可具体分为跨国旅游、洲际旅游和环球旅游等几种形式。跨国旅游泛指离开长居国到另一个国家或多个国家进行的旅游活动，以不跨越洲界为界限，如亚洲区域内出国旅游就属于此类型。洲际旅游是指跨越洲际界限的旅行游览活动。如中国人到美国纽约、英国人到中国的北京来旅游都属于洲际旅游。环球旅游是指以世界各洲的主要国家或地区的港口风景城市为游览对象的旅游活动，如在英国的"伊丽莎白女王二世号"邮轮上进行的号称"千人百日游全球"的旅游活动就属于环球旅游。

国内旅游和国际旅游二者的关系是，国际旅游是国内旅游的延伸和发展，国内旅游则是一国或地区旅游业发展的基础。二者的根本区别在于是否跨越国界。除此之外，二者在消费水平、逗留时间、便利程度、经济作用等方面还有一些具体差别（见表1-2）。

表1-2　国际旅游与国内旅游的比较

项目	国际旅游	国内旅游
消费水平	较高	较低
逗留时间	较长	较短
便利程度	手续繁杂（涉及出入证件，如护照签证，海关报关验关，卫生检疫，货币兑换，机动车辆入境手续等），大多有语言障碍	手续简单，较少语言障碍
经济作用	财富在国家之间转移，增加接待过外汇收入，可以弥补国际收支逆差	财富在国家内部地区转移，可以促进地区间的经济平衡，但不能创汇

课堂思考： 为什么各国都偏重支持本国国际入境旅游的发展？

（二）按旅游目的划分

旅游者旅游动机是多种多样的，旅游活动旅游的目的划分的类型也有很多形式，代表性的有：观光类、休闲度假类、探亲访友类、商务公务类、购物类、宗教朝拜类、健康养生类、研学求知类和其他类。

一是观光类旅游，指旅游者以观赏和游览异国他乡的自然风光、都市景观、名胜古迹等为主要目的的旅游活动。观光旅游的旅游吸引物主要包括山水风光、城市景观、名胜古迹、国家公园、主题公园及森林海洋等。观光旅游是一种传统旅游产品，构成了现代旅游活动的主体部分。观光旅游是世界上最古老、最常见、最基本的旅游类型。随着现代旅游的发展，许多观光旅游产品已不仅仅是单纯的观光旅游，而是融入了更多的文化内涵和休闲度假内容，这使得观光旅游产品的内容更加丰富多彩和富有吸引力

二是休闲度假类。休闲度假旅游是指人们利用假期进行修养和消遣的旅游活动方式。休闲度假旅游可以调节生活节奏、陶冶情操、休息疗养、提高生活质量，在幽静和轻松的环境中进行度假和休闲活动，以有益于健康为最终目的。如今，休闲度假旅游变得十

分普及，形式也多种多样，主要有度假村旅游、森林旅游、乡村旅游、温泉旅游等。

三是探亲访友类。这是一种以到旅游目的地走访亲友为主要目的的旅游活动。探亲访友、寻根探源是一种特殊的旅游方式，也是一项很普遍的旅游活动，古今中外都有。在旅游过程中，游客可能顺便观光游览，但这不是其主要目的。改革开放以来，港澳台同胞和早年漂泊在外的华侨和他们的子女，以及过去曾在中国生活、工作过的外国友人，每年都有不少以探亲访友的形式来旅游。他们把故地重游、寻根问祖、联络亲情作为人生一项十分有意义的活动和享受。类似的旅游在外国也有，美国白人到欧洲故国的寻梦求根、美国黑人赴非洲的寻根探源等都是。

四是商务公务类。此类旅游类型的特点是其活动与游客个人职业或所在单位的经济活动相关联，主要有：商务旅游、公务旅游、会议旅游、专项旅游、奖励旅游等。商务旅游是以商务为主要目的的旅游活动，也称为差旅型旅游。随着世界经济向全球化方向发展，商务旅游在旅游市场中的地位和作用日益重要。公务旅游是指政府人员因公出访，在公务之余进行的参观游览活动。此种旅游类型虽然在国际旅游中所占比重较小，但接待规格较高，旅游企业都十分重视这种旅游的接待。公务旅游包括的内容很广，诸如文学艺术、教育文化、科学技术、医疗卫生等。

五是购物类。购物型旅游是以购买异地商品为主要目的的旅游活动。随着社会经济的不断发展和人民生活水平的不断提高，购物旅游已经成为一种发展潜力巨大的重要的旅游方式，尤其以"自助游"形式为主。例如，通过特别关税政策吸引购物旅游者的"购物天堂"——香港，对购物旅游者具有巨大的吸引力。

六是宗教朝拜类。宗教旅游是以朝圣、拜佛、求法布道、取经或宗教考察为目的的旅游，是世界上最古老的旅游形式之一。古往今来的名刹古寺、教堂殿宇，吸引了无数宗教信徒和旅游者。如印度的那兰陀寺、法国的巴黎圣母院、意大利的罗马圣母教堂、泰国的玉佛寺、印尼的婆罗浮屠、英国的威斯敏斯特大教堂、德国的科隆大教堂、巴西圣保罗大教堂、巴西利亚大教堂、墨西哥瓜达卢佩圣母堂及沙特阿拉伯的麦加城、麦地那城等，还有我国的四大佛教名山、布达拉宫等，都是著名的宗教旅游资源。

七是健康养生类。主要有体育旅游、保健旅游和生态旅游。体育旅游是人们以参与和观看体育运动为目的，或以体育为主要内容的一种旅游活动形式，是体育与旅游相结合的健身方式。具体内容有：攀岩蹦极、漂流潜水、野外宿营、登山滑雪等。保健旅游主要是为了回避炎热或严寒、寻求幽静风雅的生活，或治疗某些慢性疾病，以达到消除疲劳、有益于健康的最终目的。其表现形式有：疗养旅游、森林旅游、温泉旅游、度假村旅游等。生态旅游以大自然为基础，具有保护自然环境和维护当地人民生活双重责任的旅游活动。生态旅游的内涵强调的是对自然景观的保护，是可持续发展的旅游。生态旅游不仅是指在旅游过程中欣赏美丽的景色，更强调的是一种行为和思维方式，即保护性的旅游。

八是研学求知类。主要形式有研学旅行，研学旅行指的是研究性学习和旅行体验相结合，学生集体参加的有组织、有计划、有目的的校外参观体验实践活动。研学旅行的旅游者主体是学生，同学们在老师或者辅导员的带领下，确定主题，以课程为目标，以动手做、做中学的形式，共同体验，分组活动，相互研讨，书写研学日志，形成研学总结报告。研学旅行继承和发展了我国传统游学、"读万卷书，行万里路"的教育理念和人文精神，成为素质教育的新内容和新方式，提升了中小学生的自理能力、创新精神和实践能力。

九是其他类。包括未列入上述各类的旅游活动，如红色教育游、遗产游、房车游、邮轮游艇游、探险旅游等。

（三）按旅游活动的组织形式划分

按旅游活动的组织形式可以将旅游活动划分为团体旅游和散客旅游。

团体旅游（Group Inclusive Tour，GIT），也称"集体综合旅游"，是由一定数量的人们组织起来以团体方式进行的旅游活动。旅游者一般按旅游批发商制订的日程、线路、交通工具、收费标准等做出抉择后事先登记，付款后到时成行。团体旅游的组织者多为旅行社，此外还有政府部门、企业和社会团体等。团体旅游一次参与旅游活动的人数较多（一般一个团体是 10 人以上），其优点是日程、线路、住宿、参观节目等都按计划进行，收费比单独出游低廉。尤其去某些语言有隔阂的国家和地区，团队派有导游，安全舒适，颇受旅客欢迎。但由于此种旅游形式必须按计划集体进行，故缺乏自主性和灵活性，无法满足团体中不同消费者的不同需求，使旅游者感到约束。团体旅游是自 20 世纪 50 年代以来旅游活动中所采取的主要方式，在国际旅游和国内旅游中都广泛存在。

散客旅游，又称自助或半自助旅游，在国外称为自助旅游（Independent Tour）。它是由游客自行安排旅游行程和活动项目，以个人、家庭或朋友结伴而行，旅游活动项目是按零售价格零星现付各项旅游费用的旅游形式。虽然不经旅行社组织，但有时也可通过旅行社办理单项委托服务。其特点是相对昂贵，游客自由度大，选择性强，能根据个人意愿选择旅游活动的日程、内容，更能体现旅游者的个性和满足旅游者日趋多样化的旅游动机，旅游人数按照我国现行有关规定应控制在 9 人以下。随着各国经济、文化、交通的不断发展，20 世纪 80 年代以来，世界旅游市场出现了"散客化"的旅游潮，欧美各主要旅游接待国的散客市场份额达到 70%~80%，有的甚至高达 90%。现在的散客旅游活动正在迅速发展，目前，全世界出国旅游的散客在总量上已经超过团体旅游者，且有继续攀升的趋势。经营接待散客旅游的能力已经成为衡量一个国家和地区旅游业是否成熟的重要标志。我国散客旅游的比例虽然低于世界旅游发达国家，但近年来发展也十分迅速，已占我国旅游客源市场的近半壁江山，特别是一些大中城市和沿海地区，散客比例更大。进入 21 世纪，我国散客旅游比例已经突破 70%，成为旅游市场的主角。

（四）按旅游费用来源划分

按费用来源可以将旅游活动划分为：自费旅游、公费旅游和奖励旅游。

自费旅游是指全部旅游费用由个人或家庭提供的旅游活动。公费旅游是指全部活动或大部分旅游费用由政府部门、公司企业或社会团体提供的旅游活动。公务旅游、商务旅游、会议旅游等均属于此类。奖励旅游是公司、企业为奖励在工作中做出突出贡献的员工而组织的免费旅游。

此外，旅游活动还可以按照旅行距离、计价方式、旅行方式、旅游者年龄特征、享受程度等进行划分。

相关链接

奖励旅游的英文是 Incentive Travel，根据国际奖励旅游协会的定义，奖励旅游的目的是协助企业达到特定的目标，并对达到该目标的参与人士，给予一个尽情享受、难以忘怀的旅游假期作为奖励。其种类包括：商务会议旅游、海外教育训练、奖励对公司运营及业绩增长有功人员。需要指出的是，奖励旅游并非一般的员工旅游，而是企业业主提供一定的经费，委托专业旅游活动组织者精心设计的"非比寻常"的旅游活动。用旅游这一形式作为对员工的奖励，会进一步调动员工的积极性，增强企业的凝聚力。

奖励旅游的历史可以追溯到 20 世纪二三十年代的美国，如今已有 50% 的美国公司采用该方法来奖励员工。在英国商业组织给员工的资金中，有 2/5 是以奖励旅游的方式支付给员工的。在法国和德国，一半以上资金是通过奖励旅游支付给员工的。

一般奖励旅游包含了会议、旅游、颁奖典礼、主题晚宴或晚会等部分，企业的首脑人物会出面作陪，和受奖者共商公司发展大计，这对于参加者来说无疑是一种殊荣。其活动安排也由有关旅游企业特别安排，融入企业文化的主题晚会，具有增强员工荣誉感、加强企业团队建设的作用。更重要的是，常年连续进行的奖励旅游会使员工产生强烈的期待感，有利于刺激业绩增长。

今天，企业经营者面对市场激烈的竞争，必须不断构思新的激励方案，以提升公司的生产力。已在欧美盛行多年的以"奖励会议旅游"作为奖励达到营业目标的公司有功人员的激励方式，近年来在中国也日渐受到企业的重视。

奖励旅游在中国的情况：10多年前，在北戴河、青岛等河滨城市建的疗养院，可以说是中国"奖励旅游"的雏形，但这不是真正意义上的奖励旅游。目前国内企业奖励旅游做得还很少，大多还集中在外资企业及像保险、直销等特殊行业。

（资料来源：https://baike.baidu.com/item）

📋 项目总结

本章首先介绍了旅游的产生及发展过程。旅游的发展经历了古代人类的迁徙活动、古代旅行、近代旅游和现代旅游阶段。托马斯·库克组织的旅游活动的开展标志了近代旅游业的诞生，他被公认为近代旅游业的创始人。中国的现代旅游是指1949年中华人民共和国成立以来的旅游发展过程，大体经历了开创、改革振兴、高速成长、质量提升四个阶段。其次分析了旅游的定义，即以经济支出为手段、以审美和自娱为目的的文化消费活动的本质属性。最后概括了旅游活动构成的三要素、传统六要素、新六要素；旅游活动的六大特点，即审美性、异地性、流动性、地理集中性、季节性和综合性；旅游活动的类型。

📝 项目练习

一、思考题

1. 古代的旅行是如何向旅游转化的？

2. 产业革命对近代旅游的产生发挥了哪些作用？

3. 现代旅游的发展有哪些方面的特点？

4. 旅游活动有哪些特点？

5. 旅游活动的类型有哪些？

二、案例分析

中国旅游发展已经 40 多年了，可以说，旅游无论是其孕育过程还是成长过程，文化都扮演着重要的角色，旅游的每一步都扎根于中国文化土壤。文化和旅游部的组建被网民们称为"诗和远方终于走在了一起"。旅游和文化从来就是相生相伴、相互交融。文艺作品、价值观念、社会主张、群体意见等想要立住脚、传播广、影响远，就需要借助旅游等载体。旅游作为文化的传播载体，有其自身优势。

其一，寓教于游，育学于游，在恬静休闲中感知文化、领略文化，细雨无声，自然流畅，可起到教室、图书馆、会议等起不到的作用。

其二，民间交往，形式丰富，渠道多样，可大可小，可亲可近。可起到官方外交起不到的作用，此可谓民间外交。

其三，可跨越区域、跨越国界、跨越种族、跨越语言。进行无障碍交流、传播，可起到其他传播方式起不到的作用。

其四，可持续、可传承交流、传播文化。可起到运动式、活动式、阵发式的形式所起不到的作用。

其五，文化产业，一旦与旅游融合就能赢得人民大众，也才能称其为产业；文化产品一经与旅游融合，便插上了有力的翅膀，可谓如虎添翼！这是由于这种融合使文化产品真正走向了大众，同时也走向了市场。

文化产品由此既赢得了人民群众的欢迎，传播了健康的意识形态，又获得了市场认同和资金来源，增强了自我发展能力，减轻甚至摆脱了对财政的依赖。因此，文化和旅游融合是物质和精神的双丰收。

（资料来源：百度文库）

> **案例思考：**根据以上案例回答如下问题：结合旅游发展的历史和旅游本质属性，谈谈你对文旅融合发展的理解和观点。

📖 推荐阅读

1. 文旅融合：形在"融"意在"合"（公众号：光明日报文化产业）
2. 文旅融合的两个问题和三个需要（公众号：社科院旅游研究中心）

项目二　旅游者

项目目标

本项目要求学生根据当前旅游产业发展现状和趋势，对旅游者概念、类型及动机等有一个清晰的认识，了解旅游者的最新需求。

项目任务

1. 掌握我国及国际上对旅游者定义的划定与解释。
2. 掌握国际旅游者、国内旅游者的概念。
3. 了解旅游者类型的划分方法并熟悉不同类型旅游者的需求特点。
4. 理解旅游者动机类型和影响因素。
5. 掌握影响旅游者产生的主客观条件。

项目案例导入

2019 年"十一"黄金周正式落幕，综合各地文化和旅游部门、通信运营商、线上旅行服务商数据，经文化和旅游部综合测算，2019 年国庆 7 天全国共接待国内游客 7.82 亿人次，同比增长 7.81%，实现国内旅游收入 6497.1 亿元，同比增长 8.47%。

2019 年"十一"假期，全国各地文化旅游活动丰富多彩。其中，国家博物馆延长多个展览的展期，海南省博物馆每日开放至 21 时，江西省博物馆首次开启夜游模式，让游客体验不一样的"博物馆奇妙夜"。天津市文博场馆推出《我与祖国共成长》等 100 场文博展览。武汉市属博物馆、纪念馆推出 40 余项红色展览活动。贵州、四川、湖南、吉林等地博物馆、美术馆、文化馆主动延长开馆时间，切实让广大群众获得更多的文化服务。中央和地方文艺院团推出了丰富多彩的文艺节目。北京各院团共上演 134 台 521 场演出，同时开展了群众文艺演出、主题展览、书画交流、图书推荐等各类文化活动 977 项，满足外来游客和本地居民的多层次文化需求。调查表明，66.4% 的游客假日期间参观了人文旅游景点，59.45% 的游客参观了历史文化街区，86.36% 的游客参与了两项以上文化活动。

文化和旅游部方面表示，红色旅游成为国庆假日旅游市场主旋律。旅游企业采取有效措施方便游客收听、收看庆祝新中国成立 70 周年纪念大会盛况。游行主题方阵和地方花车展示元素成为游客的网红打卡地。调查表明，78.84% 的游客参与了各式国庆庆祝活动。中共一大会址、南湖红船、杨家岭、西柏坡、古田会议旧址、香山革命纪念地等红色旅游景区迎来客流高峰。鄂豫皖苏区首府革命博物馆、箭厂河等红色景区和革命旧址群游人如织。海南三亚红色娘子军演艺公园推出"壮丽 70 年，青春正当红"系列主题活动。山海关景区布置"我与国旗同框"的拍摄背景，分发蛋糕为新中国庆生。北京、上海、广州、天津、重庆、武汉、成都等城市夜间点亮地标建筑，打出"我爱你中国""祖国万岁"等字样告白祖国，顺德华侨城、安庆太湖、江苏周庄等景区的夜间灯光秀广受游客欢迎。

文化和旅游部指出，今年"十一"假期，景区推出多重优惠吸引游客。安徽省 38 个国有重点景区降低门票价格，部分景区门票价格下调幅度超过 10%；湖北十堰武当山景区实行"一票管三天"政策，吸引了大批游客。全域旅游效果明显，游客深入体验城乡美好生活，夜间旅游方兴未艾。调查表明，44.96% 的游客长假期间参与夜间旅游活动。体现社会主义建设成就的城市地标、重大交通和水利工程、高科技成果，成为最新旅游吸引物和网红打卡地。重庆解放碑、天津之眼、广州小蛮腰，新近投入运营的大兴机场成为旅程中的时尚吸引物。京津冀、胶东、长三角、珠三角、云贵、成渝、郑汴洛等地重点城市、头部景区、网红打卡地迎来客流超高峰，同比增长 15%~50%。自驾游、家庭游、夜间游、赏秋游成为国庆假日旅游市场新亮点。假日期间，"自驾游"关键词搜索热度上涨 35%，甘肃、青海、新疆、贵州、皖南川藏等地自驾线路登上热搜榜。调查表明，国庆期间 30.57% 的游客选择自驾出游。

出境旅游也是今年"十一"假期的亮点。国庆假期，全国口岸日均出入境旅客达到 198 万人次，7 天合计出境游突破 700 万人次。与数年前长假国人海外爆买不同，今年假期出境游客更加注重放松身心，抢购马桶盖、感冒药、电饭锅等商品，甚至打包用小集装箱运回国内的现象鲜有发生。国人青睐的海外旅游目的地也日趋分散，盲从跟游者越来越少。国庆期间，除日本、泰国、马来西亚、新加坡、澳大利亚、法国、意大利、俄罗斯等传统目的地依旧火爆外，捷克、奥地利、匈牙利、斯洛伐克、波兰、克罗地亚、马耳他、柬埔寨等小众目的地旅游产品在线预订量同比增幅超两位数。

（资料来源：http://travel.people.com.cn/n1/2019/1007/c41570-31386062.html）

课堂思考：从 2019 年"十一"旅游黄金周可以发现我国旅游者的旅游需求和旅游动机有哪些新特点？

任务一　旅游者定义

通常认为，旅游活动是由三大基本要素构成的，即旅游主体（旅游者）、旅游客体（旅游资源）及旅游媒介（旅游业）。在现实生活中，这三大要素相互依存、相互影响、相互制约，共同构成了旅游活动的统一整体。

对于旅游者这一要素来说，一直以来人们都因为它是旅游活动的执行者而给予了足够的关注，甚至还提出了许多五花八门的称呼，如旅游者、旅行者、游客、观光客、旅客、宾客、顾客、住客等。不过相比之下，目前学术界和业界用得最多的还是"旅游者"（Tourist）这一提法。

一、国际旅游组织对旅游者的定义

（一）国际联盟定义

1937年，国际联盟（League of Nations）的专家统计委员会曾对"外国旅游者"（即国际旅游者）做出过如下规定：外国旅游者就是离开自己的居住国到另一国家访问超过24小时的人。同时，该委员会还确认以下几种人为旅游者：为娱乐、家庭或健康原因而旅行的人；为参加国际会议而旅行的人；为商业原因而旅行的人；在海上巡游途中停靠某地，逗留时间不超过24小时的人。而下列几种人则不属于旅游者：无论是否签了合同而到另一国家从事某一职业的人；到国外居住的人；寄住在学校的学生；居住在边境地区而跨越边界到邻国工作的人；临时过境而不停留的旅行者，即使超过24小时的也不算旅游者。

1950年，国际官方旅游组织联盟（International Union of Office Travel Organizations，IUOTO，世界旅游组织的前身）对上述定义做了修改，把以修学形式旅游的学生也视为旅游者，同时还界定了一个新的旅游者类型"International Excursionist"（通常译为"短途国际旅游者""当日往返国际旅游者""国际一日游游客"）。具体地说，短途国际旅游者是指在另一个国家访问不超过24小时的人。除此以外，IUOTO还定义了过境旅行者，即"路过一个国家但不作法律意义上的停留的人，不管他们在该国逗留了多久"。

（二）罗马会议定义

1963年，在罗马举行的联合国旅游会议（史称罗马会议）上，对"游客"（Visitor）、"旅游者"（Tourist）和"短途旅游者"（Excursionist）三个基本概念进行了明确的界定。其中，游客是指"除为获得一个有报酬的职业以外，基于任何原因到一个不是常住国家去访问的人"。并且，它应该包括旅游者（到一个国家去逗留至少24

小时的游客）及短途旅游者（到一个国家逗留不到 24 小时的游客）两大类型。此外，该定义（又称罗马定义）还特别指出，游客还应包括在法律意义上没有进入被访问国家的人（如那些没有离开机场中转站的航空旅行者或其他类似情况的人）。

1967 年，设在联合国统计委员会（United Nations Statistical Commission）中的统计专家组通过了罗马定义。1970 年，经济合作与发展组织（OECD）旅游委员会也采纳了这个定义。

（三）世界旅游组织定义

1991 年，世界旅游组织在渥太华召开的国际旅行和旅游会议上，上述定义被进一步确认，指出一日游游客（Excursist）和过夜游客（Tourist）构成旅游的整体，保留使用"旅游者"一词，但仅指过夜游客，同时，采用"游客"（Visitor）这个词，它包括了旅游者和一日游游客，并规定"游客"是指任何一个到他惯常以外的地方去旅行，连续停留时间不超过 12 个月，并且其旅行的目的不是通过所从事的活动从访问地获取报酬的人。这一定义成为国际旅游中的一个学术定义、基本概念和统计口径。

1993 年在纽约召开的联合国统计委员会第 27 次会议上通过了"游客"这一定义。根据这一定义，作为游客，必须符合三个基本标准：第一，离开惯常环境，即离开常住地；第二，在访问地（目的地）的连续停留时间不超过 12 个月；第三，访问目的不应是通过所从事的活动获得劳动报酬。

二、我国对旅游者的定义

我国旅游业的起步和发展，是自 1978 年改革开放开始的，经济的发展带来了旅游业的欣欣向荣。1978 年，国家统计局根据我国的实际情况，对国际旅游者和非旅游者做了如下明确规定：国际旅游者指的是来我国参观、旅行、探亲、访友、休养、考察或从事贸易、业务、体育、宗教活动、参加会议等的外国人、华侨和港澳台同胞。同时还规定，以下 8 种人不属于国际旅游者：①应邀来我国访问的部长以上人员率领的党、政、军、议会代表团的成员；②外国驻华使馆人员；③常驻我国的外国专家、留学生、记者等；④乘坐国际班机直接过境的游客、机组人员和口岸逗留不过夜的铁路员工以及船员；⑤边境地区来往的边民；⑥归国定居的华侨和港澳台同胞；⑦到我国定居的外国人和原已出境又返回我国定居的外国侨民；⑧归国或出国工作人员。

随着我国旅游业和国际接轨，"游客"的概念逐步用于旅游统计中。1999 年 6 月国家旅游局和统计局所制定的《旅游统计调查制度》又进一步明确了"游客"的概念：

游客是指任何为休闲、娱乐、观光、度假、探亲访友、就医疗养、购物、参加会议或从事经济、文化、体育、宗教活动，离开常住国（常住地）到其他国家（或地方），其连续停留时间不超过 12 个月，而且在其他国家（或其他地方）的主要目的不是通过所从事的活动而获取报酬的人。

游客按出游地分为国际游客（海外游客）和国内游客，按出游时间分为旅游者（过夜游客）和一日游游客。

国际游客（海外游客）是指统计的报告期内来我国观光、度假、探亲访友、就医疗养、购物、参加会议或从事经济、文化、体育、宗教活动的外国人、华侨和港澳台同胞等（旅游入境人数）。统计时，按照每入境 1 次统计 1 人次。过夜者称为"海外旅游者"，不过夜者称为"国际游客"（海外游客）。

国内游客是指在统计报告期内在国内观光游览、度假、探亲访友、就医疗养、购物、参加会议或从事经济、文化、体育、宗教活动的本国居民，其出游的目的不是为了获取劳动报酬。统计时，国内游客按照每出游 1 次统计 1 人次。"国内旅游者"是指国内游客中离开惯常居住地，在境内其他地方的旅游住宿设施内至少停留一夜，最长不超过 12 个月的游客。

国内旅游者包括在我国境内常驻 1 年以上的外国人、港澳台同胞，但不包括到国内巡视的部以上领导、驻外地办事机构的临时工作人员、调遣的武装人员、到外地学习的学生、到基层锻炼的干部、到境内其他地区定居的人员和居无定所的无业游民。

一日游游客是指离开惯常地 10 公里以上，出游时间超过 6 小时，不足 24 小时，并未在境内其他地方的旅游住宿设施中过夜的旅行者。

出境游客是指我国（大陆）公民因公或因私出境前往其他国家或地区观光、度假、探亲访友、就医疗养、购物、参加会议或从事经济、文化、体育、宗教活动的人。统计时，出境游客按照出境 1 次统计 1 人次。同样，在境外不超过 24 小时，不过夜者称为"出境游客"；超过 24 小时，在境外过夜者称为"出境旅游者"。

三、本书对旅游者的定义

从历史上各种国际组织、国内旅游和统计主管部门对旅游者和游客描述，可以看出，对于旅游者的定义，目前占统治地位的不是学者们的界定，而是官方的定义，这个定义主要用于官方对旅游者的统计之用。通常对旅游者的界定包括：异地性，即旅游者离开惯常居住地，去异国、他乡进行参观访问；短暂性，即旅游者前往异国、他乡进行访问具有暂时性的特点，永久性居留者不属于旅游者（国际通用统计方法是访问时间在 12 个月之内的属于旅游者）；娱乐性，即旅游者外出旅游，主要动机是为了满足精神上的满足。

基于以上认识，本书对旅游者的定义是：旅游者就是暂时离开常住地，通过游览、消遣等活动，以获得精神上的愉快感受为主要目的的人。

> **课堂思考**：根据本书对旅游者的定义，出席学术会议、展览会的人士是否是旅游者？

任务二　旅游者产生条件

一个人怎样才能成为旅游者，为什么现代社会会出现数量如此巨大的旅游者，这是一个涉及范围颇为广泛、内容较为复杂的问题。旅游行为的产生是外部旅游条件和旅游者内部心理因素相互作用的结果。我们可以从客观条件和主观条件两个方面来分析旅游者产生的条件。

一、旅游者产生的客观条件

（一）可任意支配的收入

对旅游者而言，要实现旅游的首要条件是必须具备一定的经济实力。首先，因为旅游需要是在其基本物质资料得到满足后而产生的精神需要。其次，因为旅游消费是一种较高层次的消费。国际上普遍认为当人均国民生产总值超过 800 美元，就会产生旅游动机，如表 2-1 所示。

表2-1　人均国民生产总值与出游动机的关系

人均国民生产总值范围（美元）	800~1000	4000~10000	≥10000
出游动机范围	国内旅游动机	出国旅游动机	洲际旅游动机

（资料来源：吴忠军，等.旅游概论［M］.北京：中国财政经济出版社，2005）

经济条件对旅游者的旅游活动具有决定性意义。人们能否进行旅游活动，如何选择旅游目的地和旅游消费水平的高低，在很大程度上取决于旅游者的经济条件。一般而言，旅游者的旅游活动与旅游者的经济条件是成正比的。人们只有在满足衣食住行的基本生活需要之后，才能进行各种选择，其中包括旅游活动的选择。

与旅游者产生有关系的经济条件，主要指收入水平，尤其指可任意支配的收入。所谓可支配收入（Disposable Income）是指扣除全部税收后的收入。在可支配收入中，又分为必须支配和可任意支配收入两个部分。必须支配收入包括日常生活消费（衣食住行）、社会消费（健康人寿保险、老年退休金和失业补贴等的预支）、一般的家庭耐用品支出等。可任意支配收入（Discretionary Income）则是指在一定时间内个人总收入扣除全部税收、日常生活必须消费及社会消费之后所余下的收入部分。这一部分收入可供人们任意选择它们的用途，因而个人收入中可用于旅游活动的是可任意支配收入部分。

很多研究表明，当一个家庭的收入不足于购买基本生活必需品时，这个家庭很少会外出旅游。然而一旦这个家庭的收入水平超过某一临界点，该家庭用于旅游的消费便会迅速增加。当然，这一临界点在各国并非相同。在 20 世纪 80 年代的美国，这一临界收入约为 15000 美元。并且超过这一临界水平后，每增加一定比例的收入，旅游消费便会以更大的比例增加。据国际官方旅游组织联盟（世界旅游组织前身）估计，旅游消费的这种收入弹性系数为 1.88，即收入每增加 1%，旅游消费便会增加 1.88%。

收入水平意味着支付能力，它从以下几个方面影响着旅游者的产生：①它影响着一个人能不能成为旅游者；②它影响着旅游者对旅游目的地及旅游活动范围的选择；③它影响着旅游者外出逗留时间的长短；④它影响着旅游者的消费水平和消费结构等。

旅游者的出现虽然与人们物质生活条件的改善和收入水平的提高有极为密切的关系，但是我们绝不可由此得出收入水平是决定旅游者产生的唯一条件的结论，也并非收入达到一定水平都会外出旅游。经济生活的改善，收入水平的提高，只是为旅游者的产生提供了必要的物质条件，并不是决定旅游者活动的全部因素。

需要说明的是，上述关于收入水平的论述，主要是针对以消遣旅游者为代表的广大自费旅游者而言。对于各类公费旅游者、奖励旅游和社会旅游的参加者来说，由于其费用用于报销或享受资助或补贴的缘故，个人或家庭的收入水平则不再构成实现旅游活动的必要条件。

（二）闲暇时间

在影响人们能否外出旅游的外部条件中，闲暇时间也占重要地位，是一个必要条件。一个人若具备足够的经济支付能力，又有强烈的旅游愿望，但是缺少闲暇时间，也照样不能进行旅游活动，不能成为现实的旅游者。

什么是闲暇时间？一般来说，人的全部活动时间可以分为谋生活动时间、满足生理需要的生活时间、必需的社交活动时间、闲暇时间四大部分。谋生活动时间是指人们为了维持生存、外出工作以赚取货币的时间。生活时间是为了满足人们生理需要，如吃饭、睡觉及处理日常琐事等而花费的时间。必要的社交活动时间是指必要的与社会交往而付出的时间。闲暇时间是指在日常生活、工作、学习及其他必须时间之外，可用于自由支配、从事消遣娱乐或其他自己感兴趣的事情的时间。

可见，闲暇时间是指不受其他条件限制，完全根据个人意愿去利用和消磨的时间。闲暇时间是社会给予人的一种补偿，是保持人的身心平衡的因素。劳动虽然保证了人们生存的物质需要，却约束着人们的生活节奏和时间安排。闲暇时间给人们提供了放松、娱乐和发展个性的可能。

个人闲暇时间增多是社会发展的结果，即因为社会生产力水平的提高，使社会化必要劳动时间缩短，从而缩短了个人谋生的时间和家务劳动的时间，个人闲暇时间就会相应延长。现代社会，闲暇时间分为以下四种。

（1）每日闲暇，指平均每日工作、家务、社交等剩下的时间。很零散，可用于娱乐和休息，但不可用于旅游。

（2）每周闲暇，即周末公休时间。目前大多数国家实行每周五日工作制，周末休息两日，可进行近郊游。

（3）公共假日，即通常所说的节假日。全国的公共节假日大多与各民族的传统节日有关。我国自 2014 年 1 月 1 日实施的《全国年节及纪念日放假办法》规定，我国的公共假日从 2014 年 1 月 1 日起修订为：元旦，放假 1 天（1 月 1 日）；春节，放假 3 天（农历正月初一、初二、初三）；清明节，放假 1 天（农历清明当日）；劳动节，放假 1 天（5 月 1 日）；端午节，放假 1 天（农历端午当日）；中秋节，放假 1 天（农历中秋当日）；国庆节，放假 3 天（10 月 1 日、2 日、3 日），共 11 天。西方国家最典型的公共假日是圣诞节和复活节。若与每周闲暇连在一起，这段时间往往是家庭或结伴外出作短期旅游假期的高峰期。

（4）带薪假期。目前，几乎所有经济发达国家和地区，以及部分发展中国家都不同程度地实行了带薪休假制度。这是产业革命完成后，工人阶级不断斗争的结果。法国是第一个以立法形式规定员工享有带薪假期的国家，在 1936 年法国政府宣布劳动者每年可享有带薪假期至少 6 天。

闲暇时间尤其带薪假期，是实现旅游活动不可缺少的重要条件。需要说明的是，这里将闲暇时间作为旅游者实现旅游的必要条件，主要针对就业人员、自费消遣旅游而言的，对于退休人员应根据实际情况而定。另外，对于商务、公务旅游者和奖励旅游者等而言，由于其旅游是工作需要，无须考虑有无闲暇时间，主要由其所在的组织视情况而定。

相关链接：带薪休假

世界各国实行带薪假期的情况不尽一致。从假期的长短看，带薪假期一般在2~4周。法国带薪休假一般为30天（星期日不计算在内）。美国带薪休假2~4周，加拿大带薪休假至少两周（工作满1年后）。瑞典鼓励带薪休假，带薪休假每年不少于5个星期，有些企业的带薪假期甚至长达7个星期。加上其他法定节假日，瑞典人全年可享受的假期可达150天。英国《劳动法》规定，职工有享有带薪休假的权利，假期长短视工作年限而不同，短者3个星期，多则1个多月。亚、非、拉一些发展中国家规定了不同的法定休假。日本《劳动基本法》规定，出勤率在80%以上或连续工作6个月以上者，每年可享受10天的带薪休假；6年工龄以上者，每年可以有20天的带薪假期。日本公务员带薪假期时间一般在30天以内。

我国已于2007年12月7日通过了《职工带薪年休假条例》，自2008年1月1日起施行。从此，职工带薪休假就有了法律保障。职工累计工作已满1年不满10年的，年休假5天；已满10年不满20年，年休假10天；已满20年的，年休假15天。国家法定休假日、休息日不计入年休假的假期。

（资料来源：https://baike.baidu.com/item/%E5%B8%A6%E8%96%AA%E4%BC%91%E5%81%87/9078755?fr=aladdin）

二、旅游者产生的其他客观因素

在现实生活中，一个人能否成为旅游者，除受收入、时间等约束外，还受到自然和社会等多方面因素影响。

（一）人口结构及文化教育因素

人口的增长、人口基数的扩大，为旅游者的增加奠定了基础。在人口方面更重要的是年龄结构、性别结构和文化教育素质。一般来说，平均年龄增加，就会有更多的人达到可以外出旅游的收入水平，平均寿命延长，加上降低退休年龄，就会为旅游者的产生创造更多的条件。受教育程度高的人，愿意旅游的一般比较多。这是由于一方面他们的收入水平较高，另一方面是他们对世界各地信息了解比较多，探求新知识的欲望比较强。

（二）生活观念和生活方式因素

随着社会的发展，人们的价值观念与消费模式发生了改变，越来越多的人把旅游看作生活中不可缺少的一部分，是人的权利。加上随着都市化的发展，居民普遍感觉到生活、工作压力加大，迫切要求通过旅游增加阅历、陶冶情操、消除身心疲劳。

（三）旅游业发达程度因素

旅游业及相关行业的快速发展，为旅游者的大量产生创造了条件。

（1）便利的交通。特别是随着私人汽车的增加，使旅游成为轻而易举的事。发达的航空事业，对国际旅游者的产生具有更大的促进作用，它使人们可以在费用合适的情况下到达世界任何地点。航空的发达，使传统的交通工具（火车、轮船）也不得不在速度、舒适度、价格方面开展竞争，为旅游者创造条件。

（2）通信发达加快了信息传递的速度和效率。发达的通信及时地传达着世界各地的信息。人们足不出户便可知天下事，更多地激发了其好奇心和探索心理，希望观赏到美丽的大自然、伟大的古迹和古老的文化、其他地区人民的生产和生活方式等，从而有利于旅游者的产生。

（3）旅游咨询业的发展。旅游业向人们提供有关旅游的各种信息，开展旅游咨询业务，使人们有充分的选择余地。通过包价旅游、包团旅游、组合式旅游等的旅游安排，旅游者事先能充分了解到其所能得到的服务，并在旅游活动中得到妥善的安排。尤其是在价格方面，对于竞争，旅游企业有许多方便付款和给予方便折扣的办法，旅游费用相对低廉。这些都为旅游者的大量产生创造了非常有利的条件。

（4）旅游产品推陈出新，促使更多的人成为旅游者。除了观光、度假、保健旅游不断翻新花样以外，越来越多的人已不满足于走马观花式的观光、度假旅游，而是要求旅游活动能有文化的吸引、丰富的内容乃至冒险的趣味，以体验、参与为主，通过旅游增长见识、丰富阅历。为此各旅游接待地想方设法推出适应各类旅游者的专门化、特色化产品，如商务旅游、奖励旅游、生态旅游、蜜月旅游、金色岁月旅游等，从而促使更多的人成为旅游者。

（四）政府和社会团体的鼓励因素

世界上许多国家政府越来越重视旅游的发展，将旅游方面的投资列入计划。采取补助、直接投资或用减免税等方法修建旅游设施、度假中心、休养场所；有的国家允许一些旅游企业减免营业税和娱乐税。这些做法为人们的旅游活动提供了新的场所和设施。许多国家为旅游者出入境提供方便，包括简化护照签证及其他管理手续。有的工会、企业等组织还为职工、管理人员安排奖励旅游等。这些出于各种目的的政策、措施和奖励办法，在客观上为旅游者的增加创造了有利条件。

（五）政治环境因素

一个国家或地区若处在战争或政治动乱中，旅游者往往由于缺乏安全感而不愿涉足这些地方。两国或两个民族间因政治、外交等原因出现紧张关系，也必然会影响旅游者的往来。同样，一个地方的社会治安不好，也会对旅游者的到来产生负面影响。

（六）旅游者的身体健康状况和家庭状况因素

（1）身体健康状况。外出旅游虽说是一种享受，但也要有一定的身体条件作为保证。因为旅游中的活动都是要旅游者直接参与的，尤其是其中的行、游、娱等活动，需要付出一定的体力。所以，老年人，特别是 65 岁以上的老年人出游比例较低。

（2）家庭状况。一个人所处的生命周期阶段或者说一个人所处的家庭人口状况，的确可构成影响其旅游需求的客观因素。调查表明，家里有 4 岁以下的婴幼儿的家庭外出旅游的可能性很小。这是因为婴幼儿需要特殊照顾，加之外出旅游时，难以找到适合婴幼儿生活需要的特殊接待设施。此外，家庭人口状况也影响着人们出游。独生子女家庭出游的机会就要比多子女家庭多。

（七）气象、气候等自然因素

气象、气候等自然因素与旅游者有着密切关系。因为任何旅游活动都是在一定气候条件、自然环境中进行的，良好的气象、气候、适宜的温度、明媚的阳光，让旅游者身心舒畅，精力充沛，兴趣倍增；反之，则使人感到疲倦乏味。

由于气象、气候影响，各国各地都出现了一些旅游热点、热线，还使一些景区的景色和客流产生了季节变化，从而使旅游业因旅游者数量的变化，出现了旺季和淡季之分。例如，秋季的胡杨每年都会吸引大量的游客前往观赏（见图 2-1）。

图2-1　秋日的胡杨

（图片来源：https://image.baidu.com）

三、旅游者产生的主观条件

我们在讨论事物的内、外因作用时，都承认外因是变化的条件，内因是变化的依据，外因通过内因起作用。因此，若一个人真正能够成为旅游者，除了需要具备旅游的经济条件和闲暇时间客观条件外，还需要具备主观旅游的愿望，否则旅游活动也不能实现。因此，旅游者的产生还必须有促成旅游活动的心理因素——旅游动机。

（一）旅游动机的含义

动机是什么？动机就是激励人们行动的主观因素。动机是需要的表现形式，一个人的行为动机总是为满足自己的某种需要而产生的，有什么样的需要就会有什么样的动机表现出来。

旅游动机（Tourist Motivation）是指激励人们产生旅游活动意向，以及到何处去并进行何种旅游的内在驱动力。旅游动机研究的理论基础是人类需求层次学说。这一学说的创始人是美国著名心理学家亚伯拉罕·马斯洛。他认为人的需要是由低层次、基本需要向高层次、专项需要方向发展，由物质需求向精神需求发展，大致可分为五个层次：第一，基本生理需要，即衣、食、住、行的需要。第二，安全的需要，即生活有保障、免受伤害、免于失业的需要。第三，社会的需要，即感情的需要、爱的需要、归属感的需要。第四，尊重感的需要，指在社交活动中受人尊敬，取得一定社会地位、荣誉和权利的需要。一个人在家时，一切均需要自理，而作为旅游者则全程有人为你服务，可以享受尊重的感觉。第五，自我实现的需要。为谋求自我发展而外出旅游考察，以寻求发展机会。如考察旅游、会议旅游，如驾车或徒步游全国、全球、跨越某大洲等，以此展示其成就，实现一种自我价值，引起人们的注目。

旅游活动是人们满足自我需要后，为追求更高层次的需要，改变生活方式，获取知识，完善自己，获得社会尊重，满足精神和物质上的享受而进行的一种社会生活。

（二）旅游动机的种类

概括起来，旅游动机可分为以下四类。

（1）身心健康动机：人们为了满足休憩、娱乐、度假、疗养、运动等恢复或保持身心健康的需要而产生的动机。

（2）文化动机：人们为了了解自己生活环境和知识范围以外的事物的需要而产生的动机。如探究异国他乡的政治、经济、文化、艺术、历史、教育、宗教及风土人情、生活习俗等。

（3）交际动机：为满足人们保持与社会的经常接触、进行社会交往的需求而产生的动机。如探亲访友、旧地重游、寻根怀旧、结识朋友，或希望受到重视、得到尊重，获得更高的地位、声望或增长阅历等。

（4）业务动机：人们为了进行政府、企事业、团体事务交往的需要而产生的动机。如商务活动、体育比赛、参加各种会议、办理业务等。

事实上，人们外出旅游很少出于单方面动机，往往除某一方面的主要动机外，还会涉及其他方面的动机。人们的旅游动机除了有个性的一面外，还有共性的一面。旅游动机的共同性、普遍性就在于所有的旅游者都有追求美的享受的共同心理，大部分旅游者的心理可以概括为"求知、求新、求奇、求异、求乐"。随着旅游的发展，旅游者普遍抱有重经历、喜参与的心理。我们要注重分析、研究旅游者动机的共性和变化情况，开发新的旅游产品。

（三）影响旅游动机的因素

影响旅游动机的因素概括起来可分为外部环境因素和个体特征因素两方面。其中，外部环境因素包括经济因素、政治因素和社会因素；个人因素可以分为个人客观条件和个人主观特征。

外部环境因素对旅游的影响变动较大，当外部环境因素不利于旅游行为时，就会抑制旅游动机的产生。经济环境因素即整个社会经济发展水平对动机的影响，总体上是促进作用。旅游从以前的贵族特权变成了现代人的生活方式。随着经济环境不断得到改善，人们的旅游动机被大大激发出来。稳定的政局、安全的形势能够激发人们的旅游动机；相反，战乱、恐怖活动和天气、自然灾害（地震、海啸）等将抑制人们的旅游动机。人是社会动物，总是归属于某个社会阶层。不同社会阶层、不同文化环境的人在价值观念、文化习俗、宗教信仰等方面也会有较大差异，因此旅游动机也有所不同。

人们的旅游动机除了受到外部环境因素的影响，还受到个人因素的影响，而正是个人因素决定了在面对同样的外部环境时个体之间旅游动机的差异。个人客观条件主要是指性别、年龄、受教育程度等。性别和年龄使人不仅有其生理特点，而且也影响到人在社会和家庭中所担当的角色。教育程度和文化水平较高势必有助于一个人克服对异乡环境的心理恐惧和思想偏见。同时，知识水平有助于了解异乡的风土人情并且激发对旅游目的地的兴趣。个人主观特征包括气质、性格、兴趣等构成的意识倾向性。气质是人的相对稳定的个性特点和风格气度。性格是在先天气质的基础上，经过后天长期的对个人信念、理想和意志的磨炼，形成的一种对客观现实的稳定的态度和相应的惯常的行为方式的心理活动特征。著名瑞士心理学家和精神分析医师荣格提出了人类心理类型说，将人的性格分为外向型和内向型两类。

美国学者斯坦利·C.帕罗格把人们的个性心理进行分类，划分为不同的心理类型并提出旅客心理类型模式，借以研究不同心理类型对旅游动机及对旅游目的地选择的影响。帕若格通过对数千美国人的个性心理因素的研究，发现人们的心理可被划分为五种类型，如图2-2所示。

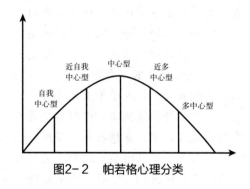

图2-2 帕若格心理分类

这五种心理类型分别为自我中心型、近自我中心型、中间型、近多中心型和多中心型。心理类型属于自我中心型的人，其特点是思想谨小慎微、多忧多虑，不爱冒险；行为上表现为喜安逸、好轻松、活动量小、喜欢熟悉的气氛和活动。同自我中心型相反，另一个极端类型是多中心型。属于这一心理类型的人，其特点是思想开朗，兴趣广泛多变，行为上表现为喜新奇、好冒险、活动量大、不愿随大流，喜欢与不同

47

文化背景的人相处。这类人虽然也需要旅游业为其提供某些基本的旅游服务，如交通和住宿等，但更倾向与有较大的自主性、灵活性，并且有些人甚至会尽量不使用或少使用旅游企业的旅游服务。除了这两个极端类型之外，中间型属表现特点不明显的混合型。近自我中心型和近多中心型则分别属于两个极端类型与中间型之间略倾向于各极端特点的过渡类型。

以上模式显示，属中间型心理类型的人居绝大多数，而自我中心型和多中心型这两个极端的人数比例很小，即所谓中间大、两头小的正态分布。它还反映出，越是靠近多中心型者，外出旅游的可能性就越大。由于人们属于不同的心理类型，所以他们对旅游的目的地、旅游方式等方面的选择也不可避免地会受到其所属心理类型的影响。心理类型为多中心型的旅游者往往是新旅游地的发现者和开拓者，是旅游者大军的先头部队，其他心理类型的旅游者陆续随后跟进，该新旅游地也便逐渐形成旅游热点。

在上述全部因素中，客观因素是保证条件，主观因素才是根本的内因。当然，主观因素有时亦受客观因素的限制。全面认识这些因素，对发展旅游业，特别是对旅游业的市场营销工作有一定的实际意义。

相关链接：荣格的人类心理类型说

一种是外倾思维型。这种人按固定的规则生活，客观、冷静，善于思考但固执己见。他们通常压抑天性中性感的一面，因而显得缺乏鲜明的个性，甚至冷漠无情。如果压抑过分，则会变得专制、自负、迷信，拒绝接受任何批评。

一种是内倾思维型。这种人喜欢离群索居，由于判断力贫乏而不愿社交。他们极端聪明却又不顾实际。发展过度就会变得顽固执拗，刚愎自用，不体谅别人，骄傲自大，拒人于千里之外。

一种是外倾情感型。这种类型的人以女性较多，她们理智屈从于情感，往往表现为反复无常，多愁善感，强烈地依恋他人但情感并不执着。

一种是内倾情感型。这种人文静多思，敏感忧郁，沉默寡言，难以捉摸，然而有时又表现得恬淡宁静、怡然自得，给人以高深莫测之感。

一种是外倾感觉型。这种人追求欢乐、善于社交、不断寻求新的刺激，他们头脑清醒，但对事物浅尝辄止，他们情感浅薄经常沉溺于各种嗜好，往往具有变态行为和强迫行为。

一种是内倾感觉型。这种人爱好艺术，沉浸在自我主观感觉中，与自己的内心世界相比，他们觉得外部世界索然乏味。这种类型的大多数人表现得较为沉静、随和，有一定的自制力，但思维和情感大都不够深沉。

一种是外倾直觉型。这种人异想天开，喜怒无常，见异思迁，好高骛远，一个问题没解决又忙于解决另一个问题，不能持之以恒，由于情感转移快，难得知己。

最后一种是内倾直觉型。这种人往往是能产生一些新奇观念的梦想家，别人看他们不可思议，他们自己也自视甚高，自以为是不被理解的天才。

（资料来源：https://www.douban.com/group/topic/7914267/）

课堂思考：什么样的人能够成为"旅游者"？

任务三　旅游者的类型和行为特征

第二次世界大战之后，世界经济振兴，旅游业蓬勃发展，旅游人数不断增多。人们在出游时，由于其在旅游目的、旅游方式、交通工具、目的地距离等方面有着不同的要求，因此在给旅游者分类时就会有不同的标准。目前在学术界和实际工作中，对旅游者的分类尚无统一标准。

一、旅游者的类型

旅游者的分类，常见的划分标准如下。

（1）按地域划分，有国际旅游者、国内旅游者、洲际旅游者、环球旅游者等。

（2）按组织形式划分，有团体旅游者、散客旅游者、包价旅游者等。

（3）按费用来源划分，有自费旅游者、公费旅游者、社会旅游者、奖励旅游者等。

（4）按消费水平划分，有经济型旅游者、大众型旅游者、豪华型旅游者。

（5）按交通工具划分，有飞机旅游者、火车旅游者、汽车旅游者、自行车旅游者、徒步旅游者等。

（6）按旅游目的划分，有观光旅游者、娱乐旅游者、商务旅游者、会议旅游者、宗教旅游者等。

（7）按活动内容将旅游者划分，有观光型旅游者，娱乐消遣旅游者，医疗保健型旅游者，文化教育型旅游者，差旅型（商务公务型）旅游者，寻根、探亲访友型旅游者，宗教朝觐型旅游者，购物型旅游者，生态、探险型旅游者。

二、旅游者的行为特征

以下主要阐述根据旅游活动内容划分的旅游九大类型的旅游者的特征。

（一）观光型旅游者

观光旅游是指旅游者以参观、欣赏自然景观和民俗风情为主要目的和游览内容的旅游消费活动。观光旅游产品是旅游业发展的最初阶段产品，它的发展与旅游资源密切相关。观光旅游可分为自然观光和人文观光两类旅游产品。它是最古老、最普通、最常见的旅游活动方式，也是目前我国最主要的旅游活动类型。

观光型旅游者的特点包括：旅游者喜欢到知名度高的地方旅游。与度假、疗养旅游者比较，观光型旅游者具有活动空间较大、在旅游地逗留时间短等特点。旅游者流动性较大，在游览地的消费不高，对价格比较敏感。旅游者以观赏景物为主，缺乏参与性与交流性。对同一旅游地的重复观光少，即旅游者回头率低。旅游者数量大，在各类旅游者中所占比例最大，而且在今后相当长时间内仍占较重的地位。

（二）娱乐消遣型旅游者

这种类型的旅游者在全部外出旅游人数中所占比例最大。娱乐消遣型旅游者主要是为了改变环境、调剂生活，以娱乐、消遣求得精神松弛和愉快。除此之外，并不要求达到某种专门的目的，故男女皆可、老少皆宜，而且不受文化教育程度的限制。但对周边环境、服务设施和享乐水平要求都会比观光旅游高。

娱乐活动是旅游活动中不可或缺的重要组成部分。随着大众观光旅游逐渐向休闲度假旅游、主题旅游过渡，"娱"作为传统观光旅游"六要素"中弹性最大的要素，将占有越来越重要的地位，成为旅游花费支出的主要部分之一。

娱乐消遣型旅游者的特点包括：旅游者的参与性较强，可以满足旅游者的参与愿望。旅游者安排旅游活动的季节性较大，如遇天气变化、不安全因素、产品质量、价格等问题时，可以临时改变计划，取消旅游或改去他处。旅游者在目的地停留时间较长，消费量相当可观。旅游者大多属于自费旅游者，对价格较为敏感，因此经济实惠是他们选择目的地、旅游线路、旅游交通工具的重要参考条件。所以一个旅游目的地的旅游服务质量和旅游产品的定价一旦出现问题，就会将这一类型的顾客自动推给自己的竞争对手。旅游者在对旅游目的地的选择及对出发时间的选择方面，拥有较大程度的选择自由。

（三）医疗保健型旅游者

医疗保健型旅游者主要是为了通过参与有益于身体和心理健康的旅游活动，达到治疗某些慢性疾病和消除疲劳、减少疾病、增进身体健康的目的。参加的旅游项目主要有医疗旅游、温泉旅游、森林旅游、体育旅游等（见图2-3）。例如，墨西哥针对欧洲人惧怕肥胖的心理，推出减肥旅游项目，在食、玩、娱、购等方面都围绕减肥进行，各地旅游者纷至沓来，活跃了墨西哥旅游业。我国新疆吐鲁番市西部10公里处有一处黄沙丘，每年七八月都有许多来自全国各地的风湿性关节炎病患者，在那里进行埋沙治疗。为了满足全国各地患者的要求，吐鲁番民族医院在那里建立了沙区疗养院。我国许多地方利用针灸等治疗慢性疾病，在北京、北戴河、青岛、杭州、无锡等地建立了专门的疗养院，推出针灸旅游等项目，深受国内外旅游者的欢迎。

图2-3 温泉旅游

（图片来源：https://image.baidu.com）

医疗保健型旅游者的特点包括：旅游者带有明确的目的性，以保健身体为主，以观光娱乐为辅，是旅游与健身的有机结合。旅游者喜欢去环境质量高的地方，即气候温和、阳光充足、空气清新、水质良好、远离噪声的地方。参加疗养保健的旅游者以中高档消费水平的中老年人居多，而参加体育旅游则以中青年旅游者居多。基本是近距离旅游者。休闲度假者不愿把钱花费在路上，愿意寻找临近的胜地去度假。旅游者在一地逗留日消费水平有两个极端：纯粹以度假为目的的旅游者日消费水平高，以保健为目的的旅游者消费水平较低。旅游者十分关心增进健康的实际效果，他们对旅游设施的要求较高，很注意旅游地有没有相关的健身、疗养、运动的场所和设备。

（四）文化知识型旅游者

文化知识型旅游是一种旨在观察社会、体验民族风俗、丰富文化历史积累、增长知识的旅游。文化知识型旅游者的主要目的是通过文化知识旅游达到积极的休息和娱乐，获得知识的启迪和充实。

将文化与旅游活动结合起来吸引旅游者的旅游活动类型主要有科技交流旅游、文艺交流旅游、考古旅游、生物考察旅游、民族风貌考察旅游、专业学习旅游及电影节、音乐节旅游等。另外，我国近些年已接待大批汉语学习团、针灸学习团、中国烹饪学习团、三国线路考察旅游团等，都与专业文化密切关联。

文化知识型旅游者的特点包括：旅游者具有较高的文化修养，求知欲望强，乐意接受新思想。希望通过旅游活动，学习各方面知识，拓宽视野，开阔思路，提高专业学术水平。多数旅游者具有专长和特殊兴趣，期望在旅行中能与同行切磋交流，相互启发，解决自己在研究中碰到的问题。旅游者对导游的文化知识基础有较高的要求，对日程安排的周密性和旅游线路的科学性比较敏感。

（五）差旅型（商务、公务型）旅游者

差旅型旅游者是旅游业的另一重要市场。自从我国实行改革开放政策以来，每年前来我国办理工商贸易事务及参加各种会议的国际人士不断增加，因而已经构成我国旅游业不可忽视的重要市场部分。

差旅型旅游者是以公务、商务等为主要目的，兼顾观光旅游的人，包括公务旅游者、商务旅游者、会议旅游者等。会议旅游是国际旅游业中新兴起的旅游活动形式。美国是世界上最大的会议旅游国，亚洲的新加坡、东京、曼谷、马尼拉、中国香港等，也经常举办各种国际会议。随着世界经济的发展和交流的加强，各国各地区间的商贸活动日趋增加，目前商务旅游者的人数至少占旅游者总数的1/3。

差旅型旅游者的特点包括：旅游地点一般都是选在旅游胜地或风景文化名城，以便在完成公务和商务的同时进行游览活动。旅游者一般具有一定身份和地位，而且活动所需要的经费由所在的企事业单位公费支出，在价格方面较不敏感。旅游者无法改变或选择目的地、出行时间、食宿场所等，属于非自主旅游。旅游者人数相对较少，但出行次数较为频繁。旅游者有一定的身份和地位，对旅游产品和服务质量要求高。要求对活动安排有较强的计划性，设施条件（会议场地、通信设备和交通条件）先进。服务质量好，比较强调方便和舒适。旅游者在目的地停留时间较长，消费较高。

（六）寻根、探亲访友型旅游者

当今世界，为寻根、探亲、访友而旅游的人是旅游者中极为重要的一种。1976年美国黑人作家阿力克斯·哈莱的小说《根》出版后，引起轰动，许多美国黑人纷纷前往冈比亚"寻根"，掀起了世界寻根旅游热潮。从19世纪开始，我国东南沿海一带的华人大批漂洋过海，到他乡谋生。中华人民共和国成立以来，我国每年都有大批华裔及华侨回国探亲。每年清明时节，世界各地华人都会来到黄帝陵，祭拜共同的先祖轩辕黄帝（见图2-4）。

图2-4　公祭轩辕黄帝
（图片来源：https://image.baidu.com）

1949年国民党撤离时，包括军政要员及其眷属、部分科技文化人士等在内共有150多万人迁到台湾省。自1987年海峡两岸开放探亲以来，台眷属大批涌入内地探亲。2003年1月26日，首架两岸春节包机启航。随着两岸政治的发展，今后台湾地区会有越来越多的人来内地旅游。

寻根、探亲访友型旅游者的特点包括：旅游者的客源地和目的地之间有着某种特殊关系，即两个国家或地区之间具有历史的、政治的、经济的乃至战争、婚姻等的关系，这种特殊的关系往往成为旅游者选择目的地的重要心理因素。欧洲许多国家与曾是他们的殖民地国家之间、英联邦国家之间都有大量的旅游者对流，美国人到英、法等国作寻根旅游的旅游者甚多，都是出于这种原因。旅游者大多由亲朋好友联系安排，散布于民舍家居，难以统计，从而影响旅游统计的准确性。旅游者对价格不太敏感。来华探亲访友旅游者大多伴随经商或投资活动，以建设家乡、造福家乡人民为己任。

（七）宗教朝觐型旅游者

宗教朝觐型旅游者是以朝圣、拜佛、求法、取经或宗教考察为主要目的外出旅游的人。

中国、东南亚、西亚和西欧的大量古老的寺庙和教堂，以其悠久的历史、丰富多彩的建筑形式吸引着人们，同时也吸引着属于不同宗教信仰的教徒。伊斯兰教的朝觐制度规定：每一位有经济实力和体力的成年穆斯林都负有赴麦加朝拜的宗教义务。朝圣期间，麦加清真寺广场聚集着成千上万的世界各地的穆斯林。中国被称为佛教的第二故乡，古寺庙宇遍布名山胜地，每年到普陀山、九华山、峨眉山、五台山、天台山等佛教圣地进行朝拜、还愿、观光游览的日本旅游者和海外华侨、外籍华人、港澳台同胞络绎不绝。

宗教朝觐型旅游者的特点是包括：旅游者的旅游目的地主要在宗教圣地，如巴黎圣母院、罗马的圣彼得教堂、耶路撒冷、麦加清真寺，还有我国的四大佛教名山、四大道教圣地和布达拉宫等。旅游者参加的旅游活动多与庙会或祭祀活动相结合，如麦加朝圣每年12月初开始，到10日宰牲节达到高潮结束，成为全世界穆斯林的巨大盛会，朝觐游客达200万人次。接待方要用宗教形式接待旅游者，要尊重教徒的信仰，使旅游者有归属感。

相关链接

宗教旅游是一种以宗教朝觐为主要动机的旅游。自古以来世界上三大宗教（佛教、基督教和伊斯兰教）的信徒都有朝圣的历史传统。凡宗教创始者的诞生地、墓葬地及其遗迹遗物甚至传说"显圣"地及各教派的中心，都可成为教徒们的朝拜圣地。如耶路撒冷，由于基督徒认为是救世主耶稣的诞生地，犹太人认为是大卫王的故乡、第一座犹太教圣殿所在地，穆斯林认为"安拉的使者"穆罕默德曾在此"登霄"升天，故成为基督教、犹太教和伊斯兰教的共同圣地，吸引了大批的朝圣者。现代比较著名的基督教圣地有罗马教廷梵蒂冈，传说"圣母玛利亚显圣"的法蒂玛（葡萄牙）及联邦德国的奥柏拉格尔高和法国的卢尔德；佛教圣地集中在东南亚和中国，如斯里兰卡的佛牙寺和克拉尼亚大佛寺，中国的佛教四大名山（峨眉山、九华山、五台山和普陀山）及新近发现的佛祖指骨的扶风法门寺；伊斯兰教有四大圣地：麦加、麦地那、耶路撒冷和凯鲁万。其中，麦加是所有宗教旅游中规模最大、朝觐人数最多的一处圣地。该城中心的清真寺面积16万平方米，可容纳30万穆斯林同时做礼拜。将宗教旅游作为一种对寺院、道观古建筑的"观光旅游"来发展，处于一种物质性的开发层次上，同时表现出过多的商业化成分。而宗教能启迪智慧、唤起道德、重塑人生价值等功能却很少挖掘开发，没有展示出其精神层次的价值来。

（资料来源：https://baike.baidu.com/item/%E5%AE%97%E6%95%99%E6%97%85%E6%B8%B8/10471900?fr=aladdin）

（八）购物型旅游者

购物型旅游者出游的主要目的是购物。据统计，每年进入香港的旅游者中有60%左右是为了购物，其购物费用也占全部旅游费用的60%左右，使香港这个弹丸之地成为世界的"购物天堂"（见图2-5）。被称为"袖珍之国"的安道尔位于西班牙和法国之间，人口不足3万，近几年来每年却接待近300万人次的国际旅游者，其中除了安道尔是休假、登山、滑雪

图2-5　购物天堂——香港
（图片来源：https://image.baidu.com）

的理想之地外，关键在于安道尔没有关税，东西特别便宜，所以吸引了大批旅游者前来购物。由此可见，安道尔的旅游业是以购物取胜的。

购物型旅游者的特点包括：吸引购物型旅游者不仅要有优越的购物条件，如丰富的商品、低廉的价格，而且其他方面的条件也要十分有利，如便利的交通、观光游览名胜之地等，因为购物型旅游者是将购物与观光旅游结合在一起的。购物型旅游者一般来自经济发达或比较发达的国家、地区，他们对旅游产品价格不太敏感，而对旅游目的地的购物价格比较敏感。购物型旅游者出游的季节性不强，全年均可进行购物旅游活动。旅游者旅游消费总量较大，经济效益较好。

（九）生态、探险型旅游者

生态、探险型旅游者是国际旅游市场异军突起的一支生力军，他们参加旅游活动，强调观光旅游、自然保护与文化保存相结合，是肩负环境责任、具备环境伦理的新型旅游者。

生态、探险型旅游者的特点包括：旅游者参加的旅游活动是与自然相关的旅游，涉及一些特定地区的环境和生态问题，如巴西和印度等国雨林地区的保护问题、亚马孙河流域和东南亚地区濒临灭绝的物种问题等。在这样的旅游中，旅游者有机会参与保护自然环境，并能与当地居民相互交流。旅游者一方面可以享受酒店的服务或帐篷的舒适方便，另一方面可以远足、撑木筏渡险滩，或者观看野生动物。游览的同时不得不舍弃一些舒服和自在，因此旅游者在参加旅游前必须对所参加项目的难度有充分了解。一般来说，尽管旅游中的住宿条件或许在空间上会小一点，在服务内容上不如大饭店那样详尽，但它们都能达到干净整洁的标准，具备基本的舒适度。旅游者应具有较高的科学与文化修养。参加活动前，应仔细浏览手册或其他材料中所提及的有关生态及环境问题的知识。要了解：导游是否经过特别培训，在旅游中是否有专家或主管人员陪同，自己会有哪些机会参与自然资源和环境的保护。旅游的同时还应对旅行社的规定特别留意，如未经许可不可带走当地的草、石、花木等自然物品，如何处理废弃的垃圾，以及对观察、照相、行走线路及抚摸野生动物是否有特殊要求。

以上对旅游类型只是一种理论的分类。对于旅游者的每一场旅游活动，都不是孤立的，在旅游活动中旅游类型是有交叉的，需求动机往往重叠、渗透，我们不能刻板地用单一类型来划分归类。在实际经营中，我们还要对各类旅游进行更细致的专门分类。

项目总结

本章主要阐述了旅游者的定义，并对国际国内对旅游者的定义进行分析，从技术统计角度对国际旅游者和国内旅游者进行了界定；从客观条件和主观条件两个方面分析了旅游者产生的条件；介绍了旅游中的不同分类方法，结合旅游活动内容对不同旅游者的特征进行了描述分析，便于旅游从业者了解不同类型旅游者，为旅游者提供优质服务打下了良好的基础。

项目练习

一、思考题

1. 简要分析旅游者产生的基本条件。

2. 请谈谈影响一个人成为现实旅游者的因素有哪些。

3. 结合我国旅游市场发展现状，分析我国旅游者的旅游动机类型。

二、案例分析

《中华人民共和国旅游法》（以下简称《旅游法》）由中华人民共和国第十二届全国人民代表大会常务委员会第二次会议于 2013 年 4 月 25 日通过，自 2013 年 10 月 1 日起施行。2016 年 11 月 7 日，全国人民代表大会常务委员会第二十四次会议对《旅游法》进行了修订，并于当日实施。全文共十章、一百一十二条，分别为总则、旅游者、旅游规划和促进、旅游经营、旅游服务合同、旅游安全、旅游监督管理、旅游纠纷处理、法律责任和附则。

《旅游法》强调为旅游者提供旅行便利和安全保障，在维护权益总体平衡的基础上，更加突出以旅游者为本。《旅游法》专设旅游者一章，落实旅游者保护：自主选择权、知悉真情权、要求严格履行权、受尊重权、救助保护请求权、特殊群体获得便利优惠权。《旅游法》中提出，旅游者有权自主选择旅游产品和服务，有权拒绝旅游经营者的强制交易行为。旅游者有权知悉其购买的旅游产品和服务的真实情况。旅游者有权要求旅游经营者按照约定提供产品和服务（第九条）。旅游者的人格尊严、民族风俗习惯和宗教信仰应当得到尊重（第十条）。残疾人、老年人、未成年人等旅游者在旅游活动中依照法律、法规和有关规定享受便利和优惠（第十一条）。旅游者在人身、财产安全遇有危险时，有请求救助和保护的权利。旅游者人身、财产受到侵害的，有依法获得赔偿的权利（第十二条）。

（资料来源：文化和旅游部网站）

> **案例思考：**从《旅游法》关于旅游者的法律条文可以发现旅游者的权益保障有哪些变化？

📧 推荐阅读

1.《旅游概论》（邵世刚，高等教育出版社，2015 年）

2.《佛教旅游地旅游者幸福感研究——以香山普门禅寺为例》（崔霄，《旅游纵览》，2019 年 10 月）

3.《"时空压缩"背景下传统景区发展新路径——面向旅游者和居民的景区》（张姣姣，《商场现代化》，2019 年 10 月）

4.《基于旅游消费者偏好的中国出境旅游现状研究》（唐斯陶，《现代经济信息》，2019 年 7 月）

5.《国外旅游动机概念与维度研究进展与评述》（曾韬，《学术研究》，2019 年 7 月）

项目三　旅游资源

🔍 项目目标

　　本项目要求学生学习旅游资源的基础知识，掌握旅游资源的各种类型及其特点，了解旅游资源调查与评价的相关知识，熟悉旅游资源开发与保护知识，对旅游资源管理进行初步的了解，建立科学的资源开发、管理和保护理念。

✅ 项目任务

　　1.掌握旅游资源定义、分类与特点。
　　2.掌握旅游资源调查、评价的内容、原则与标准。
　　3.熟悉旅游资源开发与保护的相关知识。
　　4.了解旅游资源管理的一般理论及方法。

📋 项目案例导入

人文旅游资源的开发与利用——云南哈尼梯田文化景观

　　生活在云南南部的哈尼族是哀牢山区的世居民族之一，集中分布在云南南部哀牢山和无量山区的元阳、绿春、红河、墨江、金平等13个县市。在2000多年的历史中，哈尼族建造并保存了具有良好水土保持功能的规模巨大的"梯（田）山"。其中，元阳哈尼梯田以其"分部之广，规模之大，建造之奇，在中国没有，在世界罕见"而闻名中外。

　　哈尼梯田文化景观是哈尼族通过多年的农耕实践，创造性地利用了红河南岸特有的自然条件——中低山深切割地区和热带、亚热带季风气候，对具有一定坡度的山地进行综合利用而形成的文化景观，是哈尼族繁衍的物质基础，也是哈尼族精神的象征、哈尼文化的代表，是人地和谐共处的良性人类生态系统和土地持续利用的样板。它具有下列特征。

　　第一，据历史资料显示，哈尼族的梯田稻作已有数千年的历史，具有古老性的特征。

　　第二，哈尼梯田文化景观历经千年而不毁，是哈尼文化与自然环境和谐发展的结果。

　　第三，哈尼梯田文化景观是云南南部农业景观的代表。

　　第四，哈尼梯田文化景观具有极高的美学价值。

哈尼梯田文化景观是在人为调控下对自然生态系统有意识地进行干预、调节而形成的文化景观，由森林景观、哈尼聚落景观和梯田景观组成。充分展现了人类与自然的和谐相处，体现了中国古代"天人合一"的哲学思想。开发哈尼梯田文化景观旅游资源，有利于更好地让旅游者认识和了解人类与自然的和谐相处之道，也有利于促进哈尼族聚居地区的经济发展，提高当地人民的生活水平，提高哈尼梯田文化景观的知名度，获取国际赞助，以确保哈尼梯田文化生态系统的持续发展。

（资料来源：高峻.旅游资源规划与开发 [M].北京：清华大学出版社，2007）

课堂思考：哈尼梯田文化景观如何更好地开发为旅游资源？

任务一　旅游资源的定义、分类与特点

旅游资源是旅游的三大基本构成要素之一，是旅游活动的客体，是旅游的吸引物，是一个国家或者地区发展旅游业的基础或前提条件。事实证明，一个国家或者地区旅游业发展成功与否，从根本上讲，取决于其旅游资源的特点和丰富状况，取决于其对旅游资源的开发程度，以及能否妥善处理好开发旅游资源与保护环境的关系。

构成旅游资源的因素很多，有自然因素，有人文因素，也有人文与自然相结合的因素，也可能是许多因素的总和。值得注意的是，随着旅游的发展，旅游资源观正在悄然发生改变，过去注重的是"物"，现在注重的是"人"。随着我国大众旅游愈发成熟，游客出游不再满足于去过某个具体景区（点），更多的在于通过旅游活动获得不同寻常的经历与体验。因此，旅游资源的价值在于给游客带来更多的情感体验和情感满足。一切以游客感受为中心的社会、历史、文化资源，都是符合旅游发展趋势，能给游客带来收获感、满足感和愉悦感的资源。

一、旅游资源的定义

到目前为止，专家和学者对于旅游资源定义的认识尚存在不同的见解，尤其是随着"全域旅游"的提出，"大资源观"得到越来越多旅游从业人员的认可。我们从现代旅游业的角度出发，对于旅游资源的定义概括如下：在自然界和人类社会中，凡能够对旅游者产生吸引力，能够激发旅游者产生旅游动机并实施旅游行为，为旅游业所利用，能够产生经济效益、社会效益和环境效益的各种主客观因素，均可构成旅游资源。

二、对旅游资源定义的理解

（1）旅游资源对旅游者具有吸引力。与其他资源比较，旅游资源最大的特点是能激发旅游者的旅游动机和使旅游者产生旅游行为，吸引游客到异地进行旅游观赏、消遣娱乐、休憩度假、登山探险、科学考察、文化交流等活动，因此有人将其称为"旅游吸引物"。任何一项旅游资源具有吸引的定向性，主要是由人们旅游需求的多样性所决定的，它只能对某些客源市场产生吸引力而不是全部旅游客源市场。

（2）旅游资源必然为旅游业所利用。虽然有许多事物或现象对旅游者具有吸引力，激发旅游者的旅游动机，但因为条件限制未能为旅游业所利用，只能称为"潜在的旅游资源"，而不能称为"现实的旅游资源"。我们所说的旅游资源是可以为旅游业所利用的现实的旅游资源。

（3）旅游资源能产生经济、社会、环境三大效益。旅游资源是一种特殊资源，不仅要用经济效益来衡量，还应注意其社会效益和环境效益。

三、旅游资源的分类

旅游资源的多样性和不同资源之间所存在的性质差异，使得旅游资源的分类成为一个十分复杂的问题。当前我国较为系统的分类是由中华人民共和国国家质量监督检验检疫总局、中国国家标准化管理委员会发布的《旅游资源分类、调查与评价》（GB/T 18972—2017）。一般来说，大致可将旅游资源按照如下两种分类方法进行分类。

（1）从旅游资源的利用角度出发，可分为再生性旅游资源和不可再生性旅游资源。

可再生性旅游资源是指在旅游过程中部分旅游资源被消耗掉，但仍能够通过适当途径为人工再生产所补充的旅游资源，如旅游纪念品、土特产品等。

不可再生性旅游资源是指那些自然生成或者在长期历史发展过程中的遗存物，在旅游过程中，这类旅游资源一旦遭到破坏，其后果不堪设想，且极难挽回，即使部分复原，其原有的观赏价值也将大打折扣。

在旅游资源的开发利用过程中，对于可再生性的旅游资源要充分利用，尽可能地或者最大限度地发挥其经济效益和社会效益；对于不可再生性旅游资源则要注意开发和利用的适度性和合理性，并进行有效的保护，最大限度地延长其寿命，使其能够在较长的时间内为旅游者服务。

（2）按旅游资源本身的属性及成因，可分为自然旅游资源、人文旅游资源。

自然旅游资源又称"自然景观"，是指使人产生美感，能为旅游业所利用而产生效益的自然环境和物象的地域组合，主要包括地貌、水文、气候、生物等自然旅游资源类型，基本上属于天赋的或者自然形成的，具有明显的地域性，被称为旅游的第一环境，具有复杂多样性的特点。

人文旅游资源是指古今中外人类生活生产活动的艺术成就和文化结晶，主要包括历史文物古迹、建筑、园林、文学艺术、宗教文化、历史名城、社会风情、娱乐购物、现代社会建设成就等。在新旅游资源观中，凡能够为游客提供旅游体验的载体，都可视为旅游资源。

四、旅游资源的特点

作为一种资源，旅游资源既与其他各种资源一样有着共同性质，同时作为一种特殊资源，旅游资源又具有自己的特性。

（一）美学的观赏性

旅游资源美学的观赏性也就是其本身的吸引性。旅游资源同一般资源的最主要区别就是它具有美学特征，拥有可观赏性的一面。旅游活动最主要、最基本的内容就是"游"，"游"本身就是对美学事物的观赏。无论是名山大川、奇峰异洞还是风土人情、美味佳肴等，因为具有观赏性，能给旅游者以美的享受，具有很大的吸引力，因此才成为重要旅游资源（见图 3-1）。

可以说，旅游资源的美学特征越突出，观赏性越强，在国内外知名度越高，对旅游者的吸引力也就越大。

图3-1　西岳华山
（图片来源：https://image.so.com/）

（二）空间分布的地域性

旅游资源空间分布的地域性又可称其为垄断性。除了以主题公园为代表的当代人造景观之外，大多数旅游资源分布在不同的地区里，反映着不同地区的地理环境及社会经济特点，满足人们的不同需要，不为其他地区所有，独特的旅游资源具有特殊的使用价值，这就是空间分布的地域性。

如"万里长城"是中华民族智慧的结晶，是世界上最长，最大的城墙，不为其他国家所有，具有垄断性。由于我国地域辽阔、气候类型复杂多样，所以不同地区的旅游资源各具特色："林海雪原"是北国风光；"山清水秀"是南方特色；"大漠驼铃"是西北干旱地区的景观（见图 3-2）。

由此看出，不同地区的旅游资源具有不同的地方特色，也正是这种特色，吸引着其他地区的旅游者前往观光游览，因此一个地区或一个国家的旅游业是否发达，在很大程度上，取决于能否保持和突出那里的旅游资源的地方特色。

图3-2　大漠风光

（图片来源：https://image.so.com/）

（三）使用的相对永续性

旅游资源和一般资源在利用上有所不同，一般资源（如矿产资源）在利用的过程中被消耗掉了，而旅游资源在利用过程中（如参观游览、滑冰、登山、疗养等）旅游者带走的是"印象"和"感受"，而不能带走旅游资源本身，因此旅游业被看作"出口风景"的行业，而且是永远出售不完的，旅游者在一次游览结束后，得到的仅仅是高层次的物质和精神享受，而旅游资源仍具有使用上的永续性的特点，可以重复使用。当然也有极少数的旅游资源在旅游活动中被消耗掉，如动物狩猎、植物的采集、美味佳肴的品尝等，这是极少部分，且这部分还可以通过人工饲养、栽培等再生产过程得到补充。总的来说，旅游资源具有"相对"的永续性。

（四）季节性

这个特点多数倾向于自然旅游资源和以自然景观为主的综合性的旅游资源。由于这类旅游资源分布在不同的地区里，各地区由于纬度和海拔高度的不同，气候环境不同，动植物生长变化也不同，导致了旅游资源具有季节性的变化特点，如冬天滑雪、秋天赏红叶等（见图3-3）。

图3-3　香山红叶

（图片来源：https://image.so.com/）

旅游资源的季节性变化使旅游业的发展在一年之内会出现较明显的淡旺季之分，这正是旅游资源开发过程中需要特别注意的。

（五）科学性与教育性

旅游资源的科学性和教育性主要表现在人们通过游览观赏获得丰富的科学知识和

61

文化教育，得到高尚的美感享受，陶冶情操。如北京圆明园是进行爱国主义教育的好课堂，动植物园和国家森林公园为人们提供探索大自然奥秘的场所等。

（六）文化性

无论是自然旅游资源还是人文旅游资源，都具有丰富的文化内涵，吸引旅游者去探索其形成的科学道理，欣赏魅力景色，开发旅游者智力，满足人们猎奇和探险的愿望，如历史典故、自然巧合。尤其是人文旅游资源，其悠久的历史渊源、丰富的艺术价值、独特的民族性和地域性特色都体现出旅游资源强烈的文化性特点（见图3-4）。当然旅游者的文化水平、艺术修养、审美能力的高低将直接影响着人们对旅游资源文化内涵的认识程度和欣赏水平。

图3-4　孔庙"钩心斗角"
（图片来源：http://www.mafengwo.cn/i/6362636.html）

（七）可创新性

随着时间的推移，人们的兴趣、需要及社会时尚潮流也在发生变化。特别是在文旅融合和的全域旅游时代，一家文艺的咖啡厅、一顿特色的佳肴、一间乡下幽静的客房、一条充满诗意的廊道都可能成为游客到访的理由，经过创新设计和产品转化，都可以成为"网红点""打卡地"，引起游客共鸣和追捧。

总之，由于旅游资源本身的复杂性，使其本身具有独特的特性，正是由于这些特性，使其有别于其他资源，在人类社会中发挥着特殊作用。正确认识和了解旅游资源的特性，对于旅游业的发展，特别是对于一个国家或地区的旅游规划与开发、旅游市场营销及旅游资源开发和利用等工作都具有一定的实际意义。

相关链接：青岛有段"网红墙"

在青岛，除了灯火辉煌的五四广场，还有一面小小的红墙也走红网络，成为诸多文艺青年必去的景点。有时，节假日的早晨，这面墙会被好多游客挤满。

古朴的红墙虽不华丽，却端庄大气。墙上的路标是汉白玉的，上边刻着大学路、鱼山路几个字。黄瓦朱墙，精雕瓦当，这便是大学路网红墙。

站在墙前，向左走或是向右走，这个问题总会忽然浮现脑海。大概在这近一个世纪的风风雨雨中，这座墙也见证过无数人的来来回回、左右抉择（见图3-5）。

而如今，这段红墙被赋予一个浪漫的称号"转角遇到爱"，被旅行社打包成旅游产品，售价从 200 元到 800 元不等。由此也引发人们思考：旅游资源在今天是不是应该被赋予新的含义？

图3-5　青岛"网红墙"

（资料来源：微信公众号"青岛新闻网文旅"发布的文章《细说"青岛文旅新十景"②｜大学路网红墙一切有时光可以倚恃！》）

课堂思考：以上资料体现出了当今旅游资源怎样的特点？

任务二　旅游资源调查与评价

一、旅游资源调查

旅游资源调查是用科学的方法和手段，有目的、有系统地收集、记录、整理、分析和总结旅游资源及其相关因素的信息资料，以确定旅游资源的存量状况，并为旅游规划者、旅游经营管理者提供客观决策依据的活动。

（一）旅游资源调查内容

旅游资源调查可以查明可供旅游业使用的资源状况，为旅游资源评价做好前期工作。了解旅游资源的形成原因、开发环境、存量状况、客源市场状况等，是旅游资源调查的基本内容。旅游资源调查主要包括：旅游资源环境调查、旅游资源调查、旅游要素调查、旅游客源市场调查等。

（二）旅游资源调查方法

旅游资源调查的方法和手段会直接影响调查结果的有效性和可信度，旅游资源调查内容繁多，因此必须采用科学合理的方法，如文案调查法（见解调查法）、询问调查法、观察调查法、结合考察法、遥感调查法、统计分析法、分类分区法等。

二、旅游资源评价

旅游资源评价是开发、利用旅游资源的一项基础工作，这一工作的实质是对旅游资源进行深入剖析，对旅游开发项目进行可行性研究。旅游资源评价的结果将对旅游资源开发利用的方向和旅游地的建设与发展产生直接影响。

（一）旅游资源的评价标准

旅游资源的评价标准就像一把尺子，是度量旅游资源质量的根本依据。近年来，人们在旅游资源评价的实践和理论研究过程中，对评价标准问题进行了不懈的探索。但由于旅游资源本身的复杂性，以及评价者的主观原因等，使旅游资源评价的标准很难统一，至今未形成一套成熟的旅游资源评价理论和方法体系。目前，人们多采用下列四个方面的标准对旅游资源进行评价，即美学标准、社会标准和历史标准、科学标准、市场标准。此外，旅游资源评价还要考虑到环境容量、资源组合状况、时空范围、开发条件等标准。

按上述标准逐一对某项旅游资源进行评价都有一定的意义，但是又都有其局限性。现实工作中更需要的是综合评价，只有综合考虑各方面的因素和标准，才能得出全面的、合理的结论。

（二）旅游资源的评价原则

旅游资源的评价是一项极为复杂的工作，涉及自然、历史、地理、气候、科技、经济、文学、艺术等各个方面的知识。为了使旅游资源评价做到公平、客观，其结果准确、可靠，必须遵循以下原则。

（1）标准化原则。旅游资源的评价将主要依据国家质量监督检验检疫总局2017年颁布并于2018年7月1日正式实施的《旅游资源分类、调查与评价》（GB/T 18972—2017）标准中的旅游资源分类体系对旅游资源单体进行评价。

（2）实事求是原则。旅游资源的评价工作，要从客观实际出发，即在旅游资源调查的基础上运用地理学、生态学、林学、经济学、环境科学、美学、建筑学等相关理论和知识，对旅行资源的形成、属性、价值等内容，给予正确的科学解释，做出实事求是的评价。

（3）全面系统原则。旅游资源的价值和功能是多方面、多层次、多类型的。就其价值而言，有文化、美学、观赏、历史、社会、科学考察等价值；就其功能而言，有观光、度假、娱乐、健身、商务、探险、科普等功能；同时涉及旅游资源开发的自然、社会、经济、环境和区位、投资、客源、施工等开发条件，这些也要综合考虑。

（4）动态发展原则。旅游资源的特征、开发利用价值及开发的外部社会经济条件是不断变化和发展的。在以静态认识为基础深入考察旅游资源本质属性的同时，还必须有动态发展的眼光，考察不同时间序列旅游资源所呈现的动态属性变化趋势，了解旅游资源的长期趋势、变化特性与过程，发现其变化规律性，从而对旅游资源及其开发利用前景做出积极、全面和正确的评价。

（5）综合效益原则。旅游资源的评价是为其开发利用服务的，开发利用的目的是为了获得预期的综合效益，主要包括社会效益、生态效益和经济效益三个方面，而不只是考虑经济效益。在进行旅游资源评价时，要充分合理利用旅游资源，发挥其潜在的资源优势，以获得最大的综合效益。

（6）定量和定性相结合原则。旅游资源的定性评价法和定量评价法相互配合、相互补充，定量评价是以定性评价为基础的。旅游资源的评价既不能停留在定性描述的水平，也不能盲目追求定量化和数学化，而是要做到定性与定量的最佳结合。只有将定性和定量两种评价方法结合起来使用，才能取得较好的评价效果，达到预期的评价目的。

相关链接：政府牵头开发旅游资源，村民奔康不是梦

"一定要做好乡村旅游这篇文章，乡村振兴战略的实施，已经为我们指明了道路。"这是全国人大代表、凉山州西昌市安哈镇长板桥村支部书记余彬挂在嘴边的话。

2020年年初新冠肺炎疫情的暴发，一度让村庄受挫。"从大年初一起，村里所有的农家乐就停业，之前的订餐、住宿全部取消，采购的物资都只有自家吃。"余彬告诉记者，春节本是村里的旅游旺季，"营业额至少10多万元"。全村的损失有目共睹，但余彬和村民保持着底气，"国家的损失那么大，我们这点又算什么，况且我们用那么短的时间便取得了阶段性胜利，对未来是充满信心的"。

余彬已经暗暗画下蓝图，要充分发挥家乡自然资源的优势。"水资源丰富，如果能开发消暑、漂流等更多体验类项目，我们村会拥有更多市场。"他甚至悄悄设计好了游览线路、停车场等。"当然，这些都还只是我的想法而已。如果要做起来，还要依靠政府，对旅游资源进行有效的开发利用。"

经过这些年带领村民脱贫的不断尝试，余彬有信心，"只要做好乡村旅游这篇文章，彝家老百姓的奔康绝对不是梦"。

（资料来源：和讯新闻网.借力乡村旅游 彝家村民奔康不是梦[EB/OL].http://news.hexun.com/2020-05-23/201406903.html）

课堂思考：根据案例，结合你的家乡实际情况，对你家乡的乡村旅游资源进行一次调查与评价。

任务三　旅游资源开发与保护

一、旅游资源的开发

旅游资源开发是指以发展旅游业为前提，以市场需求为导向，以旅游资源为核心，以发挥、改善和提高旅游资源对游客的吸引力为着力点，有组织、有计划地通过适当方式，把旅游资源改造成为能为旅游业所利用的旅游吸引物的经济技术系统工程。

任何资源都必须经过开发才能发挥效益，为人类所利用，旅游资源也不例外。旅游资源开发是一项综合性和全面性的工作，它并非局限在对资源本身的开发上，而是在选定好旅游资源的基础上，不仅对选定的旅游资源本身进行改造和修饰，而且对与之有关的环境条件进行开发和建设，以使旅游资源所在地形成一个有吸引力的旅游环境。

与其他资源开发相比，旅游资源开发的程度具有较强的伸缩性和创造性。其他资源的开发必须以资源的现实存在为前提，而旅游资源的开发却可以将一些看似与旅游无关的事物变成旅游吸引物，把一些看似完全不具备旅游条件的地区改造成旅游胜地。例如，日本将百岁寿星列入旅游项目加以开发利用，某些荒无人烟的小岛经开发后成为游客云集的旅游佳境等。这就要求旅游资源开发工作人员，尤其是领导者必须独具慧眼，善于及时捕捉人们的旅游心理需求，不断开拓创新，使旅游资源的范畴和旅游活动的空间不断扩大。

二、旅游资源开发的原则

旅游资源开发是把旅游资源转化为旅游产品的过程，是一项综合性的开发。旅游资源开发是一项经济文化活动，必须遵循经济活动的运行规律，同时要符合文化事业的开发规律，才能获得成功并取得良好的社会经济效益。旅游资源开发的原则就是指旅游资源开发活动中必须遵循的指导思想，主要开发原则如下。

（一）特色原则

特色，即事物所表现的独特的色彩、风格。它使事物具有一定时间和地域范围内的唯一性和垄断性，并因此而具有较强的吸引力和竞争优势。特色原则是旅游资源开发的生命。求异是旅游者产生旅游动机的主要原因之一。旅游资源的本质正在于其吸引力因素，从这个意义上讲，特色是旅游资源的灵魂。因此，在进行旅游资源开发时，必须遵循特色原则。特色原则主要有两方面的含义：一是要选择最有特色、具有一定垄断性的旅游资源进行开发，并在开发过程中注意保持和突出资源的特色；二是在新景点的开发、规划和建设中要避免雷同和模仿，可以借鉴好的经验，但切记完全照搬。如在旅游资源开发中要"发挥优势，唯我独有"，主要体现"民族特色、时代特色、艺术特色、地方特点"，要"个性鲜明"等，都是强调一个特色原则。

（二）协调原则

旅游资源开发的协调原则主要表现为以下三方面：一是各有关单位和部门的协调。旅游资源开发工作是一项多层次、多侧面的综合性经济、文化事业，涉及许多企事业单位和部门，需要工、农、交、商及市政建设、文教卫生、宣传、治安、外交等部门的协同和配合，形成一个以旅游为中心的综合服务网。只有这样，才能使旅游资源开发工作得以顺利地进行。二是要注意旅游资源与周围环境的协调。旅游资源开发所追求的经济利益要控制在一定的限度内：既要注重经济效益，又要保证旅游区居民及旅游者的生活秩序的安定与和谐，更要保护好旅游区域的环境生态；既要注意旅游资源开发对环境的影响，又要积极改善环境，使旅游资源拥有一个优美的、和谐的环境。三是区域间的协调。区域之间要注意联合、互相补充、互为客源，避免近距离旅游资源在旅游宣传上的互相贬低。

（三）美观原则

美是人们的共同追求，也是吸引游客的关键。旅游资源开发就是发现美、展示美、创造美的过程。在旅游资源设计和开发中应该充分运用美学原理，将自然美、社会美及艺术美有机结合，高起点、高标准、高档次地开发旅游资源，创造一种诗意的旅游环境，让游客置身其中，得到全方位的美的享受与精神的愉悦。

（四）市场原则

市场原则是旅游资源开发的动力。旅游资源的开发要以市场为导向，在进行旅游规划时，就要充分研究经济上的可行性，研究投资的风险及预期的效益；要遵循市场发展的供求规律，确定开发的层次、规模和方向；要在进行周密的市场调查的基础上，了解游客的需求，了解宏观旅游市场的发展走向，了解当前及未来一段时间旅游者的旅游兴趣点，然后再进行开发。但是以市场为导向进行旅游资源开发并不意味着凡是旅游者需求的都应该开发。对国家、对社会、对旅游者身心健康有害的资源就应该限制或是禁止开发。

对已经开发的旅游资源，也应当根据客源市场的变化，进行利用方向、内容和形式的调整，以保证客源的源源不断。

（五）文化原则

文化原则是旅游资源开发的灵魂。旅游资源开发后能否吸引旅游者与其说在于资源本身是否具有较高的价值，不如说在于其所展现出来的文化能否给旅游者带来美的享受与愉悦。人文旅游资源的开发要以文化为核心理所当然，自然旅游资源的开发也要求提升其文化品位。在开发的过程中，要挖掘资源本身的文化内涵，丰富资源的文化内容，增强旅游区的文化氛围，提高景点的观赏、教育和启迪功能，塑造能震撼人心的高品质的旅游文化。

（六）保护原则

旅游资源不经开发难以发挥其效益，但在开发利用过程中，难免对旅游资源造成一定程度的破坏。因此，处理好开发与保护的关系十分重要。尤其是对那些具有特殊价值，一旦遭到破坏便无法或难以恢复的旅游资源，保护的意义是不言而喻的。有人说，开发本身就意味着破坏，这有其一定的道理。但开发和破坏之间并没有必然的因果关系。问题的关键在于开发的是否合理、科学、恰当。如果在开发旅游资源的同时，就注意着眼于对旅游资源的保护，则开发本身未必造成破坏，甚至对旅游资源起到保护作用。

三、旅游资源的保护

旅游是一种愉快而美好的活动。旅游者可以在变换地域、开阔视野、认识和感受客观环境中增知益智、陶冶情操，获得美的享受。而旅游资源是旅游业赖以运行的物质基础，离开了旅游资源，旅游活动就失去了发展的基础。但在现实生活中，却总存在着有意或无意破坏旅游资源的现象。旅游资源保护具有以下两个方面的意义。

一是保护旅游资源就是保护旅游业。在现代旅游活动的食、住、行、游、购、娱六大环节中，游和娱是最基本的，而旅游和娱乐的对象是旅游资源。一个地区有旅游资源才能发展旅游业，旅游资源是旅游业发展的基础。从这个意义上，可以说保护旅游资源就是保护旅游业。

二是保护旅游资源就是保护生态环境、保护文化。旅游资源按其形成机制分为大自然天然赋存的自然旅游资源和以人类历史文化遗产为主的人文旅游资源。某些自然旅游资源主要由再生资源组成，若破坏不甚严重，有可能通过自然调节和人为努力得以恢复，但旷日持久、耗资巨大。然而，更多的自然旅游资源属非可再生资源。人文旅游资源多是人类历史长河中遗留下来的文化遗产，一旦毁灭，便不能再生，即使付出极大的代价仿造，其意义也断不相同，如黄鹤楼、滕王阁这些文物古迹都已重建，甚至修建得比历史上更辉煌，然而它们都属于新建筑了，绝不再属于历史文物，人们只能从这些新建筑中追念其历史风貌而已。旅游资源这一"不可再生性"特点，使旅游资源保护具有深远的历史意义和现实意义，所以保护旅游资源，就是保护生态环境，就是保护人类文化。

四、对旅游资源造成破坏的因素分析

对旅游资源造成破坏或损坏的因素很多，大体上可分为自然因素和人为因素两大类。

（一）自然因素

旅游资源是大自然的一部分，大自然的发展、变化都会影响旅游资源的变化。由于自然作用的原因致使某些旅游资源遭受损坏的情况是显而易见的。主要有三种情况：一是自然灾害，如地震、台风、水灾、火山喷发、山体滑坡等。这些情况虽然不是经常性的，但一旦发生，造成的破坏是非常严重的，有的甚至是毁灭性的。二是自然风化，如风吹、日晒、雨淋、水浸等对旅游资源尤其是对历史文物古迹造成的破坏。例如，处在埃及沙漠中的狮身人面像，其表面遭受含盐水分的侵蚀，石灰石一层层地剥落，将使这座4500年前的著名古迹逐渐失去本来的面目。三是某些动物的破坏，如某些鸟类及白蚁等的破坏作用使古建筑受到损坏。

（二）人为因素

随着旅游业的迅猛发展，旅游资源的人为破坏日趋严重。人为因素对旅游资源构成威胁或造成的破坏更是复杂多样，既有有意的破坏，也有无意的损坏；既有旅游者造成的损坏，也有管理上的问题；既有旅游部门本身的原因，也有其他部门的因素。概括起来有以下几种情况：战争的破坏，如阿富汗被炸毁的巴米扬大佛（见图3-6）；人类不合理的生产活动；"三废"污染造成旅游

图3-6 巴米扬大佛
（图片来源：https://image.so.com/）

环境恶化；个别企事业单位抢占风景区面积，采石伐木，乱建房舍，破坏了景观及其环境；旅游资源管理部门管理不善或不严，对某些破坏行为听之任之，对旅游资源缺乏必要的维修保护措施；部分旅游者的不当行为或景区内超负荷运转对旅游环境造成的破坏，如乱扔废物、乱刻乱画、攀木折花、游人过量等；少数不法之徒对文物古迹的偷盗、对珍稀野生动物的偷猎行为。

正确地认识旅游资源的破坏因素，有利于我们采取必要的措施阻止这些因素的发生，保护旅游资源，使旅游资源永续地为人们所利用，服务于旅游业，造福于人类。

五、旅游资源的保护对策

各种因素对旅游资源的破坏现象，已经唤起了人们对旅游资源的保护意识。目前，世界各国对旅游资源的保护工作都极为重视，根据旅游资源遭受破坏的原因，应用持续发展理论和人与自然协调发展的理论，对旅游资源采取相应的以防为主、以治为辅、防治结合的保护措施。

（1）减缓旅游资源自然风化破坏。旅游资源自然风化的起因是自然界由于大气中光、热、水环境的变化引起的，存在这一问题的主要是历史文物古迹。裸露于地表的旅游资源要完全杜绝自然风化是不可能的，但根据实际情况，采取必要的和可能的技术工程保护措施，在一定范围内改变环境条件使之风化过程减缓是完全可能的。如将裸露的、风吹日晒的旅游资源加罩或盖房子予以保护。

（2）强化政策性旅游资源保护意识。一是加强旅游资源和知识的宣传教育。旅游资源保护的首要问题是让公众有一个可持续旅游发展的概念。同时，必须看到单靠环境保护的宣传和教育是无法从根本上解决公众环境意识差这一问题的。从人类文明的发展历程中可以看到，社会的旅游资源保护意识与社会的经济发展状况成正比关系，公众的旅游资源保护意识是由社会物质生活条件决定的。只有在发展生产力的同时，不断向公众输入环境保护意识，才是最行之有效的策略。二是国家应健全和成立专门的旅游资源保护管理机构。加强风景区及其环境的保护。这个机构对国家自然保护区、国家名胜风景区、历史文化和历史文化名城的环境保护进行一流的规划和管理。三是完善保护系统。在世界范围内自然生态系统遭到破坏，生物物种迅速消亡濒临灭绝的情况下，全世界100多个国家建立了2000多个国家公园，已有2000多个自然保护区，相当多国家自然保护区的面积已占国土面积的10%以上。

（3）制定各种旅游资源保护法规，加强旅游资源保护的立法和执法工作。旅游资源的保护工作已经得到世界各国的重视。我国在旅游资源保护的立法方面取得了很大的成就，先后制定了《文物保护法》和《风景名胜区管理暂行条例》等法律法规。目前关键的是要宣传法律法规，严格执行法律法规，切实解决执法不力、执法不严的问题。除各级环保部门执法外，旅游管理部门也应设置专门机构进行旅游执法工作，以保护执法的强度。

（4）在旅游发展中把旅游资源保护放在首位。良好的旅游资源是旅游业生存和发展的保证，而旅游资源的人为破坏很多是在旅游业的资源开发和管理中出现的。旅游资源开发的目的是利用旅游资源而不是破坏旅游资源，在旅游资源开发的同时，一定要注意保护旅游资源，开发后交付使用的旅游资源要有相应的一套保护措施。对于修复文物古迹旅游资源要坚持"整旧如故"和"与周围环境协调"的原则。

当然，旅游资源的保护是一项复杂的社会性系统工程。旅游资源是全社会的财富，保护旅游资源也是全社会的义务。单单依靠旅游部门或其他任何一个部门来保护旅游资源都是力不从心的。只有在一定的社会监督机制之下，保护旅游资源成为社会各界的共识，这项工作才能够顺利地进行，旅游资源才能够得到真正有效的保护，从而旅游业的发展才拥有可靠的基础和保证。

六、旅游资源开发与保护的关系

旅游资源开发和保护是可持续发展在旅游业的集中体现，也是旅游与环境关系的必要前提。旅游资源的开发和保护既相互联系又相互矛盾，两者是辩证的统一体，并在辩证联系中共同改善旅游资源与环境的关系，推动旅游业的可持续发展。两者相辅相成，并非矛盾，更非对立。开发和保护关系贯穿在旅游业的整个发展过程中，并随着旅游业的蓬勃发展而日益彰显出其重要性。

（一）相互联系、相互依存

保护是开发的前提，保护是为了更好地开发。旅游资源是旅游者进行旅游活动的前提和基础，旅游资源一旦受到破坏，旅游业就会失去存在的条件，也就谈不上旅游资源的开发。在旅游资源的开发过程中，一定要做到为以后的开发而进行保护。如果这个景观是唯一的、独特的、不可再生的，就目前的技术条件，要很好地全部进行开发可能还存在一定难度。因此，就必须要通过保护来开发。如在山西运城湿地自然保护区内，有大量水禽和候鸟如灰鹤、天鹅等在此栖息。这里适宜的温度、湿度和丰富的野生动植物资源，每年都吸引了众多珍稀濒危的野生动物栖息越冬，成为我国北方的主要越冬场所，也是候鸟迁徙停歇的重要"驿站"。在这里，人文景观与自然景观、生态效益与经济效益完全可以统一，这在整个中国城市中也是独一无二的。这样的景观就是唯一的、独特的、不可再生的，如果被破坏了，是无法恢复的。所以，这个地区旅游资源的开发要以保护为前提。

开发是保护的表现形式，开发也是为了更好地保护。从可持续发展的角度看，资源保护实际上就是要使旅游业能得到更好的发展。因此，旅游资源必须经过合理的开发，才能招徕旅游者，才能发挥其功能，才能表现出现实的经济效益和社会效益。在旅游资源保护的过程中，要做到为保护而开发。当然，我们提倡的是保护性开发，旅游资源的保护只有通过开发才能得以体现。

开发本身就意味着保护。科学、合理地开发旅游资源，就是要运用适当的资金和技术手段对自然旅游资源加以整修、利用、改造和兴建，以延长它的生命周期，增强它对大众的吸引力，同时要对环境资源进行美化，对附属设施（包括道路、通信设施、住宿设施等）进行投资和改善，以增加它的可进入性；对人文旅游资源如文物古迹等进行发掘修复和保护，使它们重现光彩。这些建设，要以不破坏旅游资源的审美和愉悦价值为前提，使的内涵和形式与资源的整体相协调，只有这样，旅游资源开发后才会促进旅游业的发展，才会产生较高的经济效益，旅游收益的一部分可以用于资源环境和基础设施的改造及旅游环境的建设上。从这个意义上说，开发就意味着保护。保护性开发并不是把保护绝对化，开发依然是目的，但保护是前提，不管是自然旅游资源还是人文旅游资源，如果不善加保护，最终将丧失开发和经营赖以存在的基础。我国现已确定了大批的文物保护单位、博物馆、文化遗产等，基本上形成了一道保护网。

（二）相互矛盾

开发本身就是一种破坏。一般来说，旅游资源的开发不动一草一木是不可能的。开发就是要对资源地进行适度的建设，是以局部范围的破坏为前提的。可以说，没有破坏就没有开发，破坏和开发在一定程度上是共生的。一些旅游景区由于资源的开发，游客的涌入量超过了承载力，给资源本身造成了致命的损坏，如北京故宫很多地砖已被踏破磨平，造成了地面的下陷，增加了保护、修复工作的难度。同时游客的大量涌入，形成了巨大的污染源，破坏了资源环境；大量游客形成的喧哗，破坏了寺院庄严肃穆的氛围；游客的不文明行为，如乱刻、乱画更是对摩崖石刻类旅游资源的极大破坏。

开发旅游资源时要敢于"无中生有"，充分利用当地的旅游资源，大胆开发旅游项目，但不是简单地兴建几座庙宇、新塑几尊菩萨，而是要善于"移花接木"。如陕西袁家村（见图3-7），原本有着丰富的历史文化资源，现如今开发成关中特色旅游村，仅特色小吃就有上千种之多，既充分挖掘了当地历史文化资源，又带动了当地经济发展。开发旅游资源应借鉴国内

图3-7　陕西袁家村

（图片来源：https://pic.sogou.com/）

外现代旅游发展的经验和做法，大胆地吸收世界人类的先进成果，但又不能盲目地模仿他人的旅游项目，要注重"推陈出新"，传承优秀的历史文化赋予时代发展的内涵，但又不能盲目地"拆旧建新"，毁掉珍贵的文物。要把历史文化与现代文明融入旅游经济发展之中，绝对不能为开发而开发、为获益而开发，不考虑开发带来的环境效益

和可持续发展的需要，实际上就是毁了"聚宝盆"去讨饭。

过量的保护必然妨碍资源的开发。由于资源的开发会造成破坏，为避免戴上破坏旅游资源的帽子，一些人故步自封，片面地强调资源的保护，而忽视了对资源的开发。由于过量的保护，而没有对旅游资源进行合理的开发，旅游资源就体现不出它本身所具有的价值，旅游业也就得不到发展。过分强调保护就失去了开发的机会，妨碍了旅游业的发展。旅游开发应尽量保护自然旅游资源的原有风貌，防止建设性破坏，在科学规划的基础上，适时、适地、适量地进行资源开发。

> **相关链接：让羽毛托起传承的技艺——访皇家羽毛画非遗传承人阚大为**
>
> 　　用家禽的羽毛制作出半浮雕感的画作，永不褪色，仿佛再造生命，这样的一门艺术被称为羽毛画。用羽毛制作工艺品在中国具有悠久的历史，据记载，在长沙发掘的西汉马王堆墓中，就发现了羽毛装饰品。
>
> 　　小小的羽毛，在沈阳皇家羽毛画传承人阚大为的眼里却有着四两拨千斤的作用。34 年从事羽毛画的经历不仅丰富了阚大为的人生，更让他有了将羽毛画技艺传承下去的坚定信念。
>
> 　　20 世纪 90 年代，阚非把羽毛画制作技艺传授给了长子阚大为，阚大为立志"择一世终一生，匠心不改初心不变"。据悉，阚大为在原有羽毛画的基础上再发挥、再创造，开发出了玄关系列、客厅系列、书房系列、办公系列、卷轴系列、旅游品系列六大系列 180 多种款式，把羽毛画艺术推向新的高度。几十年来，他先后获得了中国旅游商品大赛铜奖、辽宁省艺术品创意大赛金奖、辽宁省首届十佳创意人才、皇家羽毛画传承人等荣誉，其作品被沈阳市政府命名为"皇家羽毛画"。作品《盛京好贺》被沈阳市浑南区推选为非物质文化遗产产品。
>
> 　　阚大为说，非遗传承人的责任就是将自己的技艺传承下去，让更多人了解羽毛画、爱上羽毛画。为此，阚大为在做好本职工作的同时，还将羽毛画这门技艺薪火相传。他与沈阳市浑南区残联共同创办了非遗项目羽毛画残疾人手工培训班，手把手地教 20 位残疾人学艺，让他们掌握一门技艺。经过短期培训，目前，这些人已经可以自主创业，制作出的羽毛画作为旅游特色商品远销国内外。阚大为表示，残疾人就业一直是残疾人工作中的重点、难点，也是帮助贫困残疾人脱贫的关键，创办残疾人羽毛画手工培训班，就是希望通过让残疾人学习一门技术，实现自主创业，自食其力。
>
> 　　阚大为表示，未来他会继续开发新的羽毛画作品，把羽毛画艺术发扬光大，把羽毛画这项民间艺术瑰宝代代传承。
>
> （资料来源：让羽毛托起传承的技艺——访皇家羽毛画非遗传承人阚大为 [N]. 中国旅游报，2019-12-30）

> **课堂思考**：文旅融合的时代下，非物质文旅资源如何得以保护和传承？

任务四　旅游资源管理

一、旅游资源信息管理

随着旅游业的发展，旅游资源信息及其衍生信息不仅数量急剧增加，而且表现方式也愈加多样化，因此，现代旅游管理工作越来越多地依赖于旅游资源系统的支持。

（1）旅游资源信息系统。旅游资源信息系统（Tourist Resource Information System，TRIS）是以旅游资源空间数据库为基础，由计算机硬件、软件、数据和用户四大要素组成的，可对空间相关数据进行采集、储存、管理、分析、操作、描述、模拟和显示，适时提供空间和动态的旅游资源信息，为管理和决策服务的一类信息系统。

（2）旅游资源信息管理的应用。未来，旅游资源信息系统在旅游资源管理中将被应用于旅游资源普查、评价等工作中。它主要表现在用计算机替代手工劳动，对旅游资源信息进行收集、整理和系统的管理，提高效率，为旅游资源信息利用提供可靠保障。

它还将应用于有关政府部门对旅游业的管理、监控工作。采用旅游资源信息系统，动态监控旅游资源利用状况，科学评价旅游资源，为旅游业管理部门的日常管理和相关政策的制定提供科学依据，以多种形式支持旅游资源的规划、开发。

能够实现旅游资源信息共享。旅游资源信息不仅可为政府、开发规划部门使用，通过网络，还可为各学校、科研机构的旅游资源研究工作提供可靠数据，为旅行社及与旅游业有关的部门（如宾馆、饭店）甚至旅游者提供各类信息，实现旅游资源信息共享，促进旅游业的全面发展。

二、旅游资源质量管理

（1）旅游资源质量。旅游资源质量的定义为：旅游资源个体或组合体固有特性满足需求的程度。旅游资源质量更强调"特性"，如价值特性（经济、社会、环境价值）、类型特色、结构规模等，满足审美与体验的需求，如美感、舒适感、快乐感、安全感等，而不在乎其具体的使用"功能"。旅游资源与一般意义的工业产品质量是有区别的。

（2）旅游资源质量全面管理。以旅游资源质量为中心，在旅游资源利害相关方的全员参与下，以实现旅游资源综合效益为目标，全过程保护利用旅游资源的管理活动。

三、旅游资源环境管理

旅游资源环境管理，是指运用政策法律、标准、经济、规划、技术、行政、教育等手段，对一切可能损害旅游资源环境的行为和活动施加影响，协调旅游发展与旅游资源环境保护之间的关系，处理好国民经济中与旅游发展相关的各个部门、社会集团、企事业单位及个人在旅游资源环境问题方面的相互关系，以使旅游发展既能满足游客的需求，又能保护旅游资源、防治环境污染和破坏，实现经济效益、社会效益、和生态环境效益的有机统一。本质上，旅游资源环境管理就是对旅游资源环境质量的有效管理。

旅游资源环境管理的手段包括：行政手段、法律手段、经济手段、技术手段、教育手段等。

四、旅游资源有效管理

对旅游资源的有效管理离不开效能与效率两个方面，前者不仅要求明确旅游资源保护利用的市场方向，而且要求明确其宏观宗旨——实现包括经济、社会、文化和环境效益在内的综合效益；后者要求在旅游资源保护利用上实现资源的优化配置，尽量以最小投入获得最大产出，其中最大产出不仅局限于单纯的经济利润指标，而是包括了社会效益、环境效益和文化效益在内的综合指标，实现旅游资源的合理开发和永续（或可持续）利用。

（1）旅游资源有效管理的前提。旅游资源管理组织需明确对旅游资源的权、责、利，才能实现对旅游资源的有效管理。即明确旅游资源的权属、分担旅游资源的责任、分享旅游资源的利益。

（2）旅游资源有效管理的目标。旅游资源和旅游环境通常是由大众共同"享用"的，如水域、海滩、牧场、山峦等，这些共享的资源应该被所有人以互惠互利的方式利用，并且考虑到后代人的需要。因此，对旅游资源与旅游环境，以及由此而形成的景区（点）的成功管理，需要确定正确的目标。

旅游资源有效管理的目标为：不良影响最小化、综合利益最大化、收益负担均衡化、适应未来的变化。

（3）旅游资源有效管理的实施。旅游资源有效管理的实施需依靠一套完整的管理体系和方案。旅游资源有效管理体系包括：旅游资源的范围划界、旅游资源的权属归口、旅游资源的管理规则、旅游资源的管理协调、旅游资源的质量监控。除此之外，开展生态旅游、发展休闲娱乐产业、发掘新兴资源等，都可以达到对旅游资源的有效保护和永续利用，且已是大势所趋。

相关链接：国家托管委员会

　　英国的国家托管委员会在保护未破坏的英国乡村遗迹、使民众得以最大限度地感受其魅力方面扮演着越来越重要的角色。尽管托管委员会得到政府实际上和道义上的支持，但它并不是一个富有的政府部门。它是由关心英国乡村遗迹和古建筑物的人自愿组成的一个团体。它是一个慈善机构，靠公众中的会员自愿支持它才得以生存。其最基本的任务是保护那些自然风景和具有历史意义的场所及名胜古迹。

最早引起公众关注的是洛雨恩勋爵去世后留给了托管委员会的 17 世纪时的房屋及其周围 4500 英亩的公园和地产。这些古老房子和城堡面临着被破坏的威胁。这一遗产大大地吸引了公众，同时使托管委员会开始实行"乡村房屋计划"。在政府和广大公众的帮助下，托管委员会根据计划已经拯救了大约 150 座这样的老房子，并使大众能够参观这些老房子。2014 年大约有 175 万人在付费很少的情况下参观了这些古老房屋。

除了这些乡村房屋和空地之外，托管委员会拥有一些靠风力和水流驱动的磨坊、自然保护区、540 个农场及大约 2500 座村舍，以及一些独立完整的小村庄。这些小村庄里的房子大多保持着它们 16 世纪时的原样，不允许任何人以任何方式建造、开发或破坏它的环境。40 多万亩的海滨、森林和山丘起伏的乡村也交由托管委员会保护，不允许任何方式的开发或破坏。公众仅可以自由进入这些地方，但被要求不破坏那里的安宁、美丽或猎杀野生动物。

这样经过 80 多年的时间，托管委员会逐渐成为一个庞大的重要组织，成为国家生活必不可少的受人尊敬的组成部分。它保护所有的自然风景和历史遗迹，不仅有益于英国公民的子孙后代，而且也使每年涌入英国的数百万旅游者能领略到英国的历史和良好文化传统。

（资料来源：张伟强，刘少和.旅游资源开发与管理 [M].广州：华南理工大学出版社，2010）

案例思考： 谈谈你对旅游资源管理的理解。

项目总结

在本项目中，我们首先介绍了旅游资源的定义、分类与特点；了解了旅游资源的调查、评价方法；熟悉了旅游资源的开发与保护的相关知识和理念；最后了解了旅游资源管理的理论及方法。

项目练习

一、思考题

1.为什么说旅游资源是一个开放的系统和不断发展的概念？

2.结合实际，对自己家乡的旅游资源或自己最喜欢的旅游资源进行调查与评价。

3.全球化、工业化、城市化浪潮及全球旅游业的迅猛发展给旅游资源保护带来了哪些挑战？

二、案例分析

西双版纳探索体育旅游融合发展

2019年12月22日，2019人民唐球中国巡回赛全国总决赛暨西双版纳体育旅游融合产业发展论坛在西双版纳州景洪市体育公园举行。本次活动由景洪市政府、人民网人民体育、唐球体育世界联合会主办，景洪市文化和旅游局等承办。

据了解，本次活动旨在"以文化自信，创世界新体育"，向大众展示中国创新型体育运动——唐球。唐球因起源于唐代而得名，由中国古代的马球、步打球、捶丸发展演变而来。本次活动的举办，标志着唐球运动正式落户西双版纳。

在同期举办的西双版纳体育旅游融合产业发展论坛上，来自文化、旅游、体育等领域的专家学者以唐球为切入点，结合西双版纳体育旅游产业发展特色，围绕"体育＋旅游"景区建设、体育旅游赛事打造、体育旅游人才培养等主题，为西双版纳体育旅游融合发展建言献策。活动当天，还举行了景洪市全民健身中心奠基仪式。

据了解，该项目位于景洪市嘎洒镇，占地面积321.68亩，包括体育场、体育馆、室外足球场、篮球场、网球场、陀螺场、秋千场等。

（资料来源：人民网．中国·西双版纳体育旅游融合产业发展论坛隆重召开 [EB/OL].http://sports.people.com.cn/n1/2019/1227/c202403-31526224.html）

> **案例思考：** 文旅融合的时代背景下，旅游资源应如何与文化资源融合？

📑 推荐阅读

1. 中华人民共和国文化和旅游部官方网站（https://www.mct.gov.cn/）

2. 国家基础地理信息中心（http://www.ngcc.cn/ngcc/）

3. 省政府办公厅印发《贵州省旅游资源管理办法（试行）》（微信公众号：贵州省人民政府网）

4. 中国旅游新闻网（http://www.ctnews.com.cn/）

项目四　旅游组织政策与发展趋势

项目目标

本项目要求学生从国际与国内的旅游组织及其基本现状出发，掌握我国的旅游相关政策，了解互联网背景下旅游业的未来发展趋势。

项目任务

1. 了解国际与国内旅游组织、旅游发展的现状。
2. 熟悉我国旅游的政策与法规。
3. 掌握我国旅游业发展趋势。

项目案例导入

世界旅游组织：全球旅游交通碳排放2030年将达19.98亿吨

世界旅游组织于 2019 年 12 月 4 日发布的一份最新报告显示，到 2030 年全球旅游交通碳排放预计将从 2016 年的 15.97 亿吨增加至 19.98 亿吨，占到人为二氧化碳排放总量的 5.3%。但是，随着出行人数增加以及低碳化的推进，游客每人每公里的平均碳排放有望在未来 10 年内下降。

世界旅游组织表示，旅游交通是旅游行业碳排放最主要的来源，在马德里《联合国气候变化框架公约》第 25 次缔约国会议（COP25）期间发布的这份报告详细分析了不同交通方式的碳排放效应，为旅游业制定可行政策以应对气候变化奠定了基础。

报告预计，到 2030 年全球游客总量将从 2016 年的 200 亿人次增加至 374 亿人次，其中境内游客数量将从 80 亿人次升至 156 亿人次，占到游客总量的 70%。机票价格下降、航路增多、新技术和新商业模式的出现，以及各国签证政策的放宽，都将促进旅游业的持续稳定增长。目前，旅游业已经成为推动世界经济增长和发展的重要支柱产业，占到全球生产总值和就业市场的 10%。

报告显示，2016 年与旅游交通相关的碳排放量为 15.97 亿吨，占到交通领域碳排放总量的 22% 和所有人为碳排放的 5%。到 2030 年，这一数字预计将增长 23%，达到 19.98 亿吨，占到交通领域碳排放总量的 23%，以及所有人为碳排放的 5.3%。

其中，出境游所产生的碳排放量预计将增加45%，从2016年的4.58亿吨增至2030年的6.65亿吨。欧洲作为全球最大的境外游始发地和目的地，以及重要的国际交通枢纽，将继续成为境外游碳排放最高地区，排放量预计将从2016年的1.75亿吨增至2.55亿吨。境内游所产生的碳排放则将从2016年的9.13亿吨上升至2030年的11.03亿吨，增幅为21%。由于中等收入阶层人数增加，以及廉价航空市场扩大，亚太地区境内游发展迅猛，游客人数预计将激增96%，且搭乘飞机的人数也将显著增多，碳排放量增幅预计将达到45%。

报告指出，2016—2030年，飞机在各种旅行交通方式中所占比例将从59%略微上浮至61%，2025—2030年，搭乘飞机的游客数量有望突破10亿人次大关，到2030年乘坐飞机抵达的出境游客数量有望达到11亿人次。

在路面交通方面，由于私人汽车的便利性，以及优质跨国铁路线数量不足等原因，汽车仍将是最受欢迎的出行方式。2016年，全球有41%的出境游客通过路面交通抵达目的地，其中31%搭乘汽车，7%搭乘巴士，3%搭乘铁路。到2030年，汽车所占份额预计将小幅下降至26%，相对最为低碳的铁路出行份额则有望上升至7%。

报告显示，到2030年飞机在境内游中所占份额有望从2016年的27%上升至29%，地面交通比例则将相应地从2016年的73%减少至2030年的71%。世界旅游组织表示，旅游业既是加剧气候变化的行业之一，同时也极易受到气候和环境的影响，自然和文化资源是旅游业发展的基石，因而极端天气、水量减少、生物多样性丧失、景观受到破坏，以及安全担忧所引发的保险价格上升等，都会使该行业面临直接风险。

为此，世界旅游组织呼吁进一步加强旅游与交通业之间的合作，加快去碳化。同时，旅游业自身也应设立更加长远的目标，实施行业转型，实现低碳增长。此外，旅游业还应对各项旅游活动的碳排放实行监测并公开数据，从而提升政策制定者、行业从业者和游客对这一问题的认识，并扩大气候适应行动规模，以全面应对气候变化挑战。

（资料来源：https://www.360kuai.com/pc/98c0628e57a7f0188?cota=3&kuai_so=1&sign=360_57c3bbd1&refer_scene=so_1）

课堂思考：发展旅游对于环境保护的影响有多大？如何平衡两者之间的关系？

任务一 旅游组织

自"二战"结束以来，随着技术革命带来的生产力提高，人民的收入不断增加、休闲时间越来越多，世界旅游业发展日新月异。在行业发展的同时，各国政府也加大了对旅游业的支持力度和管理力度，各国都成立了不同类型和不同功能的旅游组织。这些组织在不同程度上推动了旅游业的发展，规范了旅游业的市场行为，提高了旅游业的服务水平。

一、旅游组织的概述

旅游组织是指为了加强对旅游行业的引导和管理，适应旅游业的健康、稳定、迅速、持续发展而建立起来的具有行政管理职能或协调发展职能的专门机构。

旅游组织有广义和狭义之分，广义的旅游组织包括专门管理协调旅游事项的旅游同业组织以及其工作部分涉及旅游事项的综合组织；狭义的旅游组织仅指专门管理协调旅游事项的旅游同业组织。我们可以从不同角度将旅游组织划分为多种类型，具体如下。

（1）按旅游组织管理的区域范围划分为：世界性旅游组织、世界地区性旅游组织、全国性旅游组织、国内地方性旅游组织等。

（2）按旅游行业性质划分为：旅行社组织、酒店住宿服务组织、旅游交通（飞机、火车、汽车、游船等）组织、旅游区组织和游乐场所组织等。

（3）按职能或活动类型划分为：开发者组织、供给者组织、销售者组织、研究者组织、教育者组织、出版者组织、职业协会组织、消费者组织等。

（4）按动机划分为：营利性组织和非营利性组织。

（5）按会员形式划分为：以个人为成员的旅游组织、以企业为成员的旅游组织、以社会团体（旅游组织）为成员的旅游组织、以国家或地方政府为成员的旅游组织。

（6）按行使权限划分为：政府旅游组织（旅游行政组织）和非政府旅游组织（旅游行业组织）。

二、旅游组织的职能

不同的旅游组织，由于其性质、地位和权限有所差别，所以在旅游业发展中的作用和职能也是有所区别的。这里主要介绍旅游行政组织和旅游行业组织的职能。

旅游行政管理组织是由国家各级政府依据一定法律，按照一定程序设立的、行使国家旅游行政管理职能的机构。旅游行政组织通过对旅游业进行组织、领导、指导、监督和调节等一系列活动，行使管理职能，实现政府对旅游发展进行宏观管理和调控的目的，其具有以下几方面的管理职能：①制定旅游业发展的战略规划、政策和法规；②组织规划、制订计划；③实施控制与监督；④推广国家形象，进行旅游促销；⑤开展多边合作和协调；⑥财政管理；⑦培养和储备旅游人才。

旅游行业组织是指为加强行业之间及旅游行业内部的沟通与协作，实现行业自律，保护消费者权益，同时促进旅游行业及行业内部各单位的发展而形成的各类组织。

旅游行业组织一般由旅游企业、团体、个人自愿联合组成，以非营利为原则，是一种民间的社会团体。该行业组织所制定的规章、制度和章程对于非会员单位不具有约束力。

旅游行业组织具有服务和管理两种功能。但需要指出的是，行业组织的管理职能不同于行政管理机构的职能，它不带有任何行政指令性和法规性，其有效性取决于行业组织本身的权威性和凝聚力。具体而言，旅游行业组织具有以下基本职能：①研究与协调行业经营管理问题和旅游发展环境；②调查和协调行业发展中的关系；③建立相应的行业标准，提供行业间技术指导；④搜集与管理行业信息，鼓励使用新知识、新技术，搞好行业内的旅游开发和市场营销；⑤组织专业研讨会，开办培训班，开展专业咨询，就行业内的数据统计、预测、开发等问题进行讨论；⑥组织信息与经验交流活动，阻止行业内部的不合理竞争等。

三、国际旅游组织

国际旅游组织有狭义和广义之分，狭义的国际旅游组织是指其成员来自多个国家并为各国利益服务的全面性旅游组织；广义的旅游组织包括工作面涉及旅游事务的国际组织和专门从事国际旅游事务的同业组织，其按地位划分可分为政府间国际旅游组织和非政府间国际旅游组织。

（一）世界旅游组织（World Tourism Organization）

世界上唯一全面涉及旅游事务的全球性政府间国际旅游组织，总部设在马德里。它的前身是 1925 年在荷兰海牙成立而于 1946 年重建的国际官方旅游组织联盟，1975 年 5 月改名为世界旅游组织。现在的世界旅游组织是联合国开发计划署在旅游方面的一个执行机构，也是世界上唯一的全面涉及旅游事务的全球性政府机构。

我国于 1983 年加入世界旅游组织，成为该组织的第 106 个正式成员。迄今为止，世界旅游组织有正式成员 158 个。

世界旅游组织主要职责是收集和分析旅游数据，定期向成员国提供统计资料、研究报告，制定国际性旅游公约、宣言、规则、范本，研究全球旅游政策。

相关链接：历年世界旅游日主题口号

每年 9 月 27 日是"世界旅游日"（World Tourism Day），它是全世界旅游工作者和旅游者的节日。这个节日是在 1979 年 9 月 27 日世界旅游组织第 3 次代表大会上确定的，目的是引起人们对旅游的重视，给旅游宣传提供一个机会和促进各国在旅游方面的交流合作。选定这一天为世界旅游日，一是因为世界旅游组织的前身"国际官方旅游联盟"于 1970 年的这一天在墨西哥城的特别代表大会上通过了世界旅游组织的章程。此外，这一天又恰好是北半球的旅游高峰刚过去，南半球的旅游旺季刚到来的相互交接时间。

为不断向全世界普及旅游理念，促进世界旅游业的不断发展，世界旅游组织每年都推出一个世界旅游日的主题口号。进入 21 世纪以来，世界旅游日的主题口号如下：

2000 年——技术和自然:21 世纪旅游业的双重挑战

2001 年——旅游业:和平和不同文明之间对话服务的工具

2002 年——经济旅游:可持续发展的关键

2003 年——旅游:消除贫困、创造就业和社会和谐的推动力

2004 年——旅游拉动就业

2005 年——旅游与交通:从儒勒·凡尔纳的幻想到 21 世纪的现实

2006 年——旅游让世界受益

2007 年——旅游为妇女敞开大门

2008 年——旅游:应对气候变化挑战

2009 年——庆祝多样性

2010 年——旅游与生物多样性

2011 年——旅游:连接不同文化的纽带

2012 年——旅游业与可持续能源:为可持续发展提供动力

2013 年——促进旅游业在保护水资源上的作用

2014 年——快乐旅游，公益惠民

2015 年——十亿名游客，十亿个机会

2016 年——旅游促进发展，旅游促进扶贫，旅游促进和平

2017 年——旅游让生活更幸福。

2018 年——旅游数字化发展

2019 年——让人人享有更美好的未来

（资料来源：https://wenku.baidu.com/view/52e136260722192e4536f6fd.html）

（二）世界旅行社协会联合会（Universal Federation of Travel Agents Association）

又名世界旅行代理商协会联合会，是目前世界上最大的民间性国际旅游组织。其

前身是 1919 年在巴黎成立的欧洲旅行社组织和 1964 年在纽约成立的美洲旅行社组织，1966 年 10 月由这两个组织合并组成，并于 1966 年 11 月 22 日在罗马正式成立，总部设在比利时的布鲁塞尔。

该协会是一个专业性和技术性组织，其会员是世界各国的全国性旅行社协会，每个国家只能有一个全国性的旅行社协会代表该国参加。联合会共有近 100 个国家的全国性旅行社协会参加，我国于 1995 年 8 月成为世界旅行社协会联合会的正式会员。

（三）国际饭店与餐馆协会（International Hotel & Restaurant Association）

属于旅馆和饭店业的国际组织，其前身是国际饭店协会（原名为国际旅馆业联合会），1946 年 3 月在伦敦成立。国际饭店协会于 1996 在墨西哥召开的第 34 届年会上把国际餐馆协会纳入国际饭店协会，更名为国际饭店与餐馆协会，总部设在法国巴黎。

该协会的正式会员是世界各国的全国性的饭店、旅馆协会或类似组织，联系会员是各国旅馆业的其他组织、旅馆院校、国际饭店集团、旅馆、饭店和个人。目前已有 30 万个饭店、155 个国家级饭店协会、50 个国际连锁饭店集团、119 个饭店院校成为其会员。我国在 1994 年 3 月正式加入国际饭店与餐饮协会，中国旅游饭店业协会成为该协会的正式会员。

（四）太平洋亚洲旅行协会（Pacific Asia Travel Association）

是一地区性的非政府间国际组织，成立于 1951 年 1 月，原名太平洋地区旅游协会，于 1986 年 4 月在马来西亚召开的第 35 届会议上改用现名。总部设在美国旧金山，另有两个分部，一个设在菲律宾的马尼拉，负责处理东亚地区事务；另一个设在澳大利亚的悉尼，负责主管南太平洋地区事务。

目前，协会有 37 名正式官方会员，44 名联系官方会员，60 名航空公司会员以及 2100 多名财团、企业等会员。此外，协会除在旧金山设有秘书处外，还分别在新加坡、悉尼、旧金山和摩纳哥设有亚洲、太平洋、美洲和欧洲分部办事机构。另外，遍布世界各地的 79 个太平洋亚洲旅行协会分会还拥有 17000 多名分会会员。

我国于 1993 年加入该组织，并成为其官方会员。1994 年 1 月中国分会正式成立，同时也是该协会的会员。

此外，国际上还有其他一些非政府性质的旅游组织（见表 4-1）。

表4-1　主要国际旅游组织一览

旅游组织名称	缩写	成立时间	总部所在地
世界旅游组织	WTO	1975年	西班牙，马德里
太平洋亚洲旅行协会	PATA	1951年	泰国，曼谷

旅游组织名称	缩写	成立时间	总部所在地
世界旅行旅游理事会	WTTC	1995年	英国，伦敦
国际饭店与餐馆协会	IH&RA	1946年	法国，巴黎
国际旅馆协会	IHA	1947年	法国，巴黎
世界旅行社协会联合会	UFTAA	1966年	比利时，布鲁塞尔
国际旅游联盟	AIT	1898年	瑞士，日内瓦
世界旅行社协会	WATA	1949年	瑞士，日内瓦
国际旅游科学专家协会	IASET	1951年	瑞士，伯尔尼
国际旅游科学院	IAST	1988年	中国，香港
世界专业国际会议管理协会	PCMA	1957年	美国，芝加哥
国际旅馆与餐馆协会组织	IOHRA	1949年	瑞士，苏黎世
国际民用航空组织	ICAO	1947年	加拿大，蒙特利尔
国际航空运输协会	IATA	1945年	古巴，哈瓦那
国际铁路联盟	IUR	1922年	法国，巴黎
世界旅游专业培训协会	WATTS	1969年	意大利，科莫
欧洲旅游委员会	ETC	1948年	爱尔兰，都柏林
拉丁美洲旅游组织联盟	CTOLA	1957年	阿根廷，布宜诺斯艾利斯
加勒比旅游组织	CTO	1989年	巴巴多，布里奇顿
国际青年旅游与交流局	IBYTE	1961年	奥地利，维也纳
国际学生旅游大会	ISTC	1949年	瑞士，苏黎世
国际社会旅游局	IOST	1963年	比利时，布鲁塞尔
世界一流酒店组织	IHW	1928年	瑞士，苏黎世

（资料来源：根据相关内容整理而成）

四、中国旅游组织

我国的旅游组织根据管理权限分为旅游行政管理组织和旅游行业组织两大类。旅游行政管理组织主要指中国国家文化旅游部及各省、自治区、直辖市和地方旅游行政管理机构，负责管理全国或所辖行政区域的旅游事业；旅游行业组织是旅游企业自愿联合组成的组织。

（一）文化和旅游部

我国于1964年成立的"中华旅行游览事业管理局"。1978年4月，改名为"中国旅行游览事业管理总局"，直属国务院，并同意各省、自治区和直辖市成立旅游局。

1982 年 8 月，全国人大常委会做出了《关于批准国务院直属机构改革实施方案的决议》，中国旅行游览事业管理总局更名为"中华人民共和国国家旅游局"，简称国家旅游局，作为国务院主管全国旅游行业的直属行政机构，统一管理全国旅游工作。

为增强和彰显文化自信，统筹文化事业、文化产业发展和旅游资源开发，提高国家文化软实力和中华文化影响力，推动文化事业、文化产业和旅游业融合发展，2018 年我国将文化部、国家旅游局的职责整合，组建文化和旅游部，作为国务院组成部门。

十三届全国人大一次会议表决通过了《关于国务院机构改革方案的决定》，批准设立中华人民共和国文化和旅游部。2018 年 3 月，中华人民共和国文化和旅游部批准设立，下设 15 个部门（见图 4-1）。

图4-1　中国文化旅游部组织机构

（二）省、自治区、直辖市及各地市文化旅游行政机构

国家文化旅游部成立后，各省、自治区、直辖市人民政府均设有文化旅游局。它们分别主管其所在省、自治区、直辖市的文化旅游行政工作，在组织上属地方政府部门编制，在业务上接受地方政府的领导和文化旅游部的指导，其主要职能是负责本省、自治区、直辖市文化旅游业发展的规划工作、资源开发工作、文化旅游业管理工作、文化旅游宣传和促销工作以及文化旅游教育培训工作等。

我国有 200 多个旅游重点城市和地区以及一大批县（市、区）成立了文化旅游行政管理机构，它们的组织机构基本上采取与省级文化旅游局各主要业务处、国家文化旅游局有关司对口的做法，受上级文化旅游局的领导和指导，同时受地方政府的领导。

（三）旅游行业组织

目前，我国的全国性旅游行业组织主要有：中国旅游协会、中国旅游饭店协会、中国旅行社协会、中国旅游车船协会、中国旅游报刊协会、中国烹饪协会、中国乡村旅游协会、中国旅游文化学会等。

中国旅游协会（China Tourism Association），是中国旅游行业的有关社团组织和企事业单位在平等自愿基础上组成的全国综合性旅游行业协会，具有独立的社团法人资格，是 1986 年 1 月 30 日经国务院批准正式宣布成立的第一个旅游全行业组织。中国旅游协会遵照国家的宪法、法律、法规和有关政策，代表和维护全行业的共同利益和会员的合法权益，开展活动，为会员服务，为行业服务，为政府服务，在政府和会员之间发挥桥梁纽带作用，促进我国旅游业的持续、快速、健康发展。

中国旅游饭店业协会（ChinaTourism Hotel Association），成立于 1986 年 2 月，经中华人民共和国民政部登记注册，具有独立法人资格，其主管单位为原国家旅游局，是由中国境内的饭店和地方饭店协会、饭店管理公司、饭店用品供应厂商等相关单位和饭店专家及资深学者按照平等自愿的原则结成的行业性的、全国性的行业协会。

中国旅行社协会（China Association of Travel Services），成立于 1997 年 10 月，是由中国境内的旅行社、各地区性旅行社协会或其他同类协会等单位，按照平等自愿的原则结成的全国旅行社行业的专业性协会，具有独立的社团法人资格。

中国旅游车船协会（China Tourism Automobile and Vruise Association），于 1988 年 10 月在桂林成立，是由中国境内的旅游汽车、游船企业和旅游客车及配件生产企业、汽车租赁、汽车救援等单位，在平等自愿基础上组成的全国旅游车船行业的专业性协会，是非营利性的社会组织，具有独立的社团法人资格。当时名为中国旅游汽车联合会，1989 年 12 月更名为中国旅游车船协会。

任务二　旅游政策与法规

随着大众旅游的兴起，旅游业在国民经济中的影响作用凸显，世界各国相继制定促进旅游业发展的产业政策和法律法规。同时，为适应各国不同发展时期的经济状况，随时修改旅游发展政策，使之更加良性发展。近十年来，我国政府在制定相关的旅游政策方面更是举措不断，为我国旅游业良性发展指明了方向。

一、旅游政策

旅游政策是国家和最高旅游行政管理部门为实现一定时期内的旅游发展目标，根据旅游发展的现状水平和社会经济条件而制定的行动准则。它指导并服务于旅游业发展的全过程，同时也是衡量旅游事业取得成效的尺度。

旅游政策是一整套综合性的政策体系，必须与国家的总体产业政策相融合，还要符合旅游业自身发展的客观规律。

二、我国文旅融合发展的九大政策要点

2018年4月8日，文化和旅游部正式挂牌，开启了文化和旅游融合发展的大幕。文化和旅游融合发展政策自2009年《文化部、国家旅游局关于促进文化与旅游结合发展的指导意见》开始，到近期《国务院办公厅关于促进全域旅游发展的指导意见》，十年间已经积累了一系列的政策内容。为便于大家把握文化和旅游融合发展的政策要义和重点，编者梳理了文旅相关的九大政策要点，为大家了解我国文旅业发展提供参考。

（一）文旅融合发展的政策分布

近10年来，我国专门部署文化和旅游融合发展的中央文件主要有两个：一个是2009年《文化部、国家旅游局关于促进文化与旅游结合发展的指导意见》；一个是2017《国家发改委"十三五"时期文化旅游提升工程实施方案》。涉及文化和旅游融合发展的政策文件分布于10年间，除2012年每年相关政策中都有所涉及。

（二）旅游有"热点"，关键靠"文化"

（1）文旅融合的核心理念：旅游是载体、文化是灵魂。这是10年来文化和旅游融合发展政策的核心理念和思路。建设旅游品牌、创新旅游产品、培育旅游消费热点，以及大力发展农村旅游、红色旅游、老年旅游等，凡是涉及旅游的品质、品牌、消费、特色、个性化、差异化等发展创新范畴，该核心理念贯穿其中，并分别提出了建设内容。当然，这里的"文化"是创造性转化、创新性发展的"文化产品""文化服务"，而不是指仅仅有文化资源。

（2）促进旅游与文化融合发展。培育以文物保护单位、博物馆、非物质文化遗产保护利用设施和实践活动为支撑的体验旅游、研学旅行和传统村落休闲旅游。扶持旅游与文化创意产品开发、数字文化产业相融合。发展文化演艺旅游，推动旅游实景演出发展，打造传统节庆旅游品牌。推动"多彩民族"文化旅游示范区建设，集中打造一批民族特色村镇（《"十三五"旅游业发展规划》）。

（三）培育文化旅游消费新热点

（1）大平台拉动旅游消费。以大型国际展会、重要文化活动和体育赛事为平台，培育新的旅游消费热点［《国务院关于加快发展旅游业的意见》（国发〔2009〕41号）〕。

（2）扩大旅游购物消费。加强知识产权保护，培育体现地方特色的旅游商品品牌。

传承和弘扬老字号品牌。大力发展具有地方特色的商业街区，鼓励发展特色餐饮、主题酒店［《国务院关于促进旅游业改革发展的若干意见》（国发〔2014〕31号）］。

（3）积极培育国际消费市场。依托中心城市和重要旅游目的地，培育面向全球旅游消费者的国际消费中心。鼓励有条件的城市运用市场手段以购物节、旅游节、影视节、动漫节、读书季、时装周等为载体，提升各类国际文化体育会展活动的质量和水平，鼓励与周边国家（地区）联合开发国际旅游线路，带动文化娱乐、旅游和体育等相关消费［《国务院关于积极发挥新消费引领作用，加快培育形成新供给新动力的指导意见》（国发〔2015〕66号）］。

（四）提升文化旅游产品品质

（1）旅游演艺。鼓励专业艺术院团与重点旅游目的地合作，打造特色鲜明、艺术水准高的专场剧目［《国务院关于促进旅游业改革发展的若干意见》（国发〔2014〕31号）］。

（2）节庆会展旅游。发挥具有地方和民族特色的传统节庆品牌效应，组织开展群众参与性强的文化旅游活动［《国务院关于促进旅游业改革发展的若干意见》（国发〔2014〕31号）］。

（3）文化、文物旅游。科学利用传统村落、文物遗迹及博物馆、纪念馆、美术馆、艺术馆、世界文化遗产、非物质文化遗产展示馆等文化场所开展文化、文物旅游［《国务院关于促进旅游业改革发展的若干意见》（国发〔2014〕31号）］。

（4）文化体验旅游。推动剧场、演艺、游乐、动漫等产业与旅游业融合开展文化体验旅游［《国务院关于促进旅游业改革发展的若干意见》（国发〔2014〕31号）］。

（5）娱乐业。推广"景区＋游乐""景区＋剧场""景区＋演艺"等景区娱乐模式。支持高科技旅游娱乐企业发展。有序引进国际主题游乐品牌，推动本土主题游乐企业集团化、国际化发展。提升主题公园的旅游功能，打造一批特色鲜明、品质高、信誉好的品牌主题公园（《"十三五"旅游业发展规划》）。

（五）建设新型文化旅游功能区

（1）培育跨区域特色旅游功能区。依托跨区域的自然山水和完整的地域文化单元，培育一批（共20个）跨区域特色旅游功能区，构建特色鲜明、品牌突出的区域旅游业发展增长极（《"十三五"旅游业发展规划》）。

（2）打造国家精品旅游带。重点打造丝绸之路旅游带、长江国际黄金旅游带、黄河华夏文明旅游带、长城生态文化旅游带、京杭运河文化旅游带、长征红色记忆旅游带、海上丝绸之路旅游带、青藏铁路旅游带、藏羌彝文化旅游带、茶马古道生态文化旅游带10条国家精品旅游带（《"十三五"旅游业发展规划》）。

（六）红色旅游是文旅融合的重要形式

（1）充分发挥红色旅游的独特作用。全面落实红色旅游"十二五"规划；改进创新红色旅游宣讲和展陈方式；大力推动红色文化精品创作。[《国家旅游局关于进一步加快发展旅游业促进社会主义文化大发展大繁荣的指导意见》（旅发〔2011〕61号）]。

（2）红色景点、景区研学旅行。鼓励各地依托红色旅游景点景区开展研学旅行活动[《国务院办公厅关于进一步促进旅游投资和消费的若干意见》（国办发〔2015〕62号）]。

（3）实施红色旅游发展工程。完善全国红色旅游经典景区体系；着力凸显红色旅游教育功能；积极发挥红色旅游脱贫攻坚作用（《"十三五"旅游业发展规划》）。

（4）红色旅游基础设施建设。重点打造一批全国红色旅游经典景区，着力改善基础设施条件，完善配套服务设施，加强区域资源整合和产业融合，使其更好地满足开展爱国主义、集体主义和社会主义教育的功能[《关于印发〈"十三五"时期文化旅游提升工程实施方案〉的通知》（发改社会〔2017〕245号）]。

（七）乡村旅游的特点在于文化旅游

（1）坚持乡村旅游个性化、特色化发展方向。立足当地资源特色和生态环境优势，突出乡村生活生产生态特点，深入挖掘乡村文化内涵，开发建设形式多样、特色鲜明、个性突出的乡村旅游产品，举办具有地方特色的节庆活动。注重保护民族村落、古村古镇，建设一批具有历史、地域、民族特点的特色景观旅游村镇，让游客看得见山水、记得住乡愁、留得住乡情[《国务院办公厅关于进一步促进旅游投资和消费的若干意见》（国办发〔2015〕62号）]。

（2）开展百万乡村旅游创客行动。通过加强政策引导和专业培训，三年内引导和支持百万名返乡农民工、大学毕业生、专业技术人员等通过开展乡村旅游实现自主创业。鼓励文化界、艺术界、科技界专业人员发挥专业优势和行业影响力，在有条件的乡村进行创作创业。到2017年，全国建设一批乡村旅游创客示范基地，形成一批高水准文化艺术旅游创业就业乡村[《国务院办公厅关于进一步促进旅游投资和消费的若干意见》（国办发〔2015〕62号）]。

（3）实施休闲农业和乡村旅游精品工程。建设一批设施完备、功能多样的休闲观光园区、森林人家、康养基地、乡村民宿、特色小镇。发展乡村共享经济、创意农业、特色文化产业（《中共中央国务院关于实施乡村振兴战略的意见》）。

（八）旅游工艺品（纪念品）创意设计

（1）实施中国旅游商品品牌建设工程。重视旅游纪念品创意设计，提升文化内涵和附加值。推出中国特色旅游商品系列。鼓励优质特色旅游商品进驻主要口岸、机场、码头等旅游购物区和城市大型商场超市，支持在线旅游商品销售。适度增设口岸进境免税店〔《国务院办公厅关于进一步促进旅游投资和消费的若干意见》（国办发〔2015〕62号）〕。

（2）丰富提升特色旅游商品。扎实推进旅游商品的大众创业、万众创新，鼓励市场主体开发富有特色的旅游纪念品，丰富旅游商品类型，增强对游客的吸引力。培育一批旅游商品研发、生产、销售龙头企业，加大对老字号商品、民族旅游商品的宣传推广力度〔《国务院办公厅关于进一步促进旅游投资和消费的若干意见》（国办发〔2015〕62号）〕。

（3）实施中国传统工艺振兴计划。深入挖掘历史文化、地域特色文化、民族民俗文化、传统农耕文化等，提升传统工艺产品品质和旅游产品文化含量〔《国务院办公厅关于促进全域旅游发展的指导意见》（国办发〔2018〕15号）〕。

（九）文化旅游扶贫

（1）乡村旅游扶贫。加大对乡村旅游扶贫重点村的规划指导、专业培训、宣传推广力度，组织开展乡村旅游规划扶贫公益活动，对建档立卡贫困村实施整村扶持。2015年抓好560个建档立卡贫困村乡村旅游扶贫试点工作，到2020年，全国每年通过乡村旅游带动200万农村贫困人口脱贫致富；扶持6000个旅游扶贫重点村开展乡村旅游，实现每个重点村乡村旅游年经营收入达到100万元〔《国务院办公厅关于进一步促进旅游投资和消费的若干意见》（国办发〔2015〕62号）〕。

（2）红色旅游扶贫。充分挖掘革命老区红色文化内涵，利用革命历史文物资源优势，发挥其在红色旅游中的重要作用，推动当地经济、社会文化持续健康发展，带动贫困地区稳步脱贫（文化部《"十三五"时期文化扶贫工作实施方案》）。

（3）非遗旅游产品扶贫。利用非物质文化遗产资源优势，开发文化旅游产品。对传统技艺类非物质文化遗产，通过生产性保护方式，加以合理利用，为旅游业和文化产业发展注入新鲜元素。对传统表演艺术类非物质文化遗产，一方面注重原真形态的展示，另一方面通过编排，成为具有地方民族特色和市场效益的文化旅游节目。依托文化生态保护实验区中独具特色的文化生态资源，积极发展文化观光游、文化体验游、文化休闲游等多种形式的旅游活动。

（4）特色文化产业扶贫。加快推进藏羌彝文化产业走廊建设，培育民族文化产品和品牌，促进文化产业与旅游等融合发展（《"十三五"时期文化扶贫工作实施方案》）。

三、我国旅游法规

目前，我国已经制定了品类繁多、涉及旅游业众多范围的旅游法律与法规。这些法律法规从制定的部门来看，有的是国务院批准的旅游法律法规，有的是国家旅游局单独或会同有关部门制定的法规。除此之外，还有大量的地方政府制定的有关地方旅游的法规。

（一）与旅游法相关的法律法规规范及标准

（1）《中华人民共和国旅游法》。

（2）《旅行社条例》（2017年3月1日修正版）。

（二）与旅游景区管理相关的法律法规规范及标准

（1）《旅游区（点）质量等级的划分与评定》。

（2）《国家级风景名胜区规划编制审批办法》。

（3）《景区等级评定标准（评分细则）》。

（4）《旅游景区质量等级管理办法》。

（5）《国家生态旅游示范区管理暂行办法》。

（6）《旅游景区游客中心设置与服务规范》。

（7）《生态旅游区管理暂行办法》。

（三）与旅游规划相关的法律法规规范及标准

（1）《旅游规划通则》（实施细则）。

（2）《风景名胜区规划规范》。

（3）《旅游发展规划管理办法》。

（4）《旅游规划设计单位资质等级认定管理办法》。

（5）《旅游扶贫试点村规划导则》。

（四）与旅游资源相关的法律法规规范及标准

（1）《旅游资源分类、调查与评价》。

（2）《旅游资源保护暂行办法》。

（五）与星级酒店、绿色饭店相关的法律法规及标准

（1）《旅游饭店星级的划分与评定》。

（2）《旅游涉外饭店星级的划分与评定》。

（3）《绿色饭店等级评定规定》。

（4）《绿色旅游饭店评定标准》（附附录A、附录B）。

（六）与旅游基础设施相关的法律法规及标准

（1）《标志用公共信息图形符号第1部分：通用符号》。

（2）《标志用公共信息图形符号第2部分：旅游设施与服务符号》。

（3）《旅游厕所质量等级的划分与评定》。

（4）《旅游购物场所服务质量要求》。

（5）《旅游滑雪场质量等级划分及其评定》。

（6）《旅游景区公共信息导向系统设置规范》。

（7）《绿道旅游设施与服务规范》。

（8）《人员密集场所消防安全管理》。

（9）《无障碍设计规范》。

（七）与美丽乡村建设相关的法律法规及标准

（1）《美丽乡村建设指南》。

（2）《民族民俗文化旅游示范区认定》。

（3）《农家乐经营服务规范》。

（八）其他

（1）《中华人民共和国城乡规划法》。

（2）《中华人民共和国土地管理法》。

（3）《历史文化名城保护规划规范》。

（4）《土地利用现状分类标准》。

（5）《中国旅游强县标准（试行）》。

（6）《中国优秀旅游城市检查标准》。

相关链接：对《旅游法》的内容解读

1.《旅游法》是什么时候出台和正式施行的

《中华人民共和国旅游法》经 2013 年 4 月 25 日第十二届全国人大常委会第二次会议通过，2013 年 4 月 25 日中华人民共和国主席令第三号公布，自 2013 年 10 月 1 日起施行。

2.《旅游法》的适用范围是什么

在中华人民共和国境内的和在中华人民共和国境内组织到境外的游览、度假、休闲等形式的旅游活动以及为旅游活动提供相关服务的经营活动。

3. 旅游者在旅游活动中依法享有哪些权利

自主选择权、拒绝强制交易权、知悉真情权、要求履约权、受尊重权、请求救助保护权、特殊群体获得便利优惠权。

4. 旅游者在旅游活动中依法应当遵守哪些义务

"五个应当"（应当遵守社会公共秩序和社会公德，尊重旅游目的地当地的风俗习惯、文化传统和宗教信仰，爱护旅游资源，保护生态环境，遵守旅游文明行为规范）；"三个不得"（不得损害当地居民的合法权益，不得干扰他人的旅游活动，不得损害旅游经营者和旅游从业人员的合法权益）。

5. 什么叫组团社

是指与旅游者订立包价旅游合同的旅行社。

6. 什么叫地接社

是指接受组团社委托，在目的地接待旅游者的旅行社。

7. 什么叫履行辅助人

是指与旅行社存在合同关系，协助其履行包价旅游合同义务，实际提供相关服务的法人或者自然人。

8. 为保护旅游者权益，《旅游法》中对导游、领队有什么要求

导游和领队为旅游提供服务必须接受旅行社委派，不得私自承揽导游和领队业务；不得擅自变更旅游行程或者中止服务活动；不得向旅游者索取小费；不得诱导、欺骗、强迫或者变相强迫旅游者购物参加另行收费旅游项目。

9. 《旅游法》对景区门票价格有何规定

景区应当在醒目位置公示门票价格，另行收费项目的价格及团体收费价格。景区提高门票价格应当提前6个月公布，并应当举行听证会，广泛征求旅游者、经营者和有关方面的意见，讨论其必要性、可行性。

将不同景区的门票或者同一景区内不同游览场所的门票合并出售的，合并后的价格不得高于各单项门票的价格之和，且旅游者有权选择购买其中的单项票。

10. 旅游景区门票是否有优惠

残疾人、老年人、未成人等旅游者有旅游活动中依照法律、法规和有关规定享受便利和优惠的权利。

11. 什么是包价旅游合同

旅游合同中的一种普遍采用的方式，即指旅行社预先安排行程，提供或者通过履行辅助人提供交通、住宿、餐饮、游览、导游或者领队等两项以上旅游服务，旅游者以总价支付旅游费用的合同。

12. 组团社因组团人数不够要求解除旅游合同，告知旅游者的时间期限是如何规定的境内旅游应当至少提前7日通知旅游者；出境旅游应当至少提前30日通知旅游者。

13. 旅游者可以转让包价旅游合同吗

旅游行程开始前，旅游者可以将包价旅游合同中自身的权利义务转让给第三人，旅行社没有正当理由的不得拒绝，因此增加的费用由旅游第三人承担。

14. 因不可抗力导致旅行终止或合同不能继续履行时，怎么处理

当上述情况出现时，旅行社和旅游者均可以解除合同。合同不能完全履行的，经双方协商同意后可以在合理范围内变更合同；旅游者不同意变更的，可以解除合同。

15. 如果旅行社不履行合同义务或者履行合同义务不符合约定的，怎么处理

旅行社应当依法承担继续履行、采取补救措施或者赔偿损失等违约责任；造成旅游者人身损害、财产损失的，应当依法承担赔偿责任。旅行社具备履行条件，经旅游者要求仍拒绝履行合同，造成旅游者人身损害、滞留等严重后果的，旅游者还可以要求旅行社支付旅游费用一倍以上三倍以下的赔偿金。

16. 旅行社让旅游者到指定购物场所并且安排另行付费旅游项目怎么处理

旅游者有权在旅游行程结束后 30 日内，要求旅行社为其办理退货并先行垫付退货货款，或者退还另行付费旅游项目的费用。

17. 由于在接社、履行辅助人的原因导致违约的，组团社，地接社、履行辅助人之间如何划分责任

因地接社、履行辅助人的原因导致违约的，由组团社承担责任；组团社承担责任后可以向地接社、履行辅助人追偿。

18. 旅游者在旅行发生突发事件或安全问题如何处理应对

旅游者在人身、财产安全遇有危险时，有权请求旅游经营者、当地政府和相关机构进行及时救助；出境旅游者在境外陷于困境时，有权请求我国驻当地机构在其职责范围内给予协助和保护。

19. 旅游安全问题由谁负责

《旅游法》中明确规定，县级以上人民政府统一负责旅游安全工作。县级以上人民政府有关部门依照法律、法规履行旅游安全监管职责。

20. 当旅游者在旅游活动中遭遇突发事件，可以获得什么帮助

突发事件发生后，当地人民政府及其有关部门和机构应当采取措施开展救援，并协助旅游者返回出发地或者旅游者指定的合理地点。

21. 旅游纠纷的处理由谁负责

《旅游法》明确规定，县级以上人民政府应当指定或者设立统一的旅游投诉受理机构。受理机构接到投诉，应当及时进行处理或者移交有关部门处理，并告知投诉者。

22. 旅游者与旅游经营者发生纠纷可以通过哪些途径解决

双方协商；向消费者协会、旅游投诉受理机构或者有关调解组织申请调解；根据与旅游经营达成的仲裁协议提请仲裁机构仲裁；向人民法院提起诉讼。

[资料来源：方琼.《中华人民共和国旅游法》解读 [J]. 中国防伪报道，2016（10）]

任务三　旅游业发展现状与发展趋势

一、文旅融合下产业发展的背景

（一）旅游成为生活常态和刚需

改革开放 40 多年，国家主要矛盾发生了根本变化。2019 年是中华人民共和国成立 70 周年，也是全面建成小康社会的关键之年，我国社会主要矛盾要求我们必须在继续推动发展的基础上着力解决好发展的不平衡不充分问题，更好满足人民在经济、

政治、文化、社会、生态等方面日益增长的需要。

随着互联网的发展，旅游业不仅在对 GDP 的综合贡献逐年增加，占 GDP 总量保持 10% 之上，行业内的产品及业态也在逐渐丰富。由此可见，旅游业在经济发展中的作用更加凸显。

（1）旅游业已成支柱产业。2014—2018 年全国旅游业对 GDP 的综合贡献额逐年增加。

（2）旅游产品及业态更加丰富。改革开放以来，随着中国经济与国民收入的增长，旅游不再只是特定阶层和少数人的享受，逐步成为国民大众日常生活常态。2018年，国内旅游人数 55.39 亿人次，比上年同期增长 10.8%；入出境旅游总人数 2.91 亿人次，同比增长 7.8%；全年实现旅游总收入 5.97 万亿元，同比增长 10.5%。2018 年，全国旅游业对 GDP 的综合贡献为 9.94 万亿元，占 GDP 总量的 11.15%。中国护照免签国家和地区：免签 66 个，互免 12 个，中国普通护照"含金量"继续稳步提高，中国公民可以前往的国家越来越多。

（二）文旅融合开启旅游新时代

文化和旅游部成立，旅游的文化属性凸显。文化产业与旅游产业的融合，发挥出"1+1>2"的效果，呈现几何级数增长的态势。

（1）文化：文化为旅游赋予了更加丰富的内容，为旅游的产品化升级赋予了内涵。

（2）旅游：旅游为文化的传播提供了载体，为文化的产业化提供了手段和渠道。

（3）消费升级：游客人均出游花费逐步增长。

（三）宏观经济复杂严峻

2018 年以来，我国经济结构持续优化，改革开放红利逐步释放，高质量发展开局良好，但中国经济也面临诸多困难，如经济周期性、结构性变化的影响、国际环境的不确定增加等。2019 年以来，国内外经济发展的不确定性逐步上升。

（1）经济周期性。中国未来将面对三个方面的冲击：一是"去产能"扩大化扭曲供给结构，造成旧经济虚张、新经济失血、下游利润被逐步掏空；二是 2019 年出口或现"倒 L 形"负增长；三是"金融收缩"态势未改，房地产有可能成为中国经济系统性风险的引爆点。

（2）国际环境不确定。国际环境的不确定性增加：中美贸易争端加剧，主要经济体货币政策调整带来的一些外溢效应，同时金融市场还有一些动荡，都会对中国经济产生一些冲击。

二、我国旅游业发展趋势

（一）对外开放将持续扩大

旅游是体现和平崛起、柔性外交的重要途径。在联合国世界旅游组织第 22 届全体大会上，中国发起成立世界旅游联盟，成为未来促进经验共享的重要平台。同时，《"一带一路"旅游合作成都宣言》发布，提出将加强"一带一路"旅游合作，加强政策沟通，提升旅游便利化水平，创建旅游合作机制，提升旅游交流品质等多项内容。中国旅游成新亮点，为国家形象加分。旅游如今已不单单是游山玩水，在中国外交舞台上正扮演着越来越重要的角色，中国旅游外交使旅游已经从外交边缘走向外交前沿。

2017 年 5 月，习近平主席在"一带一路"国际合作论坛上宣布，中国将从 2018 年起举办中国国际进口博览会。2018 年 11 月 5 日至 10 日，首届中国国际进口博览会将在国家会展中心（上海）举办。随着进口博览会影响和辐射，将加速旅游产业的转型升级、促进旅游服务的品质提升，因而，也有利于入境旅游的振兴与国内旅游的升级，对国际服务贸易将起到极大的促进作用。

（二）社会资本的跨界投入

文旅产业将是投资的巨大风口。根据原国家旅游局数据，我国旅游行业投资规模不断扩大，2015 年全国旅游业完成投资约 1 万亿元，2016 年实际完成投资约 1.3 万亿元，2017 年继续保持稳定增长态势，全国旅游投资超 1.5 万亿元。文化休闲、娱乐活动、旅游业将成为移动互联网之后的下一个经济大潮，并席卷世界各地。

旅游投资过万亿元，跨界资本成为主力军。大型旅游综合体项目整合多个领域成全域旅游发展的重要方向和拉动地方经济发展的重要动力。旅游度假区、旅游小镇、主题乐园等休闲度假综合体项目成为各类资本追逐的热点。

企业跨界现象频发，构建产业生态圈趋势明显。随着互联网的发展及消费升级，无论是百度、阿里巴巴、腾讯等互联网企业，还是携程等旅游企业，均有投资覆盖不同行业领域，助力延长产业链。

（三）国家政策导向下的多领域融合

旅游是综合性产业，是拉动经济发展的重要动力，是传播文明、交流文化、增进友谊的桥梁，是人民生活水平提高的一个重要指标。我国 2018 年和 2019 年的中央经济政策都将稳中求进、推动文旅产业高质量发展作为旅游发展工作的总基调，为文旅产业的高质量发展提供了新的契机。

从 2018 年旅游相关政策可看出，在改革开放进一步深化的条件下，政府端对旅游产业空间、业态发展、公共服务建设等方面的关注度逐渐增强，其中，在政策内容中对全域旅游、乡村振兴、智慧旅游、旅游厕所、自驾车旅、体育旅游等新业态领域内容重点强调，多领域融合的旅游发展格局初步显现（见图4-2）。

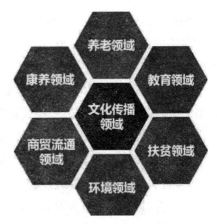

图4-2　多领域融合的旅游发展

在文化传播领域，旅游作为本土文化的全球旅游链接而逐步影响全球。随着中国文化融入国际，中国与全球之间的文化交流与合作不断加深，文化交流将带动全球旅游联通。

在扶贫领域，旅游是贫困地区发展的重要推力。乡村旅游扶贫是长期有效精准扶贫的方法，是实现乡村振兴的重要途径之一。经济发展水平低的贫困地区产业基础薄弱，迫切需要寻求某种产业发展的推力。乡村旅游的发展会形成人流、物流、信息流和资金流，由城市自发而持续地向农村传输，发挥旅游乘数效应，达到发展经济的目的，成为贫困地区发展的重要推力。

在养老领域，"新生代老人"消费能力超乎市场想象。如今的"新生代老人"正在打破传统对老龄化社会的定义，他们对退休之后工作、生活的规划已经与过去截然不同，新的生活方式和商机正在被开创出来。比如，社交技能在AI（人工智能）领域里就属于稀缺品，这时，具有丰富社交经验的知识型老年劳动者就具备了无可替代的优势：稳定的退休金加上打工或者再创业赚来的钱，使有钱有闲的老年探险旅游市场变成了一个快速发展的商业机遇。

在教育领域，研学旅游已经成为旅游产业的市场热点。随着体验式教育理念的深入和旅游产业的跨界融合，研学旅行已经成为教育体系、校外培训、旅游产业的市场热点。"研学＋旅行"打破了传统教育对青少年的束缚，有益补充了学校和家庭的教育，是实施素质教育的重要载体。研学旅行，是有系统、有主题、有深度的真实生活体验。教育部发布的《中小学综合实践活动课程指导纲要》提出，中小学综合实践活动课程是义务教育和普通高中课程方案规定的必修课程，与学科课程并列设置，从小学到高中，各年级全面实施，所有学生都要学习，都要参加。特别是随着研学旅行成为在校学生的必修课，未来三年内，研学旅行的学校渗透率将会迅速提升，市场总体规模将超千亿元。

（四）科技赋能文旅产业创新发展

3G实现了人与人的连接，4G实现了人与信息的连接，5G开启了"万物互联"的时代。随着技术创新日新月异，科技需要更多的实现载体，而旅游业有极其丰富的应用场景、极强的跨界能力以及庞大的产业规模，不管什么样的新技术，都能在这找到足够的施展空间。2020 年，将有越来越多的科技的涌入，为游客带来更新颖、智能的体验和更高效、更贴心的服务。

在移动互联网时代，以门户网站、门户类 App 为代表的互联网公司逐渐成为传统，基于大数据算法的精准营销模式正在不断兴起和迭代。借助于算法推荐的抖音、快手、火山等短视频营销方式正在不断地刷新着营销模式。OTA 的定制化转型，依托互联网、大数据、云计算等现代技术，实现旅游资源与多样化市场需求的高效对接。

（五）文旅 IP 的创新发展

随着 IP 概念的引入及开发，IP 的类别逐渐丰富，目前较为常见的有游戏 IP、文学 IP、形象 IP、动画 IP、个人 IP、小镇 IP6 种，IP 概念不断丰富和扩展，未来将会有更多的原创 IP 出现。

传统文化得到了现代旅游演绎。2019 年春节，世界各地的观众们"进宫过大年"。北京紫禁城按照宫里的年节礼仪，用丰富的藏品装饰一新：每座宫殿、每个庭院都宫灯高悬、张灯结彩，贴春联，挂福字，不仅有沉浸式的深度体验，还可以品尝御膳房的美味小吃……"故宫中国节"立足中国传统节日，运用多媒体展示、场景还原等多层次艺术与科技手段，再现传统喜庆的年节风俗，让人们在欢笑

图4-3　故宫文创产品
（图片来源：https://image.so.com/）

中体验传统节日蕴含的智慧与情感。互动体验、空间陈设、文创产品等多样化形式，让中华优秀传统文化融入群众的现代生活（见图 4-3）。

（六）生态建设将长期持续

习总书记提出，青山绿水就是金山银山。生态旅游是指以有特色的生态环境为主要景观的旅游。其以可持续发展为理念，以保护生态环境为前提，以统筹人与自然和谐发展为准则，并依托良好的自然生态环境和独特的人文生态系统，采取生态友好方式，开展的生态体验、生态教育、生态认知并获得身心愉悦的旅游方式。

生态旅游发展较好的西方发达国家首推美国、加拿大、澳大利亚等国，这些国家的生态旅游物件从人文景观和城市风光转为"自然景物"，即保持较为原始的大自然，这些自然景物在其国内定位为自然生态系统优良的国家公园，在国外定位为以原始森

林为主的优良生态系统，这就使不少发展中国家成为生态旅游目的地，其中加勒比海地区和非洲野生动物园成为生态旅游热点区域。

西方发达国家在生态旅游活动中极为重视保护旅游物件。在生态旅游开发中，避免大兴土木等有损自然景观的做法，旅游交通以步行为主，旅游接待设施小巧，掩映在树丛中，住宿多为帐篷露营，尽一切可能将旅游对旅游物件的影响降至最低。在生态旅游管理中，提出了"留下的只有脚印，带走的只有照片"等保护环境的响亮口号，并在生态旅游目的地设置一些解释大自然奥秘和保护与人类息息相关的大自然标牌体系及喜闻乐见的旅游活动，让游客在愉怡中增强环境意识，使生态旅游区成为提高人们环境意识的天然大课堂。

过去，西方旅游者喜欢到热带海滨去休闲度假。热带海滨特有的温暖的阳光（Sun）、碧蓝的大海（Sea）和舒适的沙滩（Sand），使居住于污染严重，竞争激烈的西方发达国家游客的身心得到平静。"3S"作为最具吸引力旅游目的地成为西方人所向往的地方。随着生态旅游的开展，游客环境意识的增加，西方游客的旅游热点从"3S"转"3N"，即到"大自然"（Nature）中，去缅怀人类曾经与自然和谐相处的"怀旧"（Nostalgia）情结，使自己在融入自然中进入"天堂"（Nirvana）的最高境界。生态旅游更强调的是对自然景观的保护，是可持续发展的旅游。

随着人们对物质文化的需求达到了更高的层次，对环境保护、生态安全等方面的要求也日益提升。2017年9月中共中央办公厅、国务院办公厅印发了《建立国家公园体制总体方案》，以加强自然生态系统原真性、完整性保护为基础，以实现国家所有、全民共享、世代传承为目标，理顺管理体制，创新运营机制，健全法制保障，强化监督管理，构建统一、规范、高效的中国特色国家公园体制，建立分类科学、保护有力的自然保护地体系。计划到2020年，建立国家公园体制试点基本完成，整合设立一批国家公园，分级统一的管理体制基本建立，国家公园总体布局初步形成。到2030年，国家公园体制更加健全，分级统一的管理体制更加完善，保护管理效能明显提高。全国已建立东北虎豹、祁连山、大熊猫（见图4-4）、三江源、海南热带雨林、武夷山、神农架、普达措、钱江源和南山10处国家公园体制试点，国家林业和草原局将组织开展试点验收工作，对达到标准和要求的正式设立国家公园。

图4-4　大熊猫国家公园
（图片来源：https://image.so.com/）

相关链接：国家级文化生态保护区

国家级文化生态保护区是根据《国家"十一五"时期文化发展规划纲要·民族文化保护》中提出的"确定10个国家级民族民间文化生态保护区"这一目标而建设，由于此前尚处试验性阶段，因此各保护区暂定为"文化生态保护实验区"，待日后条件成熟时正式命名为"文化生态保护区"。此前，从2007年到2018年的十多年时间里，已先后批准设立了闽南文化、徽州文化、热贡文化、羌族文化等21个国家级文化生态保护实验区，涉及福建、安徽等17个省（区、市）。名单如下：

闽南文化生态保护实验区（福建省，2007年6月）

徽州文化生态保护实验区（安徽省、江西省，2008年1月）

热贡文化生态保护实验区（青海省，2008年8月）

羌族文化生态保护实验区（四川省、陕西省，2008年11月）

客家文化（梅州）生态保护实验区（广东省，2010年5月）

武陵山区（湘西）土家族苗族文化生态保护实验区（湖南省，2010年5月）

海洋渔文化（象山）生态保护实验区（浙江省，2010年6月）

晋中文化生态保护实验区（山西省，2010年6月）

潍水文化生态保护实验区（山东省，2010年11月）

迪庆文化生态保护实验区（云南省，2010年）

大理文化生态实验保护区（云南省，2011年1月17日）

陕北文化生态实验保护区（陕西省，2012年5月25日）

铜鼓文化（河池）生态保护实验区（广西，2012年11月）

黔东南民族文化生态保护实验区（贵州省，2012年12月）

客家文化（赣南）生态保护实验区（江西省，2013年1月）

格萨尔文化（果洛）生态保护实验区（青海省，2014年8月）

客家文化（闽西）生态保护实验区（福建省，2017年1月）

（资料来源：百度百科）

项目总结

本项目介绍了国内外主要的旅游组织的情况，重点说明了我国近些年在旅游方面制定的相关旅游政策和旅游法规，以提高旅游从业与服务法律意识。近年来，在中国经济强劲发展和互联网高速发展的背景下，中国旅游业逐渐走向大众化发展，人们对生活品质的要求和旅游需求日益多元化，旅游业的发展更是日新月异，应准确理解旅游业的发展趋势，适应旅游业发展的需求。

📝 项目练习

一、思考题

1. 简单说明世界旅游组织，介绍近两年世界旅游日的口号及活动。

2. 请说出我国在旅游饭店和旅行社行业的政策法规。

3. 结合当前形势，分析最近一次黄金周的旅游业发展特点。

二、案例分析

2017 年 9 月 11 日至 16 日，联合国世界旅游组织（UNWTO）第二十二届全体大会在中国成都举行。由中国发起的世界旅游联盟 11 日正式成立。中国在世界旅游舞台的地位正在由参与者变为主导者，拓宽国际合作渠道、拓展国际发展空间、参与国际规则制定、推动中国标准走出去、提升在世界旅游业的话语权和影响力。中国正从世界客源大国转变为世界旅游的责任担当大国。

"世界旅游联盟"由中国发起成立，是第一个全球性、综合性、非政府、非营利国际旅游组织。联盟以"旅游让世界更美好"为核心理念，以旅游促进发展、旅游促进减贫、旅游促进和平为目标，加强全球旅游业界的国际交流，增进共识、分享经验、深化合作，推动全球旅游业可持续、包容性发展。联盟总部和秘书处设在中国北京，截至目前，共有来自中国、美国、法国、德国、日本、澳大利亚、马来西亚、巴西等 29 个国家和地区的 89 个会员。

世界旅游联盟副主席、澳大利亚旅行商联盟首席执行官杰森·韦斯特布里表示："世界旅游联盟的成立将促进澳中两国旅游业的交流，不仅仅是经济的合作，更增进了人与人的交流。我会把澳大利亚的旅游经验带到中国，愿旅游让世界更美好。"

随着国际旅游业持续发展，重心东移，中国在国际旅游业中的地位不断上升。中国已连续成为世界第一大出境旅游国和世界第四大国际旅游目的地，并拥有世界最大的国内旅游市场。中国旅游业已成为全球"领跑者"。世界旅游业界看重中国经验、中国市场和中国作用，希望与中国加强旅游交流合作。

马来西亚华人旅游业公会总会长陈三顺告诉记者："中国在世界旅游市场中占据非常重要的地位。世界旅游联盟将带动世界各国旅游的发展，也将促进中马两国的旅游合作，尤其能帮助到马来西亚的华人商会和业者。"

美国旅游协会副主席田晓华说："近 10 年来美国和中国的旅游合作很多，取得的成效显著。美国旅游协会支持世界旅游联盟的成立，各国间需要增进了解，使旅游发展更快。"

欧洲华人旅游业联合总会会长姚晓竞告诉记者，中国旅游在欧洲的影响力越来越大，欧洲各国旅游机构希望吸引中国游客。世界旅游联盟能够把全球希望参与中国旅游市场的业者凝聚起来，通过中国搭建的这个平台，共同分享旅游资源，促进共同发展。

联合国世界旅游组织秘书长塔勒布·瑞法依高度评价了中国在世界旅游业中的地位，强调了中国为世界旅游业做出的重要贡献。"中国为世界提供了最好的范例——将旅游业作为优先发展的领域，在乡村发展及扶贫议题上，充分释放了自身潜力。我们相信，旅游业发展的中国模式及中国在这些议题上所采取的措施，可以用于指导其他目的地发展。"瑞法依说。

近年来，联合国世界旅游组织与中国政府间的合作正在不断加深。中国为世界旅游业发展贡献了诸多新理念、新倡议、新思路。瑞法依强调，中国的"一带一路"倡议对世界旅游发展而言极为重要。据联合国世界旅游组织预测，在不久的将来，中国将跃居世界第一大入境旅游目的国。瑞法依期待，中国将引领旅游业实现健康快速可持续发展。

（资料来源：news.cctv.com/2017/09/12/ARTIXCa2qzsYYCqvlAYpodEU170912.shtml）

案例思考：中国旅游业发展对世界经济有什么作用和影响？

推荐阅读

1."白＋黑"全时狂欢！烟台举办2019世界旅游日庆典活动（https://new.qq.com/omn/20190930/20190930A075KR00.html）

2.行业解读：文旅融合十大发展趋势（www.sohu.com/a/323149671_488870）

3."影视IP＋景区"，如何运作才能完美结合（https://new.qq.com/omn/20190106/20190106B07NED00）

4.多国专家学者为西双版纳生态旅游建言献策，2019生态旅游西双版纳国际研讨会举行（news.gmw.cn/2019-12/15/content_33401913.htm）

SHIWU 下篇 旅游实务

项目五　旅游饭店业

🔍 项目目标

本项目要求学生学习饭店的基本概念、作用和发展历史，掌握传统旅游饭店的类型和特点，了解我国饭店业的发展趋势和非标准住宿业的发展状况。

📋 项目任务

1. 学习饭店的概念和作用。
2. 了解饭店的发展历史和我国饭店的发展趋势。
3. 掌握传统旅游饭店的类型和特点。
4. 了解非标准住宿业的发展状况。

📄 项目案例导入

致酒店业：正确认知趋势，科学追赶趋势

2013 年以来，我国饭店业的市场环境发生了很大变化，消费主体由原来的公务消费为主转变为个人消费为主、消费者年龄趋向年轻化，新的消费需求（即生活方式类的住宿需求）开始萌发等，我国饭店业的发展进入了一个新时代。在新的市场环境下，能否正确认知趋势，科学追赶趋势成为饭店企业能否在新时期取得经营成功的关键和前提。

1. 正确理解"趋势"

目前，国内酒店业市场发展呈现以下几个趋势：第一，中国酒店供给整体呈增长趋势，中端型酒店的房间供给增长最为迅速，高端型酒店市场供需较慢；第二，家庭出游偏向预订高星级酒店；第三，互联网、人工智能、技术手段等在酒店行业的应用；第四，"生活方式"酒店成为增长热点。原来酒店主要解决的是客人在商旅过程中的

食宿，现在住宿业越来越多的关注生活方式，甚至整个旅游业都在和生活方式挂钩。

2. 找准工作的着力点

我们未来工作的着力点到底在哪里、怎么着力，这应当是饭店高级管理人员需要仔细思考的问题。现阶段迫切需要的不是轰轰烈烈的"创新"，而是尊重规律、回归常识。酒店业的规律和常识可以归纳为以下几条：第一，饭店的本质是服务；第二，人是饭店工作的出发点和落脚点；第三，技术是手段不是目的；第四，有了好产品才谈得上营销。这里强调的内容是目前被整个行业所忽略的。比如，现在饭店人比较喜欢研究捷径，寻找风口，相信"只要能找到风口，猪都能飞起来"。当然不是贬低或者反对寻找风口，只是过度强调风口，容易陷入一种偏颇，从而忽略问题的另一方面，即饭店最本质的东西是服务。

3. 新市场是什么样的

新时期行业消费的主要特点有：享受服务者即为买单者，个人付款是主流消费模式；消费者年龄偏轻，"80 后""90 后"已经成为消费主体；成功酒店的市场目标群体明确、具体，产品定位准确；产品大都注重时尚、艺术和情调，体现差异化；消费方式更加趋向于理性，非常注重性价比；采用互联网技术，运用互联网思维的产品始终引领潮流。

另外，现在市场需求呈现碎片形式。公务型、商务型等是比较宽泛的概念，在这个概念下还有很多细分市场，需求形态的碎片化要求我们在打造酒店产品的时候，需要研究非常具体的需求细分，而不是笼统的商务型或者其他。北京的瑰丽、诺金、新国贸、CHAO 经常被人提及，运营效率和市场口碑都不错。而这些成功的酒店都有意或者无意地选定了一个细分市场。同样面对"80 后"和"90 后"消费人群，瑰丽和新国贸的定位还是有区别的，它们都对应着不同的市场细分。因此宽泛的市场定位已经远远不够了。

4. 以人为本的服务设计

酒店的核心工作要以客人为出发点和落脚点。研究客人是为打造服务方式作基础的。不管是高端、奢华、经济型，其中有些酒店的产品形式和特点是存在共性的，如方便、舒适。方便，是人的最基本的刚性需求。针对这点可以有大量的创新空间可以展开，但是被浮躁的酒店人忽略了。免扰或者少扰，饭店往往分不清什么是打扰客人，什么是热情服务，没有明确的界限，饭店也不愿意在这方面分清楚。实现方便舒适，在某些程度上需要硬件设施的投入，但是免扰、尊重、体贴、个性、小利等，可能不需要大量的资金投入。

（资料来源：《中国旅游报》微信公众号（2017 年 12 月 07 日版）、酒店评论微信公众号（2018 年 08 月 08 日版）

课堂思考：饭店业在新市场环境下的发展趋势有哪些？酒店应该如何把握这些趋势？结合案例请谈谈你的感受。

任务一　饭店的概念和作用

一、饭店的基本概念

饭店在我国也常常被称为"宾馆""酒店""旅馆""度假村""山庄"等。在英文中使用最为广泛的是"Hotel"。"Hoda"一词源于拉丁文"Hospice"，意思是主人接待客人的地方，后引入法语。在法国，"Hotel"这个词的本义是指贵族在乡间招待贵宾的别墅。后来，英、美等国沿用了这一名称来泛指所有商业性的住宿设施。由于我国国家旅游局将现代宾馆、酒店等通称为旅游涉外饭店，所以我们选用饭店这一规范的名称。

国外的一些权威词典对饭店做过以下定义：

饭店是装备好的公共住宿设施，它一般都提供食物、酒类与饮料及其他的服务。（《美利坚百科全书》）。

饭店是在商业性的基础上向公众提供住宿，也往往提供膳食的建筑物（《大不列颠百科全书》）。

饭店是提供住宿、食等而收取费用的住所（《牛津插图英语词典》）。

饭店是为公众提供住宿设范与食的商业性的建筑设施（《简明大不列颠百科全书》）。

从以上定义来看，饭店应具有以下基本条件：

（1）它是一个建筑物或由诸多建筑物组成的接待设施。

（2）它必须提供住宿设施，往往也提供餐饮和其他服务设施（如娱乐、健身、购物、商务等）。

（3）它的服务对象是公众，主要是外出旅行者。

（4）它是商业性的，以营利为目的，使用者需要支付一定的费用。

综上所述，可将饭店定义为：饭店是通过向公众，特别是外出旅游的人们提供以住宿服务为主的相关服务来实现自己利益的服务企业。

二、饭店的作用

饭店业与旅行社、旅游交通业一起被称为旅游业的三大支柱产业。随着旅游业的迅猛发展，我国饭店业在产业规模、质量、设施及在经营理念等诸多方面都取得了令世人瞩目的成就，其在国民经济中的地位和作用不断显现。饭店业在直接创造外汇、回笼货币、拉动内需、增加就业等方面的作用也越来越重要。现代饭店的作用主要表现在以下几个方面。

（1）饭店是当地对外交往、社会交际活动的中心。饭店业的发展会给当地社会的政治、经济、文化方面的发展带来重要影响，会刺激、促进和活跃当地社会的对外交往、经济发展和文化交流，提高社会的文明程度。

（2）饭店是创造旅游收入的重要部门。饭店作为旅游业经营活动的基本必备设施，是创造旅游收入，尤其是外汇收入的重要部门，对增加国家外汇收入、平衡国际收入有着重要的意义。数据显示，2018年，全国星级饭店营业收入为2090.97亿元，而当年国际旅游外汇收入中的住宿收入就达122.08亿美元。

（3）饭店业能提供广泛的就业机会。饭店能为社会创造直接和间接就业机会。作为劳动密集型行业，饭店业可提供大量的直接就业机会。按目前我国饭店的人员配备状况，平均每间客房约配备1.5~2人，一座300间客房的饭店就能创造500~600个直接就业机会；同时，饭店业又能为相关行业，如饭店设备及物品的生产和供应行业，提供大量的间接就业机会。根据国际统计资料和我国的实际经验，高档饭店每增加一个房间，可以直接和间接提供5~7个岗位的就业机会；中低档饭店每增加一个房间，则可创造4~5个岗位的就业机会。

（4）饭店业的发展促进了社会消费方式和消费结构的变革。饭店向所在地的居民提供了活动场所，如饭店的餐厅、健身房、歌舞厅等设施会吸引本地居民，使之成为当地的社交、娱乐、健身中心。随着经济收入的提高和生活节奏的加快，人们的消费理念发生了变化，饭店为客人提供的服务也应随之发生变化。

（5）饭店业的发展带动了相关行业的发展。据有关统计显示，一家饭店住客开支的近60%花费在饭店以外的社会其他行业，而且住客在饭店消费的物品大都是社会其他有关行业提供的，对活跃国民经济起到了很大的促进作用。因此，饭店的发展实际上也间接刺激了其他行业的发展，为所在地区带来巨大的经济效益。

相关链接：2019年上半年全国星级饭店数据统计

1. 行业规模

截至2019年6月30日，全国星级饭店总数为10284家。其中，一星级73家，二星级1862家，三星级4961家，四星级2542家，五星级846家。

2. 主要经营指标

报告期内，全国星级饭店营业收入为938.13亿元，其中餐饮收入为382.15亿元，占营业收入的40.74%；客房收入426.69亿元，占营业收入的45.48%；其他收入为129.29亿元，占营业收入的13.78%。

3. 各省份情况

从上半年各地区经营情况看，平均房价高于全国平均水平354.59元/间夜的有9个省份，位居全国前5位的为上海、北京、海南、广东、天津，其中上海最高，为742.07元/间夜。

平均出租率高于全国平均水平53.05%的有12个省份，位居前5的为上海、北京、湖南、福建、湖北，其中上海最高，为63.70%。

（资料来源：文化与旅游部网站）

任务二　饭店业的发展历史

为旅行者提供过夜、休息和餐食的设施自古有之。相传欧洲最初的食宿设施始建于古罗马时期，其发展进程大致经历了客栈时期、大饭店时期、商业饭店时期等阶段，其间几经起落，几经盛衰。第二次世界大战以后，随着欧美等国经济的恢复，旅游业迅猛发展，世界各国饭店数量激增。至20世纪60年代，已出现了不少在世界各地拥有几十甚至上百家饭店、跨国连锁经营的大型饭店集团公司，世界饭店业进入了现代新型饭店时期。

一、世界饭店业发展历史

（一）古代客栈时期（19世纪中叶以前）

由于社会的需要，为满足外出人们的吃、喝、睡等基本需要，千百年前就出现了客栈和酒店。至中世纪后期，随着商业的发展、旅行和贸易的兴起，对客栈的需求量大增。早期的客栈设施简陋，仅提供基本食宿，旅客往往挤在一起睡，服务项目少，服务质量差。到了15世纪，客栈开始流行，有些客栈已经拥有二三十间客房及其他设施，如当时有名的英国乔治旅店，除客房外，还有酒窖、食品室、厨房及供店主和管马人用的房间。到了18世纪，客栈逐步盛行，尤以英国客栈为典型代表。在这一时期，英国已宣布客栈是一种公共设施，客栈主负有保证旅客健康的社会责任。客栈主不仅有接待旅客的权利，同时也有接待旅客的义务。总体来看，当时的客栈声誉差，被认为是赖以糊口谋生的低级行业。客人在客栈内缺乏安全感，诸如抢劫之类的不法事件时有发生。

（二）大饭店时期（19世纪中叶—20世纪初）

大饭店时期又称豪华饭店时期。18世纪后期，英国首发的产业革命为饭店业的发展注入了活力。19世纪后期，随着各国工业化进程的加快和民众消费水平的提高，饭店业有了较大的发展。首先，交通工具的改革，火车、轮船的普及，方便了人们的远行，贵族度假者和上层人物以及公务旅行者日益增多。其次，产业革命带来的一系列技术革命为饭店设施的革新创造了良好的条件，饭店开始了装备现代化的第一步。在这一时期美国出现了一些豪华饭店，1829年在美国波士顿落成的特里蒙特饭店，为新兴的饭店业确立了标准。这座饭店设有170套客房，第一次把客房分为单人间和双人间；第一次设前台，并将钥匙交给客人；第一次在客房内设计了盥洗室，并免费提供肥皂；第一次设立门厅服务员；第一次使用菜单；第一次对员工进行培训。特里蒙特饭店是饭店发展史上的一座里程碑，它推动了美国各地大饭店的发展。

建造豪华饭店是这一时期欧美国家的潮流，具有代表性的有巴黎的巴黎大饭店和卢浮宫大饭店、柏林的恺撒大饭店、伦敦的萨依伏大饭店等。这些饭店一般在豪华大都市，规模宏大，建筑与设施豪华，装饰讲究，服务一流，主要接待王公、贵族、官宦和其他社会名流。具有一定的接待仪式，讲究一定规格的礼仪等。

（三）商业饭店时期（20世纪初—20世纪50年代）

商业饭店时期是世界饭店发展史上最为重要的阶段，也是世界各地饭店业发展最为活跃的时期，它奠定了现代饭店业的基础。

20世纪开始，由于汽车、火车、飞机等交通运输业的长足发展大大便利了人们的出行，面向普通民众的饭店业得到了迅猛发展。商业饭店时代于20世纪初在美国拉开序幕。美国饭店大王埃尔斯沃思·密尔顿·斯塔特勒被公认是商业饭店的创始人，他凭着自己多年从事饭店经营的经验及对市场需求的了解，创造了一种新型的商业饭店，致力于合理控制成本，以大众可以接受的价格为客人提供舒适的服务。同时设在公路边的汽车饭店也在美国各地涌现。这一时期的饭店，市场面广，接待对象主要是商务旅行者及社会各界人士；设施方便、舒适、清洁、安全；提出了新的服务理念，开始以客人为中心；经营者讲求经营效益，推行科学化管理。

在这一时期，饭店业日益引起社会的重视，欧美国家相继成立了饭店协会，制定了行业规范，出现了专门培养饭店管理人才的院校或专业，其中著名的有康奈尔酒店管理学院、柏林酒店管理学院和伯尼尔大学的酒店经济专业。

（四）现代新型饭店时期（20世纪50年代至今）

"二战"后，随着国际旅游业的发展，饭店资本迅速积累起来，一度处于困境的饭店业又开始复苏了。原先以接待商业旅行者为主要经营方向的商业饭店可提供的各项条件逐渐显示出局限性，于是新型饭店在商业饭店的基础上相继出现。这一时期，世界饭店业有以下特点。

第一，接待对象更加大众化。饭店业的接待对象已不再局限于商务旅行者。日益增多的观光旅游者成为饭店业的一大客源市场。

第二，饭店经营管理朝集团化方向发展。出现在北美洲的饭店集团在此期间得到极大发展，并逐步扩张。国际性饭店集团开始崛起，据统计，世界最大的200家国际饭店集团至少拥有全世界饭店床位总数的20%。1998年，世界最大的饭店集团——美国新泽西州的圣达特有限公司拥有饭店5978家。

第三，注重新产品的开发，综合经营。以市场需求为准则，向客人提供满意的服务。许多饭店开始将传统的单人间、双人间改造成带会客室的套房，并配备家庭常用炊具，全套房饭店明显增多，还出现了女宾客房、无烟客房、行政楼层等客房设施。为扩大饭店收入，综合经营十分普及，迷你酒吧、客房送餐、多种风格的餐厅、各种各样的健身休闲器材等让客人享受到更多的服务内容，饭店增加收入的同时，功能的多样性也吸引了当地消费者。

第四，饭店管理日益科学化和现代化。饭店业的高额利润加速了市场竞争，促使饭店不断自我完善和调整，注意运用科学手段进行市场促销、成本控制和人力资源管理。

另外值得一提的是，在现代新型饭店时期，饭店业的发达地区并不局限在欧美，亚洲国家的饭店业从20世纪60年代起步发展至今，其规模、等级、服务水准和管理水平等毫不逊色于欧美。在美国《机构投资者》杂志每年组织的颇具权威性的"世界十佳饭店"评选中，亚洲地区的饭店占了半数以上，并名列前茅。香港东方文华酒店集团管理的泰国曼谷东方大酒店，十多年来一直在"世界十佳饭店"排行榜上名列榜首。在亚洲地区，已有不少较大规模的饭店集团公司，如日本的大仓饭店集团、新大谷饭店集团，中国香港的东方文华酒店集团（见图5-1）、丽晶饭店集团，新加坡的香格里拉酒店集

图5-1 香港文华东方酒店
（图片来源：http://image.baidu.com/）

团、文华酒店集团等。这些公司已将投资领域扩展到了欧美地区。美国"史密斯旅游调查公司"1997年对全球饭店业进行的业绩调查表明，以"客房出租率"和"平均房价"两大指标为依据，亚洲地区的饭店业绩最佳，客房利用率为75.6%，平均房价为111.88美元，其中中国香港的客房利用率和日本的平均房价分别位居首位。

总之，今天的饭店无论是在数量上还是在质量上都不断向新的高度发展。与此同时，各饭店为了争得更多客源，彼此之间存在着激烈的竞争，使现在饭店不断向着复杂化、专业化、标准化和网络化的商业性综合企业发展。

饭店集团（Hotel Chain）是指以经营饭店为主的联合经营的经济实体，它在本国或世界各地以直接或间接形式控制多个饭店，以相同的店名和店标、统一的经营程序、同等的服务标准和管理风格与水准进行联合经营。饭店集团和连锁经营形式发源于美国，1907年美国里兹公司出售特许经营权给饭店，开始了饭店联营的形式。饭店业的集团化发展代表了世界饭店业发展的趋势。

1. 现代饭店集团的联合形式

由于实行联合的条件、内容、范围与深度的不同，饭店联合有四种形式。

（1）合资经营。合资经营是指饭店集团公司和其他单位共同出资建造饭店，饭店在法律上具有法人的地位，根据双方签订的协议和章程，建立饭店的决策和管理机构，共同管理饭店，按股东份额分享利润和分担亏损。饭店集团公司的投入包括无形资产，即饭店集团公司的信誉和经营管理技术等。

（2）合作经营。合作经营的一般做法是：饭店集团公司除了提供少量的资本数额用于购置家具、设备、存货、开业前准备费用及经营需要的流动资本外，主要提供经营管理和建设的专门知识，饭店挂饭店集团公司的招牌，由饭店集团派出管理人员，掌握经营管理权。另一单位提供饭店建设资金。这是一种技术与资金结合的横向经济联合，是饭店提高服务质量、管理水平、经济效益的有效途径。

（3）租赁经营。租赁经营是指饭店集团公司以承租方式租赁某个饭店，取得租赁期内该饭店的生产资料的使用权，按租赁合同支付租金给饭店所有者。其租赁方式可分为两种：第一种是直接租赁。它是饭店集团公司租用某个饭店，按租赁合同每期固定支付一笔租金给饭店所有者。为了保证饭店经营管理连续性，饭店租赁期一般在20年以上。第二种是利润分成租赁。它是饭店租赁给饭店集团公司，有饭店集团公司进行经营管理，饭店所有者分享利润。

（4）管理合同形式。在管理合同中，饭店的职工由所有者招聘，饭店诉讼损失由所有者负担，最终财务成果的盈与亏是饭店所有者而非经营者负责。经营者事实上代表所有者作为饭店的管理者，经营者需要收取管理服务费，这笔费用可以约定每年一次，但它通常是随着经营结果的变化而变化的。

2. 现代饭店管理集团的优势

旅游业的发展越来越受到地区经济和全球经济一体化的影响。具体表现为国际有形和无形贸易的快速增长、日益融为一体的世界金融市场、各国对经济资源（人员、资金、技术）流动管制的放宽及地区性共同市场的形成。饭店企业要在这样一个日益开放的背景下保持竞争优势，就必须在融资、营销和管理等各个方面更具全球化视野。

（1）品牌优势。一方面，饭店品牌对客人具有极大的吸引力，通常饭店集团公司的规模和影响都较大，公司的形象在人们的印象中较为深刻，消费者认为其声誉和高质量是联系在一起的，因而有一种信任感和安全感。另一方面，国际饭店集团统一使用的商标和标识向宾客承诺了某种预期的服务质量，这对于饭店集团及其成员在竞争中扩大知名度和市场规模起着举足轻重的作用。

国际饭店集团的 VIS 系统包括集团名称和标志、品牌、名称等，一般都采用简洁明了、易于识记的名称和相应的图形标志，如假日、冠西国际、喜来登、希尔顿等，这些集团的所有成员都采用所属集团的名称和标志，各成员饭店只在其名称和标志后面注明自己的地点。

（2）规模经济优势。首先，国际饭店集团为了保证产品和服务的质量水平，通常都有集团总部的物资采购部门集中购买所属饭店的设备和原材料，使之规格化、标准化，这种定期的统一批量购买也使得各饭店的物资采购成本大大降低，从而提高了经营利润。其次，国际饭店集团经营业务的大范围扩展，使其能迅速捕捉到所辖区域的市场信息，同时能利用当地资源，加之以当地特色来更好地满足消费者的需求，实现"全球化的思想，本地化的经营"。此外，饭店集团在资本筹集和投资开发方面的优势也是不言而喻的。饭店集团可以利用本身雄厚的资本和良好的声誉在短时间内筹集到资金，投入到市场前景看好的项目上去，从而在建筑、装潢、设备、技术、人员的招募和培训、营运和广告等方面对各公司予以资金支持。

（3）人力资源优势。国际饭店集团在人力资源方面的优势首先表现在员工的教育培训上。许多饭店集团都在自己的总部或地区中心建立了培训基地和培训系统，如假日饭店集团开办了假日大学，希尔顿在美国休斯敦大学设立了饭店管理学院，用于轮训各成员饭店的管理人员和培训新生力量。另外，统一管理和安排人力资源也是饭店集团所特有的优势。由总部统一领导的人力资源部门负责在全世界范围内招聘和考评各级员工，并为他们制订工资福利计划，建立能力和绩效档案以及职业生涯发展计划。同时，国际饭店集团也注意更多地使用本地员工和管理人员，使他们既具有国际管理的意识和标准，又能理解当地文化和相关人群（客人和员工）的特殊性，从而能充分利用本地的人力资源开展管理和营销活动。

（4）市场信息优势。信息对于任何一个企业来说都是非常重要的，信息已经成为企业的生产要素之一，企业信息化建设已经成为提高企业竞争力的重要途径。饭店集团对信息的重视是与信息技术的飞速发展和企业不断采用新技术以提高其市场信息的收集和处理能力分不开的。统一的预订系统与销售网络，有利于提高全面的经济效益。计算机技术在饭店中的应用进一步提高了工作的科学性和效率。

中央预订系统（Center Reservation System，CRS）是饭店集团为控制客源而使用的本集团内部的电脑预订系统。喜来登饭店集团早在 1958 年就开始使用电子预订系统，同时也是首家在集团内部使用计算机中央预订系统的饭店。该系统于 1970 年开通，目前办事机构遍布全球。其他饭店集团如假日酒店集团、雅高集团、华美达集团等也都有自己集团内部的 CRS。

二、中国饭店业的发展历史

旅游饭店是发展旅游业的主要基础设施，旅游饭店的数量和服务质量是旅游业发展水平的主要标志之一。中华人民共和国成立以后特别是改革开放后，国际交往日益扩大，华侨、港澳同胞和外国旅行者入境探亲访友、旅游观光的人数与日俱增，中国饭店业也逐步加快发展。我国旅游饭店业的发展大致分为六个阶段。

（一）接待型阶段（中华人民共和国成立至 1978 年）

自中华人民共和国成立到 1978 年以前，这一阶段我国的旅游工作只是外事工作的一个组成部分。饭店是外事接待工作的一个附属单位，我国大部分饭店是差额补助的事业单位。其中最具代表的是位于北京市中心长安街以接待外宾为主的北京饭店（见图 5-2）。到 1978 年年底，我国旅游涉外饭店仅有 137 家，客房 15539间，其中绝大多数是国宾馆和招待所。数量少、设施陈旧、功能单一、条件简陋。

图5-2 北京饭店

（图片来源：http://image.baidu.com/）

（二）转型阶段（1978—1983 年）

20 世纪 80 年代前后，中国政府开始实施改革开放政策。随着改革开放，中国社会、经济发生了翻天覆地的变化，改革开放的政策也使中国的旅游业和饭店业从中受益。这一时期，旅游行政部门重点围绕如何使我国饭店业从事业单位招待型管理向企业单位经营型管理转变、如何提高饭店管理水平和服务质量、如何提高管理人员素质三个方面做了大量的工作。最重要的标志是 1982 年，中国第一家中外合资饭店、由国际品牌管理的饭店在北京正式开业，当时这家饭店由国际知名品牌——香港半岛酒店集团管理，也就是著名的建国饭店（见图 5-3）。

图5-3 建国饭店

（图片来源：http://image.baidu.com/）

（三）科学管理阶段（1984—1987 年）

1984 年，随着建国饭店的成功，我国饭店业在全行业推广北京建国饭店的科学管理方法，走上了与国际接轨的科学管理轨道，这是我国饭店业在发展中迈出的第二步。企业管理进程明显加快，形成了科学管理体系，经营方式灵活，服务质量大幅提升，取得了良好的经济效益和社会效益。这一阶段，中国已经经营管理了 100 家左右的高档饭店，如广州中国大酒店、广州白天鹅宾馆、南京金陵饭店等。

（四）星级评定阶段（1988—1994 年）

为了规范和推进我国饭店业的有序发展，加快饭店业与国际标准接轨的步伐，1988 年中国开始按照国际标准实施星级饭店的评定制度，并于当年 8 月颁布了《旅游涉外饭店星级标准》，规定饭店星级按饭店的建筑、装潢、设备、设施条件和维修保养状况、管理水平和服务质量的高低、服务项目的多寡，进行全面考察，综合平衡确定。

1989 年 6 月 2 日和 1989 年 10 月 4 日，国家旅游局全国星评委分别公布了第一批和第二批星级饭店名单，主要包括一至四星级酒店。

1990 年 2 月 8 日，国家旅游局全国星评委公布第三批 110 家星级饭店名单，其中包括首批五星级饭店：上海静安希尔顿大酒店、广州白天鹅宾馆（见图 5-4）、广州中国大酒店。

接下来，饭店星级评定标准每隔几年就修订一

图5-4 广州白天鹅宾馆

（图片来源：http://image.baidu.com/）

次，分别形成了 1997 年版、2003 年版、2010 年版的修订版本。

五、全面发展阶段（1994—2013 年）

1993 年以后，已进入中国市场的国际大酒店集团继续发展，未进入中国市场的集团开始陆续涌入中国抢占市场。假日、希尔顿、香格里拉、喜来登和马里奥特等酒店集团先后在中国投资建设和管理了一批饭店，国内各行业如邮电、金融、民航及一些大的房地产公司甚至有些私营经济的投资陆续涉足旅游饭店业，中国旅游饭店业进入了迅速发展的快车道。旅游饭店数量从 1993 年至 1999 年的时间里保持了年平均增长 23% 的总量扩张速度，平均每年增加饭店 587 家左右，增长速度远远超过了国民经济的增长速度。

从 2000 年开始，我国旅游饭店呈现快速增长态势，增速较 2000 年前有所放缓，2008 年在北京奥运会的强力推动下，旅游饭店增速达到 10.4%（见图 5-5）。

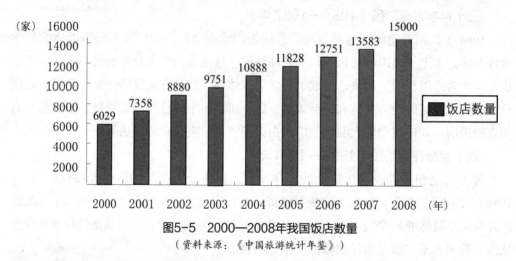

图5-5 2000—2008年我国饭店数量
（资料来源：《中国旅游统计年鉴》）

另外，在五星级之上增设"白金五星级"。北京中国大饭店、上海波特曼丽嘉酒店、广州花园酒店三家饭店 2007 年 8 月被正式批准为"白金五星级饭店"。2007 年酒店业呈现繁花似锦、花样百出的局势。品牌酒店、经济型酒店、主题型酒店在市场上各领风骚，而最值得一提的是服务式公寓的加入，这使得本已日趋激烈的竞争更显白热化。2008 年新开业的饭店有 330 家，全年公示五星级酒店 97 家，全国拥有饭店15000 多家，客房 160 多万间，旅游饭店直接从业人员超过 160 万。

（六）存量整合，集团化与品牌化发展阶段（2013 年至今）

党的十八大以来，我国的饭店消费群体和需求结构发生了质的变化，由原来的公务需求为主转变为个人消费为主，消费者的年龄层次趋向年轻化，新的消费需求（即生活方式类的住宿需求）开始萌发等，酒店业面临着经营结构调整和服务品质的提升。

一方面，中端酒店和非标准住宿业成为投资热点。三公消费的限制导致高端消费下沉，随着居民生活水平上升，在消费升级背景下，大众消费中端化，中端酒店成为投资热点。面对各种细分市场，非标准住宿（民宿、主题酒店、精品酒店、房车、游艇、亲子、养老、健康等）与传统的标准住宿（星级酒店、经济型酒店）共同形成了一个结构更加完整、业态更加丰富的中国住宿产业，中国住宿业革命步入了一个崭新的发展阶段。

另一方面，国内本土酒店品牌经过重组、并购加快了集团化进程。在国际酒店集团持续进入中国市场的同时，涌现出如锦江国际、首旅如家、华住、开元等本土品牌的酒店集团，其中，前三个酒店集团在2018年跻身全球十大酒店集团之列（见表5-1）。各酒店集团针对不同的细分市场，打造不同的酒店品牌，如华住酒店集团设有高端商务品牌禧玥酒店、中端商务品牌全季酒店、经济型汉庭酒店、民宿品牌花间堂、社交品牌CitiGO（欢阁）酒店。

表5-1 2018年全球十大酒店集团排名

排名	集团名称	所属国家	客房数量（间）	门店数量（家）
1	万豪国际（Marriott International）	美国	1317368	6906
2	锦江国际集团（Jin Jiang International Holdings Co. Ltd.）	中国	941794	8715
3	希尔顿（Hilton）	美国	912960	5685
4	洲际酒店集团（InterContinental Hotels Group）	英国	836541	5603
5	温德姆酒店集团（Wyndham Hotels & Resorts）	美国	809900	9200
6	雅高酒店集团（AccorHotels）	法国	703806	4780
7	精选国际酒店集团（Choice Hotels International）	美国	569108	7021
8	Oyo Hotels & Homes	印度	515144	17344
9	华住酒店集团（Huazhu Group Ltd.）	中国	422747	4230
10	北京首旅如家酒店集团（BTG Hotels Group Co.）	中国	397561	4049

（数据来源：美国 *HOTELS* 杂志）

三、中国饭店业的发展趋势

（一）新技术助力酒店提升

酒店建设和运营过程中引入了大量的互联网、人工智能、VR等技术，改变了酒店的经营模式，提高了工作效率。比如，有的酒店安装客房控制系统，实现微信开门、无卡取电、能源监测、环境检测、场景灯光控制、背景音乐等多样化的功能，让客人着实体验了一把智能科技的神奇和便捷；还有的酒店推出 VR 虚拟实景旅行创意体验房，客人戴上虚拟现实装备，可以在客房体验"虚拟的现实画面"；还有的酒店运用机器人提供的个性化服务让客户有新的服务体验，甚至出现了"未来酒店"和"智能酒店"。

2016 年 8 月，飞猪、首旅酒店集团、石基信息在杭州共同成立了"未来酒店"合资公司。2017 年 8 月，飞猪方面表示，未来酒店公司代运营酒店的数量已经超过 2 万家，日服务达到 10 万间夜。2018 年 12 月 18 日，阿里巴巴旗下首家未来酒店"菲住布渴"（英文名 Flyzoo Hotel）正式开业（见图 5-6），整个菲住布渴酒店没有一个服务员，酒店最大的亮点在于其内置的人工智能

图5-6　阿里未来酒店——菲住布渴酒店
（图片来源：http://image.baidu.com/）

系统，客人实现自助入住、全程刷脸、智能服务机器人。客房智能设备是其最能为"未来感"代言的四大抢眼智能应用。

（二）集团化、品牌化经营

集团化、品牌化将是较长时期内中国饭店业的发展方向。一是国际饭店集团将把中国作为重要的战略竞争之地。雅高、万豪、洲际、喜达屋等饭店集团将在中国展开全方位的竞争，将不仅仅是高星级饭店市场的竞争，高、中、低端品牌将全方位登陆中国市场。二是国内饭店集团的发展速度也在进一步加快。锦江国际酒店管理公司、东方酒店管理有限公司、凯莱国际酒店有限公司、中旅饭店总公司、开元旅业集团及首旅集团等都是国内饭店集团投资和管理领域的佼佼者。经过十多年的发展，我国本土的饭店集团正面临着新的发展机遇，它们在政策的掌握、市场的熟悉、人才的积累、资金的优势和管理的成熟等方面都有着比外方集团更多的优势和潜力，特别是在集团化过程中的财务掌控、人力资源使用、资本运作等方面更为成熟。可以预测，中国大的经济发展环境和企业集团内部集团化运作手段的成熟，将很有可能在较短时间内催生出一批能够做大做强、立足国内、走出国门的饭店企业集团。

（三）大数据下实施酒店精准营销

随着云时代的来临，大数据也吸引了越来越多的关注，顾名思义，大数据代表海量的数据，大数据是由无数的基础小数据构成，酒店业的大数据即由各种类型的酒店分类提供的小数据组成。借助大数据，酒店获得了很好的营销手段，通过对酒店周边

环境和客户群体的大数据分析，可以快速了解到每个客人的背景资料、个性特点、消费习惯。与此同时，对公司新产品、新市场活动、新营销活动的信息了如指掌，通过客户画像针对性地挑选最符合其需求的组合，向客户介绍并提供最符合客人需要的解决方案，可以精准地定位消费群体，从而实现酒店的精准营销。

> **课堂思考：**作为新时代的大学生，你对大数据下的精准营销如何理解？请举例说明。

任务三　饭店的类型和特点

对饭店分类有两大目的：一是利于饭店进行市场定位，确定经营方向和经营目标，有效地制订和推行市场营销计划，更好地使用广告宣传费用等，同时使宾客在选择饭店时有比较明确的目标；二是便于饭店进行比较，便于对投资和建设做出决策。饭店明确了自身的类型，并与同类型酒店进行比较，才能在投资量、建筑规模、结构布档、档次等级和管理水平等各方面有一个较为科学的决策依据。

从世界范围看，饭店的类型很多。但人们对饭店类型的划分还没有一个统一的标准，下面介绍几种常见的饭店类型。

一、根据饭店的主要目标市场划分

（一）商务型饭店

商务型饭店也称暂住型饭店，是一个国家饭店业的主体，主要为从事商业活动或其他公务活动而外出的人服务。这类饭店一般都地处于城区，紧靠商业繁华地段。商务客人多为公费消费者，消费水平较高，文化修养较高，重视服务质量，对价格敏感度不强，一般以散客居多。商务客往往被称为城市饭店的"面包与黄油"客人，具有"三高"消费的特点，即对饭店的高标准要求、高房价消费、高回头率消费。近年来，随着商务客源市场的不断扩大，新型商务饭店大量崛起，有无专业化的商务服务项目及其服务水平的高低已经成为衡量一个饭店档次的重要标志。

为了适应和满足特定市场需求，商务型饭店不但要讲究外观，内部设施也必须高级、豪华、舒适、富丽堂皇。

（1）客房应是一流水平的，商务客人喜欢安静的个人空间，客房一般为单人间，套房也相当流行。套房里的客厅可以用来作为处理各种业务的工作间。客房除了有舒适的办公用桌和照明设备，易于连接的数据接口和电源插座外，越来越多的饭店还提供了传真机、电脑等现代办公设备，使客人在客房内就能享受到商务中心般的服务。

（2）饭店还应配置从事商务活动所必需的各类服务项目和设备设施，如国际直拨电话、传真、互联网、电脑、幻灯机、投影仪、会议室、业务洽谈室、产品展销厅、各类餐厅、宴会厅、商务套房、行政楼层、商务中心、商务秘书和翻译人员等。

（3）为满足客人交际应酬较多而附设的宴会厅和高雅的正餐厅是商务酒店的又一大特色。为消除客人的劳顿，也应十分重视康乐中心、健身房、游泳池和桑拿浴池等设施的建设。另外，商务酒店在服务方面的要求也是相当高的。它要求服务员必须十分熟练、准确地掌握各项服务程序和服务技能，服务态度热情，外语流利，语言表达能力强和讲究礼节等，并能向商务客人提供快速及时的房内送餐服务和服务周到的小型宴会服务，否则会影响到宾客的商业活动，也会损害饭店的声誉。

目前，中国商务型饭店在旅游接待饭店中所占的比重还不是很大，但总的趋势是不断发展的。中国一些有名的大型高档饭店，如北京的香格里拉饭店、长城饭店、西苑饭店，南京的金陵饭店，广州的中国大酒店、花园酒店、白天鹅宾馆，上海的花园饭店、新锦江大酒店、太平洋大酒店、银星皇冠假日饭店及近年新建的金茂君悦大酒店、香格里拉饭店等都属于这一类型。

相关链接

经济型酒店又称为有限服务酒店，其最大的特点是房价便宜，其服务模式为"b&b"（住宿＋早餐）。最早出现在20世纪50年代的美国，如今在欧美国家已是相当成熟的酒店形式。

经济型酒店有着巨大的市场潜力，具有低投入、高回报、周期短等突出的优点，莫泰、如家快捷、锦江之星作为国内经济型酒店的三支主要力量，其扩张速度惊人。同时，美国的"速8"、法国雅高集团的"宜必思"也相继进入国内。从沿海到内地，市场份额逐渐扩大，如今拥有强大网络平台支持的连锁酒店也日趋成熟，如七天连锁、城市便捷连锁、汉庭连锁、沃克连锁等。但在其蓬勃发展的光环背后，还存在着许多不乐观因素。国有宾馆的改制，规范化的政策法规引导，服务软件的提升，管理模式的升级等许多问题不容忽视。但不容置疑的是，经济型酒店必将由幼稚走向成熟，将在中国酒店市场上占据特殊的重要位置。近年来，国内一些专家学者对这一概念的研究越来越多，以下是对国外部分专家、学者对该概念的归纳和总结。

Quest（1983）认为，经济型酒店是一种新类型的酒店，规模小，设施有限，价格实惠；Lee（1984）指出，它是一种在酒店业发展最快的酒店类型，提供整洁而简单的房间；Bale（1984）指出，美国的经济型酒店只经营客房，大约150间左右，房价总体低于中等酒店的25%～50%；Gilbert与Arnold（1989）提出，经济型酒店是一种提供有限服务的旅馆，提供标准规范化的住宿环境，质量与三四星酒店相当，但价格便宜25%～30%；在20世纪90年代初，Snior与Morphew（1990）认为经济型酒店是一种面向短途旅游而预算较低的旅行者的住宿类型；Justus（1991）把美国的Microtel酒店规则描绘成一种经济预算的住宿业，提供基本的设施，保持价格低廉，没有食品、酒水服务，没有宴会设施、健身房和其他娱乐设施；Davidson（1993）指出，经济型住宿业具有所有连锁酒店业的优势，通过特定的设计和管理，以具备极具竞争的房价，以达到低廉的建筑成本及低廉的营运成本。

（资料来源：百度百科）

（二）度假型饭店

度假型饭店也称休养地饭店，一般以接待度假、休息和娱乐为目的的客人为主。传统的度假型饭店大多位于海滨、山区、温泉和海岛森林等自然环境优美的旅游胜地和风景区。而现代度假饭店越来越靠近城市，有的甚至就在市中心。很多度假型饭店通过开发游乐项目建立了高尔夫俱乐部、温泉中心等新型服务部门，成为客人短期度假的场所。

度假型饭店最重要的设施是娱乐康体设施，一般都设有各种各样的娱乐体育服务项目，如室内保龄球馆、游泳池、音乐酒吧、舞厅、棋牌室等，并经营划船、潜水、滑雪、骑马、狩猎、垂钓及高尔夫、网球、台球等。这些服务项目的质量如何、水平高低、有没有特色，往往是一家度假型饭店能否经营成功的关键。

度假型酒店大多受到气候和时间的影响，淡旺季十分明显。我国北方的一些海滨城市，如北戴河、青岛、大连等地的一些度假型饭店，仅仅是季节性的度假型酒店。对于季节性明显的度假型饭店来说，合理使用劳动力和灵活经营显得格外重要。大多数度假型饭店使用季节性工人和钟点工以降低劳动成本，并在淡季以优惠价格招来生意。与北方相比，南方的度假型饭店的建设情况要好得多。在南方一些城市，已建起了一些非常典型的度假型饭店，其设施和服务达到了国际水平，如深圳的西丽湖度假村和香蜜湖度假村、珠海的珠海度假村酒店及三亚国光豪生度假酒店（见图5-7）等。

图5-7　三亚国光豪生度假酒店
（图片来源：http://image.baidu.com/）

（三）会议型饭店

会议型饭店主要用于接待各种会议团体，承接各种会议，为举办商业、贸易展览及学术会议提供服务。会议型饭店通常设在大都市、政治经济文化中心或交通便利的旅游胜地。这类饭店除了应具备相应的住宿和餐饮设施外，要求在每一楼面设置一个或多个会议厅或大的多功能厅，可根据需要用作会议厅、舞厅或宴会厅，有的饭店还设有展览厅。根据需要还要有满足各种类型会议需要的大小不等的会议室、谈判间、演讲厅及配备各种会议设备，如投影仪、录放像设备、扩音设备、先进的通信设备及视听设备，接待国际会议的饭店还要求配备同声传译装置。

会议型饭店的主要接待对象是各种会议团体，会议客是指因参加各种会议而使用饭店设施的宾客。会议客因属于商务或公务性质，又具有一定的团体性，也称商务团体客人。因此，他们对会议所需的设备要求较高，同时对住宿和餐饮的要求也较高。会议型饭店的接待、服务人员就必须具有一定的会议接待经验，会使用会议设备，能帮助会议的组织者组织、协调、处理各项会议事务。会议型饭店宾客的日平均消费一般高于度假客人。

（四）旅游型饭店

旅游型饭店又称观光型饭店，以接待观光旅游者为主，通常位于旅游胜地或城市中心。其消费主体为团队旅游者，饭店偏中低档，适合大众消费。客房多为标准间，餐饮以团体餐为主，可以使用套菜菜单。观光型旅游团队逗留时间较短，行动统一，时间上安排紧凑，因此，接待入住、行李服务、叫醒服务和就餐安排等工作就显得尤为重要。饭店的接待人员必须与旅行社人员保持密切联系，积极配合上述工作的开展。旅游型饭店在建筑装潢、服务风格、菜点设计等方面必须突出民族和地方特色，以满足观光型旅游者的猎奇心理。商品部应着重推销旅游商品。

旅游型饭店能否建立稳定的客源市场依赖于所在地的旅游吸引力，因此在促销过程中，必须大力宣传所在地的旅游吸引物。由于旅游地的旅游季节性，旅游型饭店淡旺季较为明显，同样需要在淡季灵活经营。

在我国旅游业发展初期，国际旅游者大多为观光旅游团队，因此旅游型饭店盲目发展，直至供给过剩。现在，随着旅游者类型的多元化，许多旅游型饭店调整了结构，以寻求更好的发展机会。

（五）长住型饭店

长住型饭店主要用于接待商务旅游者、度假旅游者和家庭旅游者。客人多为商业集团、商业公司和国外或地区外企或组织的代办机构的人员。居住时间少则几个月，多则半年或一年以上。这类饭店与客人之间有特殊的法律关系，二者通过签订协议或租约，对居住时间、服务项目等事项做出明确的约定。饭店通常只提供住宿、餐饮和娱乐等基本服务，组织、设施和管理较其他类型饭店简单。

中国目前纯属长住型的饭店不多，除了"写字楼"型饭店外，其余多在商务型饭店中将客房的一部分租给商社或公司，除住宿外，还是办公地点和业务活动中心。近年来，由于商住两用楼、外销房和写字楼的大量建造，大批饭店的商务长住客开始从饭店分流，长住型饭店面临日趋激烈的竞争形势。

（六）汽车饭店

汽车饭店是随着私人汽车的增多与高速公路网的建成而逐渐出现的一种新型的住宿设施，主要用于接待驾车外出的旅游者。一般建在公路旁边、高速公路服务区和城市的边缘等。早期的汽车饭店设施简单、规模较小，仅有十几间或几十间客房，为家庭式经营，建在公路边，以接待驾车旅行者为主。20世纪50年代后期，汽车饭店有了较大的发展，并形成了一定标准的定型的汽车饭店，主要建在城市边缘的主干公路或高速公路沿线上，有免费的停车场，出入方便，住宿手续简便，服务项目有限，价格低廉。一般这类饭店建有面积较大的停车场、车库等。建在高速公路服务区的汽车饭店除提供一般的餐饮服务外，还提供汽车维修、修理、洗车和加油等特殊服务。美国是这类饭店最普及的国家，20世纪60年代初期，汽车饭店（见图5-8）与一般饭店并驾齐驱，成为饭店业公认的一部分，"美国饭店协会"也就在这个时期更名为"美国饭店与汽车饭店协会"。

图5-8　美国汽车旅馆
（图片来源：http://image.baidu.com/）

近几年来，汽车饭店逐渐向市区发展，设施也日益豪华、完善，多数能提供现代化的综合服务，店内氛围比其他饭店轻松随意，收费也相对较低，深受大众欢迎。按国际惯例，高速公路沿线每200公里就应有1家汽车饭店，中国几乎还未出现真正意义上的汽车饭店。不过，随着中国高速公路的迅猛发展，驾车旅游渐成风尚。可以预见，汽车饭店在中国有着巨大的市场潜力。

相关链接：AH&MA 美国旅馆和汽车旅馆协会

美国旅馆和汽车旅馆协会（American Hotel & Motel Association，AH&MA）总部在华盛顿，下设8个职能部（成员关系部、政府协调部、公关部、市场销售部等）和内华达分部，还有协会的信息中心、教育研究所、杂志社、印刷厂及两个专业委员会（国际会议协会、饭店销售协会）、美国饭店基金会（AHF），在美国50个州设有分会，有的州称为饭店与餐馆协会。

协会的主要工作有：（1）指导地方协会工作。每年对新会员进行3天（5月份）的免费入门培训，提供地方协会高级行政人员奖学金（每年10名，由美国饭店基金会提供资助）。（2）交流信息。每两个月出一期协会简讯，每月出一期杂志，介绍成员的经营情况和总部的工作安排；在72小时内提供成员需要的有关政府法令、顾客动态、财务评价、旅行社简况等方面的信息。协会信息中心建有信息库，可以回答25000个有关雇工权利、市场营销、风险管理等方面的疑问。（3）促进成员之间的合作。协会保证每个会员与另外700个会员建立联系。（4）发展新会员。对机关发展的会员发放认可证。对介绍酒店不少于500间客房入会的地方协会给以1993美元的奖励。（5）争取会员集体折扣。会员之间住店可以折扣；联合有关饭店用品的厂家对会员购货给予折扣；联合信用卡公司对会员提供折扣。（6）组织出书和讲习班，发行录像带。如饭店旅馆协会与美国防火协会合作，向会员提供全国防火协会的教育资料，开办防火安全讲习班。（7）举办一年两次的美国饭店用品博览会。每年4月1日在芝加哥，11月1日在纽约，共有7000家饭店、3000家餐馆参加。（8）参与全国的、州的和地方的立法过程，为饭店行业说话。

协会的经费来源主要有四个方面：会费（饭店每年每个床位3美元）、出书、博览会和企业赞助收入。美国饭店基金会每年把600万美元的捐赠投资在相关的奖学金和教育资助等方面。

（资料来源：百度百科）

二、根据饭店的规模划分

（一）小型饭店

小型饭店拥有客房数量在300间以下，能提供一般的住宿和餐饮服务，较为经济，适合大众旅游者住宿。

（二）中型饭店

中型饭店拥有客房数量在 300~600 间，有一定的娱乐场所，服务项目较为齐全，价格适中。

（三）大型饭店

大型饭店的客房数量在 600 间以上，服务项目和设施齐全，价格较高。目前世界上最大的饭店是 1967 年苏联在莫斯科建造的俄罗斯饭店，该饭店有 3182 间客房，能同时接待 5890 位客人，其宴会厅能同时供 4500 人就餐，正常营业时至少需 3000 名员工。事实上，饭店规模并非越大越好，撇开客源难以保障、管理难度大等因素，饭店一旦达到某种规模，服务质量必然下降，而这和豪华饭店的服务宗旨正好背道而驰。一般而言，要提供最大限度的个人服务，饭店的客房应少于 400 间，甚至更少。

三、饭店的等级划分

世界旅游组织和许多国家主要根据饭店的建筑、装饰、设施、设备及管理水平等情况把饭店划分为不同的等级。

（一）饭店定级划分的目的

饭店的等级在不同的国家，要求和标准各不相同，评定的机构也不一样，但其根本目的是一致的。

（1）保护消费者的利益。消费者在选择饭店之前，都希望对饭店有一定的了解，并根据自己的需求和消费能力做出选择。对饭店进行定级可以有效地指导消费者选择饭店，为其提供物有所值的服务，保障他们的利益。

（2）有利于饭店的发展。饭店的等级是对其设施与服务质量的鉴定。因此，评定等级后，饭店在进行市场营销时便有了极具说服力的宣传工具，同时，也促使饭店不断完善设施和服务，提高管理水平。

（3）便于进行行业管理和监督。为维护国家形象，保护消费者利益，指导饭店业科学发展，许多国家的政府机构和行业组织颁布和实施了饭店等级制度，以此作为行业管理与行业规范的一种手段。

（二）饭店定级方法

目前世界上有 80 多种等级制，等级制在欧洲国家较为普遍，如法国的饭店分为"1~5 星"，意大利的饭店采用"豪华、1~4 级"制，瑞士的饭店分为"1~5 级"，奥地利饭店使用"A1、A、B、C、D"级，而有的国家和地区采用"豪华、舒适、现代"

或"乡村、城镇、山区、观光"或"国际观光、观光"等级制，可谓形形色色。但在美国，由于复杂的政治和社会结构及饭店业的千姿百态，至今尚未有统一的、被普遍接受的饭店等级标准，较有影响的是美国汽车协会及美国汽车石油公司分别制定并使用的"五花"和"五星"等级制。据报道，在北美洲，每年仅有50余家饭店被评上"五花"级，20余家被评上"五星"级。

饭店定级的标准不尽相同，做法也各不一样，大致有三种类型：一是由官方确定统一定级标准，如中国、法国、西班牙和意大利；二是由非官方组织核定饭店等级，如英国由英国饭店协会、英国旅游局、英国汽车饭店协会和皇家汽车俱乐部联合对全国饭店实施分等级工作；三是国家对饭店没有统一定级标准，如美国、德国。

（三）我国饭店星级评定

为适应中国国际旅游业发展需要，尽快提高旅游接待饭店管理和服务水平，为将中国旅游饭店经营管理早日纳入国际市场，与国际标准接轨，为保护旅游经营者和旅游消费者的利益，原国家旅游局规定，旅游涉外饭店实行单点星级制度，使中国饭店业发展进入到了一个崭新的阶段。

2010年，中国颁布了修订的《旅游饭店星级的划分及评定》，规定了旅游饭店星级的划分依据、要求、条件和评定原则。这个标准适应于各种经济性质的开业一年以上的旅游接待饭店，包括宾馆、酒店和度假村等星级划分和评定。旅游接待饭店划分为五个星级，即一星级、二星级、三星级、四星级、五星级，星级越高，表示饭店的档次越高，此次修订更加注重与国际等级划分接轨，将一、二、三星级饭店定位为有限服务饭店，评定星级时应对饭店住宿产品进行重点评价；四、五星级（含白金五星级）定位为完全服务饭店，评定星级时应对饭店产品进行全面评价。星级的划分以饭店的建筑、装饰、设施设备及管理、服务项目、服务水平等为依据。此次修订的标准具有以下六个特点：一是强调必备项目；二是强调饭店客房为核心产品，突出舒适度要求；三是强调绿色环保；四是强调应急管理；五是强调软件服务；六是强调特色经营。

星级饭店的一般标准如下：一星级，设备简单，提供食宿两项最基本的饭店产品，能满足客人基本的旅行需要。设施和服务符合国际流行的基本水平。二星级，设备一般，除食宿基本设施外，还设有简单的小卖部、邮电和理发等便利设施，服务质量较好。三星级，设备齐全，有多种综合服务，服务质量较高。四星级，设备豪华，服务实施完善，服务项目健全，服务质量优秀。五星级，饭店的最高等级，设备、设施、服务项目设置和服务质量均为世界饭店业的最高水平。

任务四 非标准住宿业

　　非标准住宿是近几年旅游住宿业的一个热词，所谓非标准住宿，是相对于标准住宿即传统星级酒店和经济型酒店而言的，是由个人业主、房源承租者或商业机构为旅游度假、商务出行及其他居住需求消费者提供的除床、卫浴外，更多个性化设施及服务的住宿选择。主要包括民宿、客栈、公寓、精品酒店、主题酒店、小木屋、帐篷、房车、集装箱等。非标准住宿产品具有房源更分散、单点房源量较少、单个房间产品更个性化、经营主体多元化、提供个性化设施及服务、相对依赖互联网＋的特征。

　　事实上，非标准住宿业并非凭空而出，市场环境的变化、互联网与共享经济的发展都为非标准住宿行业的发展提供了市场和条件。一方面，在全球经济下行及供给增量比率失衡的大环境下，传统酒店行业面临新形势的考验：消费市场萎缩，星级酒店自降身价抢客；经济型酒店产品同质化，消费者审美疲劳，租金与人工工资成本上涨犹如企业经营三座大山；中档酒店的市场百花齐放，产品定位众说纷纭，业内一时还难有巨头出现，这就为非标准住宿业的发展提供了机遇和市场。另一方面，互联网＋共享经济的出现，如爱彼迎（Airbnb）、途家、小猪短租、美团民宿等分享住宿平台的兴起，为单体规模较小的非标准住宿业提供了良好的平台和营销渠道，恰到好处地将比较个性化的创新住宿需求呈现出来，非标住宿业自此成为热点。在本学习任务中，将介绍以下几个具有代表性的非标住宿业类型。

一、民宿

　　民宿起源于在 20 世纪五六十年代的欧洲，第二次世界大战之后，世界经济开始恢复，欧洲的有些乡村人口较稀疏，当地居民为了增加收入将闲置的房屋租住给外出旅游的人，这就是最早的民宿。中国的民宿最早出现在 20 世纪 80 年代的台湾，并于2001 年颁布了台湾《民宿管理办法》。随着大陆乡村旅游的兴起，民宿在中国大陆逐渐发展起来，尤其是莫干山民宿（见图 5-9）的成功带动了中国大陆投资民宿的热潮。为了规范国内民宿的有序健康发展，国家旅游局于 2017 年颁布了《旅游民宿基本要求与评价》（简称《民宿要求》），文化和旅游部于 2019 年对《民宿要求》进行了修订。

图5-9 莫干山民宿

（图片来源：http://image.baidu.com/）

（一）民宿的概念

民宿作为住宿业的一种新业态，对民宿本质的认知依旧较为混乱，现有研究中不少虽然都用了"民宿"这一名词，但实际的研究对象差别很大。经过梳理，目前具有代表型的民宿的概念主要包括以下几个。

台湾《民宿管理办法》中规定：民宿是指民宿经营者利用或租赁当地居民的自宅空闲房间，结合地域性人文、自然景观、生态、环境资源及农、林、渔、牧生产活动，以家庭副业方式经营，提供旅客乡野生活的住宿处所。

2017年《旅游民宿基本要求与评价》中规定：利用当地闲置资源，民宿主人参与接待，为游客提供体验当地自然、文化与生产生活方式的小型住宿设施。本标准还规定了小型旅游住宿设施，包括但不限于客栈、庄园、宅院、驿站、山庄等。根据所处地域的不同，可分为城镇民宿和乡村民宿。

2019年《旅游民宿基本要求与评价》中规定：利用当地闲置资源，经营客房不超过4层、建筑面积不超过800平方米，民宿主人参与接待，为游客提供体验当地自然、文化与生产生活方式的小型住宿设施。本标准还规定了小型旅游住宿设施，包括但不限于客栈、庄园、宅院、驿站、山庄等。根据所处地域的不同，可分为城镇民宿和乡村民宿。

（二）民宿的特点

根据以上有关民宿的概念，结合民宿的发展状况，总结民宿具有以下几个特点。

（1）单体规模较小。民宿是利用现有的闲置房屋经营或出租，一般规模不大。台湾《民宿管理办法》中将民宿最大规模限制在15间、面积200平方米以下。同样地，在2017年颁布的《旅游民宿基本要求与评价》中，将民宿房间数量限制在14间以下。2019年的《民宿要求》中明确规定客房不超过4层、建筑面积不超过800平方米。

（2）注重生活体验。民宿以"慢生活、家服、趣体验"取胜，主人提供亲情式服务，无须穿工作制服，与客人同吃同住，注重交流，分享人生体验，且民宿主人多具有一定的文学修养、丰富的人生阅历、独特的人生经验或具备某项技术专长。游客在某种程度上涉入农家生活，体验农村生活方式。苏州西山岛飞鱼是个非常有格调的民宿，前面是咖啡厅，很文艺清新，店里有民宿主人私藏的两个书架的书，值得花一个下午时间，挑选一本坐下慢慢看，更惊喜的是冲咖啡的是老板本人，还有个很漂亮的小院子，铺着红缸砖，还有小花园，种了很多花。

（3）地域文化的载体。民宿起初是利用闲置的房屋，结合当地人文、自然景观、生态环境及当地的民俗活动来吸引旅客，它是以家庭副业方式经营，提供旅客乡野生活所住之处，是它不同于酒店、客栈的地方。民宿的规划设计发展从来都是离不开当地的环境，它是以尊重地域自然生态为基本出发点。民宿是一个地区文化的展示窗口，它能让人体验当地风情、感受民宿主人的热情服务及人文情怀。由此可见，民宿的设计规划必须充分挖掘和突出地域文化的元素。比如，浙江省莫干山的民宿，很多都是在当地百年老宅的基础上改建而来的，改造成一个具有岁月痕迹和自己特色的民宿，很多民宿的主体结构为夯土墙和穿斗式木，这种结构设计最大限度地保留了原始结构，只是在新建部分用了砖混结构，最终新建部分与保留部分形成一种互相呼应的关系。建筑不再仅仅只是一座乡村民居，更像是一座乡土博物馆，留下了岁月的痕迹。土墙不再是围护，木构不再是结构，而是聚光灯下的故事讲述者。

相关链接：金山岭唐乡：长寿之乡的民宿

　　金山岭唐乡，坐落于河北省承德市滦平县两间房乡苇塘村的抢坡上村。该乡有着"长寿之乡"的美誉，是古御道下的一座静谧小山村。

　　金山岭唐乡共建成乡公所、梨树下、云水间、草木里、果岭上、唐乡书院、东篱下、山居7个主题院落和1个文化交流中心。每个主题院落都以"一房一主题，一院一世界"为设计理念，栋栋房屋、处处院落，主题鲜明、外朴内雅，不同的主题、不同的装潢、不同的床品、不同的卫浴，处处体现设计者的用心。金山岭唐乡的每个主题院落都散落在村子里，相对独立却又相互联系，三五十年的老房子悠久而亲切，老人总说，椿木为大，寓意占山为王；杏木为枋，寓意幸福美满。居住在这些老房子的人们，都是幸福的人儿。金山岭唐乡的客人们，我们亲切地称之为"乡亲"，因为这里不只是停留之处，更是一种新的乡居生活，"乡亲"们来这里，就是回家。

　　（资料来源：北京旅游网站）

课堂思考：请结合以上资料，谈谈你对民宿特点的认识。

（三）民宿的作用

（1）掀起乡村建设新局面。民宿经营者作为外来者、入侵者，同时也充当着引导者、示范者和启迪者，影响着乡村基础设施建设、精神文明建设、生态环境建设。

（2）推动行业新转型。民宿的兴起推动了酒店行业由星级标准化向非标准化转型、由千篇一律向个性化转型……规划设计行业由纸上谈兵向落地实践转变。

（3）创造乡村新力量。民宿对"80后""90后"年轻人价值观的重塑，引领其走向乡建运动、乡村社区再造，成为乡村创客、新农人。引导市场追求高端、品牌向追求个性化的休闲住宿与体验观念转变。

相关链接：旅游民宿基本要求与评价（LB/T 065—2017）

1 范围

本标准规定了旅游民宿的定义、评价原则、基本要求、管理规范和等级划分条件。本标准适用于正式营业的小型旅游住宿设施，包括但不限于客栈、庄园、宅院、驿站、山庄等。

2 规范性引用文件

下列文件对于本文件的应用是必不可少的。凡是注日期的引用文件，仅注日期的版本适用于本文件。凡是不注日期的引用文件，其最新版本（包括所有的修改单）适用于本文件。

GB 2894 安全标志及其使用导则

GB 5749 生活饮用水卫生标准

GB 8978 污水综合排放标准

GB 9663 旅店业卫生标准

GB 14881 食品安全国家标准 食品生产通用卫生规范

GB 14934 食（饮）具消毒卫生标准

GB 16153 饭馆（餐厅）卫生标准

GB 18483 饮食业油烟排放标准（试行）

GB/T 17217 城市公共厕所卫生标准

GB/T 19095 生活垃圾分类标志

GB/T 22800 星级旅游饭店用纺织品

JGJ 125 危险房屋鉴定标准

CJJ/T 102 城市生活垃圾分类及其评价标准

3 术语和定义

3.1

旅游民宿 homestay inn

利用当地闲置资源，民宿主人参与接待，为游客提供体验当地自然、文化与生产生活方式的小型住宿设施。注：

根据所处地域的不同可分为：城镇民宿和乡村民宿。

3.2

民宿主人 owner and/or investor

民宿业主或经营管理者。

4 评价原则

4.1 传递生活美学

4.1.1 民宿主人热爱生活，乐于分享。

4.1.2 通过建筑和装饰为宾客营造生活美学空间。

4.1.3 通过服务和活动让宾客感受到中华民族传统待客之道。

4.2 追求产品创新

4.2.1 产品设计追求创新，形成特色，满足特定市场需求。

4.2.2 产品运营运用新技术、新渠道，形成良性发展。

4.3 弘扬地方文化

4.3.1 设计运营因地制宜，传承保护地域文化。

4.3.2 宣传推广形式多样，传播优秀地方文化。

4.4 引导绿色环保

4.4.1 建设运营坚持绿色设计、清洁生产。

4.4.2 宣传营销倡导绿色消费。

4.5 实现共生共赢

4.5.1 民宿主人和当地居民形成良好的邻里关系。

4.5.2 经营活动促进地方经济、社会、文化的发展。

5 基本要求

5.1 旅游民宿经营场地应符合本辖区内的土地利用总体规划、城乡建设规划、所在地旅游民宿发展有关规划，无地质灾害和其他影响公共安全的隐患。

5.2 经营的建筑物应通过 JGJ 125 房屋安全性鉴定。

5.3 经营场地应征得当地政府及相关部门的同意。

5.4 经营应依法取得当地政府要求的相关证照，满足公安机关治安消防相关要求。

5.5 生活用水（包括自备水源和二次供水）应符合 GB 5749 要求。

5.6 食品来源、加工、销售应符合 GB 14881 要求。

5.7 卫生条件应符合 GB 16153、GB 14934、GB 9663、GB/T 17217 要求。

5.8 旅游民宿建设、运营应因地制宜，采取节能环保措施，废弃物排放符合 GB 8978、GB 18483、CJJ/T102 要求。

5.9 开业以来或近三年未发生重大以上的安全责任事故。

5.10 从业人员应经过卫生培训和健康检查，持证上岗。

5.11 服务项目应通过适当方式以文字、图形方式公示，并标明营业时间。收费项目应明码标价，诚信经营。

5.12 经营者应定期向旅游主管部门报送统计调查资料，及时向相关部门上报突发事件等信息。

6 安全管理

6.1 应建立健全各类相关安全管理制度，落实安全责任。对从业人员进行定期培训。

6.2 易发生危险的区域和设施应设置安全警示标志，安全标志应符合 GB 2894 要求；易燃、易爆物品的储存和管理应

采取必要的防护措施，符合相关法规。

6.3 应配备必要的安全设施，确保宾客和从业人员人身和财产安全。

6.4 应有突发事件应急预案，并定期演练。

6.5 应自觉遵守当地习俗。

7 环境和设施

7.1 环境应保持整洁，绿植养护得当。

7.2 主体建筑应与环境协调美观，景观有地域特色。

7.3 单幢建筑客房数量应不超过 14 间（套）。

7.4 建筑和装修宜体现地方特色与文化。

7.5 主、客区宜相对独立，功能划分合理，空间效果良好。

7.6 应提供整洁卫生、安全舒适的住宿设施。

7.7 宜提供整洁卫生、安全舒适的餐饮设施。

7.8 宜提供宾客休闲、交流的公共区域，布局合理；

7.9 设施设备完好有效，应定期检查并有维保记录。

7.10 应有适应所在地区气候的采暖、制冷设备，各区域通风良好。

7.11 公共卫生间应位置合理，方便使用。

7.12 应配备必要的消毒设施设备。

7.13 应配备应急照明设备或用品。

7.14 宜提供无线网络，方便使用。

8 卫生和服务

8.1 旅游民宿应整洁卫生，空气清新，无潮霉、无异味。

8.2 客房床单、被套、枕套、毛巾等

应做到每客必换，并能应宾客要求提供相应服务。公用物品应一客一消毒。

8.3 客房卫生间应有防潮通风措施，每天全面清理一次，无异味、无积水、无污渍，公用物品应一客一消毒。

8.4 应有防鼠、防虫措施。

8.5 民宿主人应参与接待，邻里关系融洽。

8.6 接待人员应热情好客，穿着整齐清洁，礼仪礼节得当。

8.7 接待人员应熟悉当地旅游资源，可用普通话提供服务。

8.8 接待人员应熟悉当地特产，可为宾客做推荐。

8.9 接待人员应掌握相应的业务知识和服务技能，并熟练应用。

8.10 晚间应有值班人员或电话。

8.11 接待人员应遵守承诺，保护隐私，尊重宾客的宗教信仰与风俗习惯，保护宾客的合法权益。

9 等级

旅游民宿分为二个等级，金宿级、银宿级。金宿级为高等级，银宿级为普通等级。等级越高表示接待设施与服务品质越高。

10 等级划分条件

10.1 金宿级

10.1.1 环境与建筑

10.1.1.1 周围应有优质的自然生态环境，或有多处体验方便、特色鲜明的地方风物。

10.1.1.2 建筑和装修宜特色鲜明，风格突出、内外协调。

10.1.1.3 宜在附近设置交通工具停放场地，方便抵达。不影响周边居民生活。

10.1.2 设施和服务

10.1.2.1 客房装饰应专业设计，体现当地特色，符合基本服务要求，整体效果好。

10.1.2.2 客房宜使用高品质床垫、布草、毛巾和客用品，布草应符合GB/T 22800标准规定，可提供二种以上规格枕头，整体感觉舒适。

10.1.2.3 客房宜有较好的照明、遮光效果和隔音措施。电源插座等配套设施应位置合理，方便使用。

10.1.2.4 客房卫生间宜装修高档，干湿分离，有防滑防溅措施，24h供应冷热水。

10.1.2.5 公共空间宜专业设计，风格协调，整体效果良好。

10.1.2.6 民宿主人应提供自然、温馨的服务，能给宾客留下深刻印象。

10.1.2.7 宜组织多种宾客乐于参与的活动。

10.1.2.8 宜提供早餐服务。

10.1.2.9 宜提供特色餐饮服务。

10.1.2.10 宜设置导引标识或提供接送服务，方便宾客抵离。

10.1.2.11 宜建立相关规章制度，定期开展员工培训。

10.1.2.12 宜建立水电气管理制度，有设施设备维保记录。

10.1.2.13 宜开展和建立消防演习和安全巡查制度，有记录。

10.1.3 特色和其他

10.1.3.1 设计、运营和服务宜体现地方特色和文化。

10.1.3.2 应有宾客评价较高的特色产品或服务。

10.1.3.3 应有较高的市场认可度。

10.1.3.4 宜积极参与当地政府和社区组织的集体活动。

10.1.3.5 宜提供线上预订、支付服务，利用互联网技术宣传、营销。

10.1.3.6 经营活动应有助于地方经济、社会、文化的发展。

10.1.3.7 宜注重品牌建设，并注册推广。

10.2 银宿级

10.2.1 环境与建筑

10.2.1.1 周围应有较好的自然生态环境，或有多处方便体验的地方风物。

10.2.1.2 建筑和装修宜内外协调、工艺良好。

10.2.1.3 宜设置交通工具停放场地，且不影响周边居民生活。

10.2.2 设施与服务

10.2.2.1 客房装饰应体现当地文化，整体效果较好。

10.2.2.2 客房宜提供较为舒适的床垫、布草、毛巾和客用品，布草应符合 GB/T 22800 标准规定，可提供二种以上规格枕头。

10.2.2.3 客房宜有窗帘和隔音措施，照明效果较好，电源插座等配套设施宜位置合理，方便使用。

10.2.2.4 客房卫生间应有淋浴设施，并有防滑防溅措施，宜使用品牌卫浴。

10.2.2.5 民宿主人应提供自然、温馨的服务。

10.2.2.6 宜组织宾客乐于参与的活动。

10.2.2.7 宜提供早餐和特色餐饮服务，或附近有餐饮点。

10.2.3 特色与其他

10.2.3.1 可为宾客合理需求提供相应服务。

10.2.3.2 宜利用互联网技术宣传、营销。

（资料来源：百度文库）

二、精品酒店

（一）精品酒店的概念

精品酒店的英文名为 Boutique Hotel，"Boutique"源自法语，原意指专卖时髦服饰珠宝饰物的小店，后来逐渐演变成精品、时尚、个性的代名词。

精品酒店出现在 20 世纪 80 年代，以个性化的设计和服务迎合体验经济时代的酒店业市场细分需求，也称设计酒店，它是具有一个鲜明的、与众不同的文化理念内涵，提供规模较小、私密、具有独特个性化居住、服务的酒店环境来与传统酒店的标准化设施相区别的酒店，服务于追求个性化的小众群体。早期的精品酒店一般是由豪宅设计师设计的。

精品饭店也称为精品酒店。近几年，随着我国经济发展和消费升级，精品酒店越来越成为高端消费者外出旅游的首选住宿目的地，精品酒店的市场占有额不断提升，为了规范和推进精品酒店的有序发展，国家旅游局在 2017 年 8 月公布的《精品旅游饭店》中对精品酒店做出了定义：地理位置优越、设计风格独特、文化内涵丰富、品质精良、运营专业的小型精致旅游饭店。

（二）精品酒店的特征

（1）市场定位高端，具有个性鲜明的主题。针对特定的顾客群体，以独特口味和独立精神迎合特殊气质的人群。总部设在新加坡的安缦居酒店集团（Aman Resorts）是全球精品奢华度假酒店集团的典范。安缦的创始人 Adrian Zecha 曾说，我们做的不是酒店，而是品牌。我们很小，与众不同。安缦

图5-10　杭州法云安缦精品酒店
（图片来源：http://image.baidu.com/）

酒店的出现，甚至还催生了一个名为安缦痴（Aman Junkie）的群体，他们每次度假，总是寻找不同的安缦度假村来体验，把度假村视为旅行目的地，住遍所有的安缦，成为他们的最大心愿。目前，我国有北京的颐和安缦、杭州的法云安缦（见图 5-10）、丽江的大研安缦和上海的养云安缦四家酒店，每家酒店都会根据当地的特色设置一个主题，比如，杭州的法云安缦是打造隐士文化的精品酒店、上海养云安缦是江西古村落主题的精品酒店。

（2）规模小巧、精致。小规模经营，客房资源比较有限，通常房间数量低于 90间，酒店的附加设施较为简单，如餐厅、游泳池、健身房、商务等设施有限。

（3）环境静密，私密性强。位置独特，通常位于商业区或者风景区，地点闹中取静。接待流量有限，服务和消费的私密性强，这一特点是许多社会名流显贵选择入住的最重要的原因。如上海的璞邸精品装有一套先进的内部局域网通信系统将会员与其专门服务团队相联系，能够充分保障入住客人的隐私，楼道设计曲径通幽，全无通透视角。

（4）专属的个性化酒店服务，体贴入微。为高端客人提供定制化、个性化与人性化的服务。精品酒店的员工数与客房数的比例常会达到 3 : 1，甚至 5 : 1，远高于一般的五星级酒店。

服务理念体贴入微，源于英国皇室"贴身管家式服务"。专职管家能最大限度地满足客人个性化的需求，亲切、殷勤、真诚、专属的服务能让客人流连忘返。

如 W 酒店推出品牌招牌式"随时/随需"专人礼宾服务宗旨就是最大限度地满足每位客人的任何合理需求。

（5）设计风格独特具有鲜明的个性形象。设计理念与风格中蕴涵着浓郁的地方文化特色或当地历史元素，凸显地方性或文化性的特质，部分精品酒店由历史文化建筑改建而来，不乏历史痕迹，有人称精品酒店是"看得见历史的房间"。

（6）经营专业运作。精品酒店采用"资源外包"策略，尽可能以"外包"形式剥离非关键的生产经营环节，使有限的资源用于经营中的核心环节——客房产品上，将客房收入作为酒店利润最主要的来源。

总体而言，传统酒店与精品酒店的区别如图 5-11 所示。

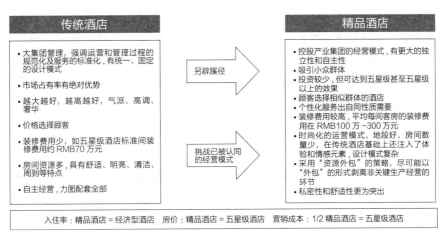

图5-11 传统酒店与精品酒店的区别

（三）精品酒店的类型

（1）主题型精品酒店。通过突出特定主体来彰显酒店个性，以主题作为定位标志来吸引目标顾客。在精品酒店，各个房间都可能有不同的主题，或与当地风景、民俗相呼应，或者利用独特的建筑来突出主题，从而形成酒店自己的独特品位与个性。大多分布在文化历史厚重的城市，结合当地的民风习俗或独特建筑来表现主题，开发文化主题型精品酒店，如北京颐和安缦。

（2）时尚型精品酒店。分布在我国经济发展前列的城市，如上海、北京、广州、深圳等地，满足时尚高端客源的需求，因为这些地方既是精品酒店消费的主要客源地，也是引领消费时尚的前沿阵地。如喜达屋集团的 W 酒店、洲际集团的 Indigo。

（3）地域型精品酒店。地域型精品酒店大多位于风景名胜区内，将酒店的建设与周围环境相融合，获得独有的环境资源，从而形成其他酒店无法复制和模仿的特质。

如悦榕集团和安缦集团等在各风景民俗区的酒店，酒店设计和服务都无不与当地风景人情融为一体，相得益彰。

三、文化主题酒店

（一）文化主题酒店的概念

文化主题酒店（Themed Hotel），也称为"特色酒店"，是以某一特定的主题，来体现酒店的建筑风格和装饰艺术，以及特定的文化氛围，让顾客获得富有个性的文化感受；同时将服务项目融入主题，以个性化的服务取代一般化的服务，让顾客获得欢乐、知识和刺激。

国家旅游局于2017年颁布了《文化主题旅游饭店基本要求与评价》（LB/T 064—2017），将文化主题饭店定义如下：依托某种地域、历史、民族文化的基本要素，通过创意加工所形成的能够展示某种文化独特魅力为中心思想，在设计、建造、经营管理与服务环节中能够提供独特消费体验的旅游饭店。

（二）文化主题酒店的类型

（1）自然风光型主题酒店。此种酒店超越了以自然景观为背景的基础阶段，把富有特色的自然景观搬进酒店，营造一个身临其境的场景。如杭州开元森泊度假酒店以大自然为原点，面向亲子度假游客，设置了20多种奇趣木屋和书屋，酒店园区内设有茶园、动物园区等，打造了一个邻于城市、隐于自然的主题酒店，让客人住进童话大自然中。

（2）历史文化型主题酒店。此类型酒店设计者以时光倒流般的心理感受作为吸引游客的主要卖点，使顾客一走进酒店，就能切身感受到历史文化的浓郁氛围，如山东曲阜的东方儒家花园酒店。

（3）名人文化型主题酒店。以人们熟悉的政治文艺界名人的经历为主题是名人文化酒店的主要特色，这些酒店很多是由名人工作生活过的地方改造的，如杭州的西子宾馆。

（4）城市特色型主题酒店。这类酒店通常以历史悠久、具有浓厚的文化特点的城市为蓝本，以局部模拟的形式和微缩仿造的方法再现城市的风采，如澳门威尼斯人酒店。

（5）民族文化特色型主题酒店。以某一具有浓郁、独特的民族文化为素材，以该民族的建筑、饮食、服饰、娱乐、节庆、习俗和礼仪等来体现民族文化色彩的酒店，如茶文化、咖啡文化主题酒店等。

（6）艺术特色型主题酒店。凡属艺术领域的音乐、电影、美术、建筑特色等都可成为这类酒店的主题所在，如摇滚主题酒店——硬石酒店（见图5-12）。

（三）文化主题酒店产品设计

1. 文化主题酒店产品构成要素

酒店围绕某一主题素材，通过主题概念的引入、主题环境与氛围的营造、主题设施与产品的设计及主题活动与服务的提供等为顾客提供

图5-12 巴厘岛硬石酒店
（图片来源：http://image.baidu.com/）

的有价值、难忘的住宿体验。因此，主题概念、主题环境与氛围、主题设施与产品、主题活动与服务是主题酒店产品的主要构成要素，并从顾客体验角度和酒店竞争角度对各个纬度进行了进一步的细化。

2. 文化主题酒店的等级评定

2017年国家旅游局发布的《文化主题旅游饭店基本要求与评价》（LB/T 064—2017），把我国文化主题酒店分为金鼎级文化主题酒店和银鼎级文化主题酒店，主要从以下五个方面进行等级评定。

（1）文化主题构成：创意策划、主题阐释、组织制度等。

（2）文化主题氛围：酒店选址、建筑风格、装饰特点、员工风貌等。

（3）文化主题产品：展示文化主题的前厅、客房、餐饮、个性化服务等。

（4）文化主题活动：展示文化主题的节庆活动、演艺活动、互动性体验活动等。

（5）基本功能与服务：酒店硬件设施和服务标准等。

四、旅游度假租赁公寓

随着我国旅游业由观光型向观光和度假休闲并重的转变，旅游住宿业也开始由单一宾馆饭店向多元化发展，尤其是共享经济发展的背景下，"旅游度假租赁公寓"作为一种新型的住宿业态快速发展起来，并逐步与"旅游宾馆饭店"和"乡村民宿"形成了三足鼎立的发展格局。

（一）旅游度假租赁公寓的概念

在共享经济的背景下，借助短租平台的运营，公寓式酒店和自助租赁公寓成为发展速度比较快的新型住宿业态。2020年4月国家市场监督管理总局、国家标准化管理委员会发布了国内首个旅游度假租赁公寓国家标准《旅游度假租赁公寓基本要求》

（GB/T 38547—2020），首次明确规定了租赁公寓和旅游度假租赁公寓的概念，概念规定如下。

（1）租赁公寓（Rental Apartment）。公寓业主以委托经营、托管经营或自主经营等方式，将公寓租赁给客人居住，并提供优先服务的住宿类型。

（2）旅游度假租赁公寓（Tourism and Vocation Rental Apartment）。以居家式的居住环境和设施为特色，以自助或半自助服务为主要服务方式，主要租给旅游度假客人居住的租赁公寓。

相关链接：OTA和短租平台

1. 概念不同

OTA（Online Travel Agency）是旅游电子商务行业的专业词语。指"旅游消费者通过网络向旅游服务提供商预订旅游产品或服务，并通过网上支付或者线下付费，即各旅游主体可以通过网络进行产品营销或产品销售"。

短租平台：指房屋的承租人通过互联网或移动互联网的方式查阅及预订短租住房，并与房屋的所有者或者经营者通过线上平台支付部分或全部房费，线上平台通过房租佣金或广告费模式盈利。

OTA与短租平台有着很大的区别：一个侧重于房源本身，一个侧重于民宿整体；一个侧重于房东特色，一个侧重于民宿体验；一个侧重于打造房东主个人价值，一个侧重于推广民宿整体品牌价值。

2. 房源呈现方式不同

OTA渠道多以品牌门店的形式呈现，且以多库存（支持同房型几间房同时售卖）方式售卖，且不支持在线咨询窗口，多数以问答形式呈现。

短租平台多以单房源形式售卖，除途家支持门店搜索和多库存外，大都以单库存（只有一间库存）的形式售卖，支持咨询对话窗口。

目前主要的OTA和短租平台如图5-13所示。

（资料来源："共享智住"微信公众平台）

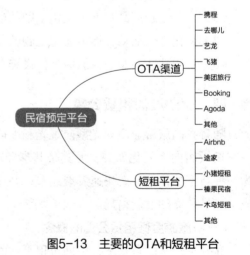

图5-13　主要的OTA和短租平台

（二）旅游度假租赁公寓的特点

（1）房源以位于大中城市或大型旅游度假区的个人闲置房源为主。

（2）兼具酒店的硬件品质与完备的家居设施，拥有更大的居住和活动空间，满足消费者个性化需求。

（3）以自助式或半自助式服务为主，具有低廉的运营成本和价格优势。

项目总结

本部分首先介绍了饭店的概念与作用，明确了饭店业在直接创造外汇、回笼货币、拉动内需、增加就业等方面的作用越来越重要；然后介绍了饭店的发展历史，世界饭店的发展历史经历了古代客栈时期、大饭店时期、商业饭店时期、现代新型饭店时期和现代饭店集团的发展五个阶段；中国现代饭店业经历了接待型阶段、转型阶段、科学管理阶段、星级评定阶段、全面发展阶段和存量整合、集团化和专业化六个阶段；接着根据不同分类标准，介绍了不同的饭店类型和特征；最后结合我国住宿业发展的最新情况，介绍了民宿、精品酒店、文化主题酒店和旅游度假租赁公寓等非标准住宿业。

项目练习

一、思考题

1. 如何理解饭店的概念？

2. 现代饭店业作用有哪些？

3. 请阐述世界饭店业的发展过程及各阶段的特点。

4. 我国饭店业的发展趋势有哪些？

5. 如何理解民宿的特点？

6. 精品酒店有哪些特征？

7. 文化主题酒店的类型有哪些？请举例说明。

8. 旅游度假租赁公寓有哪些特点？请举例说明。

二、案例分析

过去的 30 年里，不管中国饭店业处于旺盛的阶段还是处于亏损的状态，中国饭店业的形态没有发生重大变化，但是大约在 2012—2013 年，这种情况发生了历史性的改变。

2012—2013 年是中国饭店业发展历史上的一个非常重要的里程碑。在这一期间，中国发生了两件比较重要的事情。一是新一届的中国政府在中国开展了十分严厉的紧缩政府财政开支反腐败的行动。在此之前，来自政府和庞大的国有企业的消费是中国饭店业特别重要的收入来源，从 2013 年起，这一块重要的收入来源基本上没有了。所以在一个时间段内，中国饭店业面临着比较严峻的客源困难和财务困难。二是互联网产品这个时期在中国出现了爆发式的增长，互联网快速地与饭店的运营结合，这种结合的速度是相当快的。这两个现象导致的结果是年轻一代的消费者快速崛起，在中国大体上是 35 岁左右的这一代消费者，填补了老一代消费者离去后出现的空缺。

随着互联网技术的大量侵入，中国饭店人对饭店业务也开始了新的认知。比如，大家认为全面认识饭店业务，可能包含着饭店业务的线上和线下部分，所谓线下部分就是我们以前说的硬件加软件，而在一部智能手机上会产生大量的线上业务，这些线上业务是我们传统的饭店人所不熟悉的，但是在新的互联网时代是必须了解和掌握的。

与此同时，中国饭店人也在思考，我们一直在教科书和饭店实践中实行了很长时间的饭店标准工作程序，这是不是与新一代消费者对于服务消费个性化需求有所冲突。那么在新的市场下如何理解、认识和调整传统的 SOP，也是摆在中国饭店人面前的一个课题。

（资料来源：中国旅游饭店业协会会长张润钢先生作的题为《中国酒店业发展态势》的演讲）

> **案例思考**：结合饭店业发展实际，分析我国饭店业的发展趋势。

📃 推荐阅读

1. 中国饭店集团化 15 年的成果与问题解析（公众号：酒店评论）

2. 对当下行业状况的一些感受（公众号：酒店高参）

3. 为什么非标准住宿如此之火（公众号：酒店高参）

4. 成都西藏饭店总经理陈蓉：做藏文化主题酒店的引领者（公众号：酒店职业经理人）

5. 盘活 42 万套房，途家网如何踩准了度假租赁的风口（公众号：长江商学院MBA）

项目六　旅行社业

🔍 项目目标

本项目要求学生了解旅行社业的基本概念；了解传统旅行社的业务职能；掌握传统旅行社和在线旅行社的融合发展趋势。

📋 项目任务

1. 学习旅行社的定义、类型和作用。
2. 掌握传统旅行社的主要职能与发展趋势。
3. 了解在线旅行社的业务操作特点和发展趋势。

📄 项目案例导入

传统旅行社最后阵地被蚕食：携程、途牛们开起越来越多线下门店

在线旅行社已然不再满足于网络世界，它们将战场延伸到了线下：越来越多线下旅游旅行社门店换上了在线旅行社的招牌。或许，传统旅行社正在逐渐失去它们最后的阵地。

1. 传统旅行社门店老板：我一直在和"阿姨、妈妈"们打交道

2019 年 3 月 18 日，邢豪斌在上海人民广场西藏中路的旅行社门店开张了，这家门店挂着"携程旅游"的招牌。"这是我个人独资的第三家携程门店。"邢豪斌说。

"我从 2006 年开始做旅游行业，2008 年开了第一家旅行社门店，挂的是中国国旅的牌子。"邢豪斌回忆，10 多年前，在线旅行社还没有太多市场，在线旅行社的品牌整体没有太高知名度，旅游行业依然是传统旅行社的天下。随后的几年，邢豪斌又在上海开了几家旅行社门店，无一例外都挂的是传统旅行社的招牌。

然而，随着互联网时代在线旅行社的崛起，邢豪斌很快发现"世道变了"。

"很长一段时间，我都非常痛恨诸如携程这样的在线旅行社。"邢豪斌感慨道："因为做的是传统旅行社门店，我渐渐发现，自己失去了和年轻女孩们交流的机会，因为她们不是我的客户群体，她们点点鼠标就下单了，根本不进我的门店。我发现自己一直都在和'阿姨、妈妈'们打交道。"

真正让邢豪斌气愤的当然不会只是"不能和年轻女孩交流"这一点，作为一个生意人，利润的下滑才是他最担忧的。"比如，原来我卖掉一个欧洲游的线路可以赚大约 1500 元，但因为后来有了在线旅行社，线上同一个产品它们只赚 700 元的利润，它就压制了我的利润。我赚得多不就没人来我这里报名了嘛！"

"因为生态的转变，让我们传统行业越来越难生存。所以，前几年我很厌恶携程它们。"邢豪斌笑着说，他想不到近几年"世道"又变了，在线旅行社也开始做起线下生意。邢豪斌自然不愿错过这一新的商机。"以后我们就不再只是竞争关系了。"生意场上没有永远的敌人，只有永远的利益。邢豪斌与他曾经"痛恨"的在线旅行社——携程"结了亲"。2017 年 12 月 1 日，邢豪斌在上海松江区开了自己的第一家携程加盟店；2018 年 5 月，他又在上海长宁区的中山公园开了第二家携程门店。

"松江的门店，我去年做到了 1600 万元的营收，散客流量带来了近 800 万元的营收，另外 800 万元是团队客带来的。中山公园门店周边的群体消费能力更高，到 2019 年 3 月中旬，已经有 2600 万元的营收了。我想，到 2019 年 5 月开业满一年，（中山公园门店）可以做到 3000 万元的营收了。"邢豪斌说。他透露，由于在线旅行社的产品库比传统旅行社大出许多，再加上产品不仅仅针对跟团游客人，有更多适合自由行客人的产品，因此他所经营的在线旅行社品牌门店营收要高出传统旅行社门店两三倍。

2. 旅游行业线上渗透率仅 15%

如邢豪斌这样的旅行社门店加盟商自然乐意看到在线旅行社的线下战略，但对于许多传统旅行社来说，如今在线旅行社已经真的"兵临城下"。

2015 年 4 月，同程开始正式公布它的线下门店战略，它计划在当年年底前开设 100 家自营体验店；而当时，在线旅行社的"大佬"携程也已开始摸索线下经营模式，开设了三家线下体验店"试水"。

2016 年年底，携程收购了旅游百事通，将其拥有的 5000 多家门店一举收入麾下，此举可谓大规模开辟了在线旅行社的线下战场。携程收购传统旅游企业的做法，也令其在线下领域实现迅速扩张。

2017 年年底，尚在为扭亏为盈"节衣缩食"的途牛也宣布，要建立一批自营的线下门店。即便开设自营门店资金投入较大，途牛也坚持要将战场转到线下。

此后，在线旅行社们在线下市场的布局进一步加速。

"到 2018 年年底，携程系旗下的门店（包括携程、旅游百事通、去哪儿三个品牌）超过了 7000 家，其中有超过 1000 家是携程品牌的门店，2019 年的目标是携程品牌的门店达到 3000 家，（携程系）整体的门店数量会突破 8000 家。"携程旅游渠道事业部总经理张力在接受澎湃新闻记者采访时表示:"现在,全国除了黑龙江、吉林、西藏还没有我们的线下门店之外,其他省(区、市)都有了。"

途牛也在加紧布局着线下自营门店。途牛2018年年报显示,截至2018年12月31日,途牛已拥有509家自营门店,其中自2018年1月1日新增了345家自营门店。

3. 在线旅行社何以对线下门店兴趣浓厚

对此,张力介绍,即便在当下,旅游行业的线上的渗透率也只有15%,85%的游客依然选择在线下预订旅游产品。如此庞大的线下市场,在线旅行社自然不愿放过。

线下门店更高的转化率也是在线旅行社所看重的。"以进门店的客人来计算转化率,保守估计能够达到40%。"张力称,进门店的客人一般都需要咨询一些专业问题,或需要服务人员给出建议,"所以只要服务得好,客人愿意买单的概率是很高的,而且他们以后也会持续在这家线下门店预订产品"。

而从收益上看,在线旅行社的线下门店也表现不俗,"去年携程旗下在线门店的交易量已经达到了100亿元,今年我们的目标在140亿元",张力说。

4. 继续"蚕食"传统旅行社市场份额

在北京联合大学在线旅游研究中心主任杨彦峰看来,如今,在线旅行社的品牌效应已经形成,未来强势的在线旅行社品牌收割头部门店的现象会越来越明显,这也意味着传统旅行社的市场份额会被进一步"蚕食"。

杨彦峰解释,所谓头部门店,指的是那些地理位置好、运营能力强的旅行社门店。对于这些头部门店来说,知名度日渐提升的在线旅行社品牌成为他们新的选择,这也是近年来大批原本挂着传统旅行社招牌的门店,纷纷翻牌变成在线旅行社门店的原因。

杨彦峰预测,在旅行社线下门店争夺战日益激烈的趋势之下,一些大型传统旅行社还能保留自己的阵地,但小的传统旅行社品牌则会慢慢消失。

从在线旅行社的线下战略模式来看,携程系选择的是全加盟战略,而途牛和同程则选择的是自营的发展模式。"加盟和自营各有优势。加盟最大的好处是最大限度地调动加盟商的积极性。"张力称,门店不仅仅是投入资金的问题,更重要的在于经营。"如果是加盟商自己经营的话,效果会比纯打工好。当然,加盟的另一个优势是扩张速度很快。"

杨彦峰分析,加盟店意味着投入小、扩张快,但在线旅行社本身对于旗下门店的管控力度也会相应较弱;自营门店则恰恰相反,资金投入较大、扩张速度慢,但却更容易标准化、统一化管理。

杨彦峰称,上述两种经营模式各有优劣,但他认为,未来在线旅行社的线下战略中，应当出现自营和加盟相结合的经营模式，即通过自营门店树立品牌标准，通过加盟模式实现快速扩张，以同时兼具两种模式的优点。

（资料来源：https://baijiahao.baidu.com/s?id=1630031317584530053&wfr=spider&for=pc）

课堂思考：线上旅行社为什么开始重视与线下旅行社合作？

任务一　旅行社概述

旅行社是社会经济发展的产物。18世纪中叶的英国工业革命，革新了生产技术，促进了世界经济的发展和社会面貌的改变，城市化进程加快，引起了交通运输业的革命，为旅行社的诞生创造了有利的条件。第二次世界大战以后，世界范围内旅游业的发展与繁荣，更为旅行社行业的发展带来了前所未有的机遇，旅行社进入了一个高速发展的时期。

一、旅行社定义

世界旅游组织将旅行社定义为：零售代理机构向公众提供关于可能的旅行、居住和相关服务，包括服务酬金和条件的信息。旅行组织者或制作商或批发商在旅游需求提出前，以组织交通运输、预订不同的住宿和提出所有其他服务为旅行和旅居做准备。

2009年5月1日，我国《旅行社条例》正式实施，将旅行社定义为从事招徕、组织、接待旅游者等活动，为旅游者提供相关旅游服务，开展国内旅游业务、入境旅游业务或者出境旅游业务的企业法人。

在旅游活动中，旅行社将旅游者和旅游目的地联系起来，起着媒介和经纪人的作用。

二、旅行社的性质

从广义上说，旅行社是在旅游销售渠道中，各种旅游企业组织和个人的总称。狭义上说，旅行社是指旅游公司、旅游批发商、旅游代理商或旅游经纪人。旅行社作为专门为旅游者旅行提供服务的机构，它的性质主要表现在如下两个方面。

（1）旅行社是沟通旅游产品生产者和消费者的重要中间商。旅游产品是一个十分广泛的概念，它包含了食、住、行、游、购、娱等多方面的要素。旅游者在外出旅游时，一般来说，总要购买各种旅游服务产品，如预订一张飞机票、预订一间客房，或到其他国家做一次观光旅游，这些产品在旅行社都可以买到。但是这些产品，都不是旅行社自行生产，而是由不同的旅游供应商提供的，旅行社只不过根据旅游者的需求，将这些旅游产品经过重新设计或组合，转手销售。因此，旅行社是旅游服务供应者和消费者之间的媒介体，是连接旅游业各部门的纽带。

（2）旅行社是通过销售旅游产品来获取利润的企业。旅行社作为一种企业在工商管理部门进行注册登记，是一个以营利为目的的独立法人。一般情况下，旅行社转销其他旅游供应商生产的产品，要支付各种开支，所以它卖给旅游者的旅游产品是在其成本上加了一定的手续费。正常情况下，手续费收入扣除旅行社的各项开支后尚有剩余，这使旅行社获得一定的利润以实现其经营目的，并在激烈的市场竞争中站稳脚跟。旅行社作为独立的经济实体，具有旅游活动经营自主权。它自我约束、自我发展、自负盈亏、独立核算并承担民事责任。

因此，我们可以把旅行社视为集旅游产品设计与组合功能于一体的旅游产品的销售组织和旅游中介组织，通过追加的劳动使旅游产品增值。

三、旅行社的分类

我国旅行社发展历史时间比较短，行业缺乏合理的分工，旅行社之间竞争激烈。在西方发达国家，经过100多年的发展，逐渐形成了三种类型的垂直分工体系。

（一）世界其他国家旅行社分类

根据旅行社所经营的业务范围，将旅行社分为三大类：旅游批发商、旅游经营商和旅游代理商。

（1）旅游批发商。旅游批发商（Tour Wholesaler）是组合旅游产品的旅行社。他们以最低价格批量预订交通、住宿、旅游设施及景点等使用权利，并将其组合成整套旅游产品（旅游线路、项目和日程）后，以包价批发形式出售给旅游经营商。

（2）旅游经营商。旅游经营商（Tour Operator）是通过自己的零售网点或代理商向公众销售旅游产品的旅行社。他们从旅游批发商手中购买旅游产品后，负责组织旅游团和具体接待服务。

（3）旅游代理商。旅游代理商（Travel Agent）是代理旅游经营商及交通或饭店等部门的业务并向旅游者销售旅游产品、交通票据或预订客房的中介组织。主要工作是负责宣传、推销旅游产品和服务。

（二）我国旅行社的分类

2017年，国务院对《旅行社条例实施细则》部分条款进行了修订。新版按照不同的经营范围，将旅行社分为两大类：经营国内、入境旅游业务的旅行社和经营国内、入境和出境旅游业务的旅行社。其中规定，申请经营国内旅游业务和入境旅游业务的，首先应当取得企业法人资格，并且注册资本不少于30万元。

申请经营国内旅游业务和入境旅游业务的，应当向所在地省、自治区、直辖市旅游行政管理部门或者其委托的设区的市级旅游行政管理部门提出申请。旅行社取得经营许可满两年，且未因侵害旅游者合法权益受到行政机关罚款以上处罚的，可以申请经营出境旅游业务。

申请经营出境旅游业务的，应当向国务院旅游行政主管部门或者其委托的省、自治区、直辖市旅游行政管理部门提出申请，受理申请的旅游行政管理部门应当自受理申请之日起20个工作日内作出许可或者不予许可的决定。予以许可的，向申请人换发旅行社业务经营许可证；不予许可的，书面通知申请人并说明理由。

旅行社应当自取得旅行社业务经营许可证之日起3个工作日内，在国务院旅游行政主管部门指定的银行开设专门的质量保证金账户，存入质量保证金，或者向作出许可的旅游行政管理部门提交依法取得的担保额度不低于相应质量保证金数额的银行担保。经营国内旅游业务和入境旅游业务的旅行社，应当存入质量保证金20万元；经营出境旅游业务的旅行社，应当增存质量保证金120万元。质量保证金的利息属于旅行社所有。

旅行社每设立一个经营国内旅游业务和入境旅游业务的分社，应当向其质量保证金账户增存5万元；每设立一个经营出境旅游业务的分社，应当向其质量保证金账户增存30万元。

相关链接："Travel Agent" Or "Travel Service"

在欧美国家中旅行社的英文名称是"Travel Agent"，其中"Agent"是代理的意思，但是在公司名称中或是经营场所的铭牌中总是写着"Travel Service"，翻译成中文就是旅游服务，可见旅行社的最本质的作用还是根据不同旅游者的需要向他们提供旅游服务。

四、旅行社的基本作用

旅行社联系着旅游者和旅游企业，是旅游业产生和发展的标志，在旅游业中具有重要的地位和作用。无论是中国的旅行社还是其他国家的旅行社，在旅游业中都表现出以下作用。

（一）旅游活动的组织者

旅行社是旅游者实现旅游目的的中介。从托马斯·库克开始组织旅游活动起，旅行社作为旅游活动组织者的作用便不断加强。现代大众旅游的迅速发展，同旅行社的组织推动是分不开的。人们只要选定旅游目的地，其他一切活动皆可由旅行社负责组织安排。因此，参加由旅行社组织的旅游活动已成为现在大众旅游者外出旅游，特别是国际旅游的常规化模式。旅行社在将自己组织的包价旅游产品出售给顾客之后，并不意味着组织工作的完结。旅游者在外旅游期间活动的开展以及各有关旅游企业之间的联系衔接，仍然需要旅行社的组织和协调。

（二）旅游供应商的产品销售渠道

随着现代大众旅游的发展，旅游供给各组成部分的生产者不直接与旅游产品的最终消费者发生购销接触，而是通过旅行社这一中间媒介来完成销售工作。旅游者可以通过旅行社了解和购买旅游目的地的各项旅游产品。所以，旅行社不仅在客源地与目的地之间架起旅游的桥梁，而且也为目的地旅游产品生产者沟通了销售渠道。在美国，半数以上的国内飞机票是通过旅行代理商经手售出的；2/3 以上的国际乘客都通过旅行代理商代办机票手续；近 3/4 的旅行者在选择旅行方式方面都依靠旅行代理商的安排。参加团体包价旅游的旅游者更是都通过旅行社购买全程涉及的有关旅游产品。

（三）旅游目的地的宣传者

首先，在旅游业的各个组成部分中，旅行社最接近客源市场，并且直接同旅游者接触。所以，旅行社对旅游市场的信息了解得最早。其次，旅行社和旅游业其他各部门都有密切的联系，因而这些部门的产品信息也往往通过旅行社传达给客源市场。在一些新兴的国际旅游目的地中，旅行社的实力在一定程度上决定了该国其他旅游服务企业客源的数量。

任务二 传统旅行社

旅行社作为旅游业最重要的一环，是将旅游者和旅游资源联系在一起的纽带。在信息不够发达的过去，旅行社依赖与酒店、景区和交通企业强大的合作关系能得到优势的旅游资源和价格，并凭此得以在旅游市场中奠定了枢纽之位。然而，当信息时代来临，移动互联已成为大势所趋，旅行社业面临着全新的挑战。

一、传统旅行社的基本业务

旅行社因其类别、业务规模和市场目标等方面的不同，形成了旅行社业务的差异。但是旅行社业务有许多共同的方面，一般分为以下五项。

（一）组合产品，设计线路

旅行社的经营活动主要是围绕旅游产品的组合和旅游线路的设计而展开的，组合旅游产品、设计旅游线路是旅行社经营活动的起点，它直接影响着旅行社其他业务的顺利开展，关系到旅行社是否盈利。旅行社在组合产品、设计线路时，必须对市场进行充分的调查研究，分析旅游者的旅游动机，了解旅游者的需要，预测市场需求的变化趋势及需求的数量。只有做到了这些，才能有针对性地对各类旅游服务进行有效组合，设计出适销对路的、质优价廉的产品，最大限度地满足旅游者的需求，提高旅游产品效用。

（二）促销产品，传递信息

旅行社需要通过各种宣传媒介，提供大量旅游信息诱发人们的旅游动机。旅行社对旅游产品进行促销，旨在刺激目标市场的旅游者做出购买反应，以促进和影响旅游者的购买行为。旅行社门店是旅游产品销售的主要场所（见图6-1），旅游产品的促销方式多种多样，有媒体广告、营销公关、现场促销和销售推广等，从本质上说是一种以销售为目的的信息传递和沟通活动。

图6-1　旅行社的门店
（图片来源：https://image.so.com/）

（三）销售产品，招徕客源

做好旅行社销售业务的关键首先在于销售渠道的选择，其次则为销售策略的制定。中国的旅行社向国际旅游市场销售的包价旅游产品有三个明显的特点：一是产品的销售要经过多个环节；二是主要客源市场有些距中国比较远；三是旅游者必须亲临旅游产品的生产地进行消费。在客源国寻找并选择合作者，并使其主动积极地销售中国旅游产品，已经成为中国旅行社经营国际旅游业务所面临的主要问题。

（四）实地接待，提供服务

旅行社可以为旅游者提供全方位的旅游服务，特别是在代办旅游手续和提供接待服务上。有了旅行社的细致服务，旅游者可以免除办理各种手续的麻烦，例如，办理护照、签证、旅行保险，购买门票，预订食宿交通，行李托运等，极大地方便了旅游者。

旅行社还可以提供全方位的旅游接待工作，如接机、导游、全陪、地陪、领队等，通过旅行社提供的接待服务，旅游者可以舒心地进行旅游活动，并且有所保障。接待服务水平的高低决定着旅游者对产品质量评价的高低，关系到旅游者旅游需要的满足程度，影响到旅行社乃至一个国家或地区的声誉。

（五）协调平衡业务规模

旅行社对于旅游者而言是销售者，但是相对于各旅游生产部门而言则是购买者。旅行社为了能够向旅游者提供旅游产品，必须进行采购。通过旅行社的采购，不同的旅游生产企业的产品就连接起来了，旅游者也可以选择出他们所需要的旅游产品。旅行社在各个旅游企业之间客观上发挥了协调和分配接待工作的作用，各旅游生产企业的业务规模就得以平衡和协调。

二、中国旅行社发展状况

中国旅行社的产生与西方旅行社的产生历史背景有很大不同，它是在受到外来经济和文化入侵的情况下产生的。1923 年，上海商业储蓄银行总经理陈光甫创办旅行部，办理中国人旅游业务。1927 年，旅行部从上海商业储蓄银行独立出来，成立中国旅行社（现为香港中国旅行社股份有限公司），这是中国历史上最早的一家由中国人开设的旅行社。

中华人民共和国成立后，经过多年的发展，我国旅行社业体系基本形成了三大系统，即中国国际旅行社（国旅）系统、中国旅行社（中旅）系统和青年旅行社（青旅）系统。这三大系统实力雄厚，业务范围各有分工，各系统的分支机构遍及全国各地，成为我国旅行社业的三大组织体系。

旅行社的发展，已从最初的外事接待工作彻底转变为现代服务业，旅游业已然独立成为一个产业。旅行社的业务模式也由单纯的业务功能转向完整的企业化发展，也就是说，旅行社自身，要从以往的单一业务模式，逐步完成现代企业的全方位的升级改造，才能在市场上立足、生存和发展。诸如企业文化、组织结构、营销推广、品牌规划、自身定位等，缺一不可。而旅行社的管理者，更要从一个旅游业务人士和个体户思维转变为企业家。

改革开放初期，旅行社主要解决了专业导游和信息不对称的问题，主要经营模式为资源导向，谁具有了铁路航空的资源谁就不愁客源。那时，交通及通信都不是很发达，造成信息不对称、资源不对称。旅行社存在的价值，相当于目前市场的房产中介，主要是衔接沟通的作用，把食、住、行、游、购、娱各方面的信息综合起来，低于市场价获得各个环节的资源。做好旅行社的关键，取决于有没有掌控航空铁路的资源，有没有和酒店、景区形成良好的合作关系，是否具备多语种导游。其中，最重要的是航空铁路，其次是酒店。那时的旅行社的竞争力主要体现在和铁路民航的关系上。当时做得好的旅行社基本是铁路民航的下属单位，具有天然竞争优势。人们离开了旅行社可谓一票难求，寸步难行。当时的旅行社只有业务，没有管理，依然生存发展得很好。

在改革开放的前20年，我国旅行社行业发展速度较快，旅行社企业数量突飞猛进。到2018年，我国旅游业发展迅猛，产业规模持续扩大，产品体系日益完善，市场秩序不断优化，全年全国旅游业总收入达5.97万亿元，对我国GDP的综合贡献为9.94万亿元，占我国国内GDP总量的11.04%。旅游业带动相关产业和社会经济活动的全面发展，是我国经济发展的支柱性产业之一，旅游产业的发展极具活力。

目前，国内游市场是全国旅游市场的主力军，无论从人数还是贡献的旅游收入来看，都是我国旅游业主要的增长点。2018年，国内旅游人数达到55.39亿人次，同比增长10.8%；而国内旅游收入为5.13万亿元，同比增长12.3%。

旅游市场的爆发，并没有给传统旅行社带来广阔的利润空间，反而加速了行业"洗牌"。2011—2017年，中国旅行社数量由23690家增加到27939家，呈持续增长态势，但增长率总体上却呈下降态势。据有关数据显示，2018年年底共有11家旅行社在国内各产权交易所网站上出售股权，进一步凸显出生存困境。

三、传统旅行社存在的问题

进入21世纪以来，随着互联网的全球发展和信息社会的全面深入，传统旅行社遇到了更大的挑战，面临着越来越多的发展障碍。

（1）客源急剧下降，主流已成中老年人。随着互联网和高铁的发展，以及私家车的普及，年轻游客的旅游方式更加多元化和个性化，跟团游已逐渐被其排斥在外，自助游异军突起，已成为这部分群体的首选旅游方式。游客不仅很容易从互联网上购买和旅行社一样价格的车票、机票、景区门票及酒店住宿，而且更懂自己的需求，知道自己更喜欢什么。旅游市场经历大浪淘沙之后，实体旅行社的原有优势消失殆尽，如果旅行社还沿用旧的理念和服务方式，肯定和当前市场需求不匹配，注定要陷入举步维艰的局面。

（2）OTA的兴起和户外等各种非旅行社组织，极大分流了旅行社的客流。随着市场进一步的开放，各种非旅行社机构大量涌入市场，通过各种QQ群、微信群传播信息，以AA制方式，加上价格极其低廉，分流了短线游。以携程为代表的OTA，表面上以互联网为契机，以线路产品创新为手段，以摧枯拉朽之势席卷旅游市场。其实其本质是完全按照现代企业制度组建的，有企业文化和愿景价值观，这些传统旅行社认为很不屑一顾的东西才真正构成其核心竞争优势，互联网只是手段和工具，这才是最根本的，也是当前及未来企业竞争的终极指标。现在是时候该重新思考旅行社存在的价值了，以往旅行社快捷方便的特色已经被互联网特别是手机 App 取而代之。所以现在旅行社服务的竞争法宝只有一个了，陷入"没有最低，只有更低，要不找死，要不等死"的价格战。

（3）积极面对游客的不成熟和非理性选择。我们都清楚地知道当前整个中国处于转型期，游客整个的消费不仅是在旅游行业方面，包括房地产等方方面面的消费都是转型期的消费。比如，中国游客出境的时候特别在意旅游价格，但是在国外特别爱买奢侈品，这就是一个转型期消费的典型需求。游客在意价格，而旅行社又只有价格战这一唯一竞争手段，导致当前游客和旅游市场的以负地接为主的畸形旅游生态。这是转型升级期的必然结果，我们不能超越历史规律，我们唯一能做的就是尽快完成自身的转型和升级，同时引导游客的觉醒与成长。

（4）缺乏资本力量的支持和推动。现在企业竞争，资本无疑是仅次于人才的重要推动力量。可是，由于旅行社本身行业的轻资产，几乎没有固定资产，在资金的扶持贷款方面基本没戏，专项的旅游配套资金基本都给了未来能看得见摸得着的景区演绎。而作为旅游行业最具活力和整合能力的旅行社行业却无望，旅行社包机、专列需要大量的流动资金，仅靠自身的积累更是杯水车薪，就造就了旅行社内外交困、举步维艰的局面。没有资本就吸引不到好的人才。人才是当前竞争的最根本因素，旅行社行业人才匮乏，更是这个行业止步不前的重要原因之一。

四、传统旅行社的发展趋势

虽然传统旅行社面临着诸多挑战，但并不会消失。一是由于信息的不对称和由于各种原因而导致的对未知行程的担心，使得旅行社的团队游业务总能够存在下去，旅行社这方面的存在基础也不会失去。二是旅游服务业务难以被 VR、在线旅游之类的新技术所替代的。服务的精细度、舒适感、体贴性等是旅行社接待服务工作中的重要内容。三是小众化、主题化市场需要更加专业化的服务。这些小众化的市场，往往是"+旅游"的市场，需要一定的专业化知识和专业化的渠道才能够进行服务。比如，北京近年来流行的"滑雪旅游"，从旅游者接送到旅游者住宿、门票、餐饮，到旅游者滑雪课程定制、教练预约，再到旅游者滑雪后的康复、休闲，已经成为一个小众化的旅行社产品。四是深度游的线下体验不可替代。纵深化的旅游需要对当地充分了解，对当地旅游资源有更深的渠道和旅游的把握，这些服务都难以标准化，且一般人难以获取渠道进行预订，这就是深度游。因此，传统旅行社在未来将体现如下发展趋势。

（1）大型的传统旅行社集团业务将会进一步萎缩，小而精的旅行社将会兴起。传统的基于信息不对称、规模化带来的旅行社业务由于信息透明化、议价能力差、人力及各类成本上升而逐渐弱化。团队旅游市场正由于自由行市场的崛起而不断萎缩，因此越是传统的大型的旅行社，越是要面对巨大的冲击，未来这些旅行社的业务规模还会进一步萎缩，这些大型旅行社集团的业务亏损也将持续。

同时，在传统旅行社中分管某些区域业务的主管纷纷出来创业，并且分润市场的行为还将继续，他们在一定程度上会让现有的旅行社朝向小型化发展，扎根区域市场，然后做深市场。

未来是小而精的旅行社的时代。小而精，就意味着人力成本的下降，目前在各地出现了许多的旅行社夫妻店或10人以内的主题型旅行社，这些小而精的旅行社在人力成本方面节约到极致，同时因为成本节约，又能够很好地抵抗淡季冲击，也能够探索自身的特色。

（2）专业化、主题化、深度游、私人定制旅游将成为未来旅行社的选择。标准化的、规模化的团队旅游成为旅行社竞争的"红海"，而专业化、主题化、深度游却还是一片"蓝海"，相信未来的小而精的旅行社将会越来越朝着四个方向发展。

专业化的旅行社，旅行社的人员就是专业人员或者与专业相关的人员，能够很好地打通专业与非专业之间关系、渠道，从而在市场中建立不可替代的地位。例如，体育旅游，需要真正懂体育的专业人士，能够切入这片市场中进行专业化的运作，建立别人难以模仿和复制的线路、产品，获得别人难以超越的渠道及客户关系。类似的康养旅游、美容旅游、探险旅游、摄影旅游等都是如此。

主题化旅行社是指深入小众化市场及主题型市场，为这些小众市场和主题市场服务，通过鲜明的主题和个性赢得市场。比如，明星粉丝旅游，就需要切入到明星粉丝旅游群体，对明星粉丝的需求有足够的了解、认知，然后根据他们的需求，提供相应的包括明星演出门票、明星见面会安排、明星相关产品购买等方面的服务，从而深入发展这些方面的旅游。

深度游旅行社，就是在某些地区、某些线路、某些领域深耕，让人们能够获得更加深入的旅游体验，着力于地区、线路、领域资源的深度挖掘和组合，让人们能够体验到更具内涵的旅游，做这一块的旅行社正在兴起。例如，欧美游中，专注于美国市场的旅行社，推出专注于美国东部体验的线路获得游客认可后，市场逐步稳定并上升。

私人定制旅游旅行社，这是旅游服务个性化的潮流带来的，私人定制为某些家庭、某些小团体而进行的专门而私人的服务，需要应对每一个不同的对象，敲定相应的行程与服务，这种精细化的旅游服务很难量化，不为在线旅游所关注，但是能够大幅度地提高旅游服务的收入，能够打破现有旅游低质、低价竞争的局面，是未来一部分旅行社可以进行的选择。

专业化、主题化、深度游、私人定制是未来小而精的旅行社可以选择的方向，能够让他们在市场上活得更加滋润。

（3）新媒体新手段促进旅行社分化，个人品牌型旅行社将会兴起。随着新技术的发展，各种新媒体及社群媒体对旅行社业务的影响巨大，旅行社又开始走向回归，基于对人的信任而参加旅行团。

相关链接：个性深度游带动京城旅游消费升级

个性游一定是高价游吗？跟团游只是"上车睡觉、下车拍照、回家一问啥也不知道"的尴尬体验吗？

2019年暑期临近尾声，多家旅行平台近期披露的数字显示，北京暑期个性深度游旅游产品订单量猛增。随着"80后""90后"成为旅游消费主体，游客们玩得更贵且花样更多。告别走马观花、拍照打卡的传统观光游，休闲度假的需求催生着京城旅游消费不断升级。

1. 新花样：古建专家成导游

周日的一次故宫之旅，让出生在北京却从没去过故宫的李女士一下子爱上了故宫。一次展会上，她和闺蜜看到东城区展位推介的"故宫以东"品牌，闺蜜拉着她下单了一款故宫游产品。

来到故宫阙左门集合，她们发现导游大有来头：他是一位古建文化爱好者，曾在伊拉克探访过当地古文明遗迹，现如今在故宫旁的四合院中开了茶室和漆器工作室。三个人没有走人潮涌动的中轴线线路，一路上，李导和她们聊起了他擅长的领域——故宫建筑群落设计理念和建筑彩画美学理念，还拉家常似地谈起了热播宫斗剧中的场景并非历史真相。

"故宫游是'故宫以东'系列最热门的网红产品，游客愿意为高质、高价的深度游产品埋单。"寺库旅行及精品生活运营总监祝雪霏介绍说。

2. 挑线路个性比价格更重要

个性化旅游为何如此火热？携程旗下高端游品牌鸿鹄逸游首席运营官郭明认为，多数游客有着丰富的出行经验，旅行个性化需求强烈，但传统旅行社产品和服务满足不了他们的需求。

个性旅游就等于奢侈旅游、高价游吗？"并不完全是。"一家旅行社负责人解释说，个性游价格比传统跟团游稍高一点，因为机票、酒店、门票费用比"拼团价"贵一些，最终价格取决于游客所需的增值服务，如请司机和专业讲解员、个性旅游体验项目等。记者查询发现，"故宫以东"多数本地旅游产品均在300元至500元，如选择住宿或增加定制项目需要另付费。

为了享受更高品质的旅游体验，也有游客不惜破费万元以上。在鸿鹄逸游平台，国内游的客单价也达到1.5万元。这其中，4天3晚的"北京初游之旅"深受海外游客欢迎，走非常规线路精讲故宫帝王成长故事，在后海北沿楠书房享受下午茶时光，入住颐和安缦酒店，游慕田峪长城等特色游览，都有经验丰富的高级导游全程陪同，让游客充分领略北京古都神韵。

3. 本地游仍需更多休闲产品

鸿鹄逸游国内产品总监王海静介绍，2019年暑期平台北京游产品相比去年同期预订量有明显增长，相比其他城市，北京吸引了更多的外地和入境游高端消费游客。

央视发布的《中国经济生活大调查》结果显示，旅游意愿再次蝉联国人消费榜首，已经是五连冠。促进旅游消费升级，成为北京等各大旅游城市发展的方向。

在北京第二外国语学院中国文化和旅游产业研究院副教授吴丽云看来，北京应继续促进高端旅游消费，促进夜间经济发展，出台政策鼓励更多文旅企业在京布局，形成更多的休闲度假聚集区。类似"故宫以东"品牌开展文旅融合的新模式，值得各地学习借鉴，"城区旅游可以结合文创元素，郊区游可更多融入农业和休闲度假特色。"她说。

经常周末带孩子去京郊的上班族邹先生建议，个性旅游不等于奢侈高价游，工薪阶层更期盼北京有丰富的中端价位旅游度假项目，让周末休闲度假成为更多家庭的习惯性消费。

（资料来源：https://news.hexun.com/2019-08-20/198261555.html）

课堂思考：旅行社如何抓住旅游消费升级的市场需求？

任务三　在线旅行社

美国著名畅销书作家安迪·安德鲁斯曾说过，人生至少要有两次冲动，一为奋不顾身的爱情，一为说走就走的旅行。但在移动互联网时代，"说走就走"未免太过鲁莽了些。出发前不妨到"马蜂窝"上找找攻略，用"穷游"规划一下行程，在"去哪儿"上对比一下机票，上"携程"预订好落脚的酒店……丰富的旅行App让我们的出游更加便捷、高效。那么，与旅行社紧密相关的"OTA"商业模式到底是什么？

一、在线旅行社概述

Online Travel Agency，中文译为"在线旅行社"，是旅游电子商务行业的专业词语。指旅游消费者通过网络向旅游服务提供商预订旅游产品或服务，并通过网上支付或者线下付费，即各旅游主体可以通过网络进行产品营销或产品销售。

在线旅游服务商（Online Travel Agent，OTA），是指依托互联网，以满足旅游消费者信息查询、产品预订及服务评价为核心目的，囊括了包括航空公司、酒店、景区、租车公司、海内外旅游局等旅游服务供应商，提供搜索引擎、消费预订、旅游资讯和社区论坛等综合服务的在线旅游平台。

早期 OTA 专注于酒店预订、旅行搜索、服务点评等细分环节，后来经历并购与整合，逐渐发展为一站式 OTA。目前国内携程和去哪儿正在向"一站式旅行服务" OTA 和垂直搜索引擎服务商迈进，其余在线旅游企业则多是专注某一细分市场或者某一具体环节，打造核心竞争力。

二、在线旅行社分类

按旅游网站建设主体，可将 OTA 网站划分为两大类：一类是供应链上游企业建设的在线旅游直销网站，如酒店、航空公司、景点景区等发起建设的旅游网站，其功能是发布企业自身信息和推介旅游产品，如春秋航空、铂涛集团等；另一类是以为撮合旅游市场的供给端与消费者需求端的在线旅游中介网站，如携程、艺龙、同程等。在线旅游中介网站是目前 OTA 网站中最主要和最活跃的力量，这类网站还可细分为旅游频道、旅游综合网站、旅游垂直网站、旅游推荐网站和旅游点评网站等（见图6-2）。

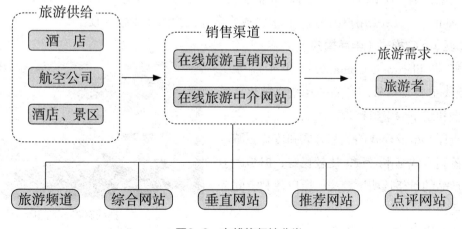

图6-2 在线旅行社分类

三、在线旅游5种主流商业模式

图6-3　去哪儿线下门店
（图片来源：https://image.so.com/）

（一）Agency 模式（代理商模式）

目前在线旅游企业中最主要的一种商业化模式，即在用户和产品供应商中担当代理商的角色，在交易中通过抽取佣金赚钱。

点评：这个模式单笔交易营收较低，但较稳定。

典型代表：最具代表性的当数去哪儿网（见图6-3）、携程、艺龙、世界邦旅行网等。

（二）Media 模式

即媒体化商业模式，通过内容分享、社交等聚集大量的目标人群流量，主要通过广告展示、内容植入等方式盈利。

点评：随着信息分享平台的增多，在内容大同小异的情况下，靠广告作为主要收入已经不能成为长久之计。

典型代表：马蜂窝、穷游网、面包旅游等。

（三）Merchant 模式（用户出价）

首创于美国，目前国内还没有。Merchant 模式就是和酒店、机票、租车及目的地服务商合作，以固定的配额和价格获取相关产品。同时在线旅游服务商拥有相应的自主定价权向消费者收费，以此获得产品差价。

点评：这个模式单笔交易营收通常比较高。反向拍卖的模式遵循了经济学中的"保质期"越近、商品价值越小的理论。

典型代表：美国的在线旅游服务企业——Priceline，其凭借独特的"C2B"模式name your own price（用户出价），目前已成为全球最大的在线旅游服务商。

（四）EC 模式（电商模式）

EC 即 Electronic Commerce（电子商务），EC 模式主要是指旅游产品的在线商城化，实现线上和线下双渠道销售。

点评：电商模式的盈利方式和传统旅游产品的盈利方式基本一致，比较稳定，但是因为旅游产品的价格透明度较高，所以盈利空间普遍较薄。

典型代表：携程（见图6-4）、途牛网等。

图6-4　携程旅游线下门店
（图片来源：https://image.so.com/）

（五）Integration 模式（集成模式）

主要是指集成在线旅游市场各种商业化模式的部分特点，通过综合优化，实现盈利的一种商业化玩法。

点评：一键全程代订自助游，该模式可以实现让用户自由、一站式地自助挑选与行程相关的（包括部分稀缺的）旅行产品，用接近乃至低于目前跟团游的价格，享受跟团游无法比拟的体验。集成模式通过综合优化各种商业化模式，实现了一种在线旅游市场商业化创新玩法。

典型代表：世界邦旅行网。

四、在线旅行社的基本策略

高速的行业发展往往伴随着激烈的市场竞争和频繁的企业合作，回顾以往的竞合态势，在线旅行社的发展应关注以下基本策略。

（一）策略之一：提供全面丰富的信息

全面丰富的旅游信息是吸引更多游客的基础，精准的信息分类、强大的搜索引擎则能降低用户的使用门槛，能够有效提高游客的黏性和忠诚度。OTA 网站应充分重视信息展示的视觉效果，以文字、图片、音视频资料，立体展示景点、食宿、交通和消费点评的详尽信息。

（二）策略之二：实现低成本的中介盈利

网上的信息传递是免费的，信息交换次数与数量均无限制，信息传播也无时间地域限制。因此，OTA 网站可以充分利用网络信息传播的特点，将各种旅游资源结合在一起，利用无实体店铺经营的低成本优势，在旅游供给与旅游需求之间开展中介撮合服务，使旅游资源的供应者和消费者都得到益处，从而确立中介的存在价值并实现盈利。

（三）策略之三：满足游客的个性化需求

相比于线下旅行社，OTA 网站因为难以和游客面对面交流而很少能提供个性化的服务，这是行业固有的短板，也是企业培养竞争优势的切入点。OTA 企业要充分发挥互联网的优势，广泛收集旅游产品素材，加工成方便逐项筛选的子产品，以供游客按需设计个性化旅游线路。如果你的网站能更低成本地满足游客"驾车时间要在3 小时以内，目的地气温要在 25℃左右，要有美丽的海滩和潜水活动……"的需求，他还有什么理由去线下旅行社报团呢？

（四）策略之四：树立企业品牌，巩固竞争优势

经过多年发展，OTA 网站的经营模式已很容易被复制而产生同质化竞争，但优

质服务锻造的品牌优势难以逾越。发展旅游电子商务必须十分注重自身的品牌建设，提供标准化、精细化和系统化的服务，提高品牌的美誉度、顾客的忠诚度和回头率，有效地巩固原有市场和竞争优势，并通过口碑效应进一步扩大市场。

（五）策略之五：创新商业模式，拓展市场业务

随着 OTA 市场竞争者的不断涌入，业务同质化导致了激烈的价格战，压缩了 OTA 企业的利润。在这样的背景下，OTA 企业除了要巩固酒店和机票传统业务外，还要积极开拓商旅、度假和餐饮等新业务，实现多元化发展。

展望未来，在线旅行社行业虽然一直竞争激烈，但并不意味着没有创业机会，只要找到一个较好的切入点，如出境游、周边游、自助游、旅行社交等，然后建立全面的信息网链并积极满足用户个性化需求，仍可大有作为。

案例分析：前进中的"欣欣旅游网"

欣欣旅游网创办于 2009 年 2 月，是一家以信息技术创新为核心竞争力、服务旅游全产业链的专业全域旅游运营公司。欣欣旅游通过平台、数据、金融互为一体的旅游信息化服务体系进行渠道归集，以智慧旅游为切入点，深度整合目的地旅游资源，搭建线上线下一体化运营平台，打通游客服务、企业运营、政府监管等环节。旗下包含"旅游信息化服务"和"旅游目的地运营"两大业务体系。

主要数据如下：

中国最大的旅游产品预订平台（在线旅游超市）

艾瑞市场咨询（iResearch）公布旅行预订类网站排名国内前五

拥有最全的生活旅游出行实用查询工具平台

已服务全国 80 多个旅游目的地及 14 万以上旅游企业

拥有中国最大的旅游产品库，荟萃 130 万条国内外的旅游线路和 70 万单项旅游服务信息，每天为 300 万以上游客提供最专业的旅游线路搜索、比较、预订服务拥有全国 395 个一级城市的旅游门户阵群，提供中国所有地接市以上城市的最详尽的旅游信息服务。

欣欣旅游通过搭建专业的旅游产品网络营销平台，吸引全国各地超过 5 万家旅行社加盟合作，帮助旅游者从浩繁的旅游信息中快速找到适合的资讯。游客通过欣欣旅游网可充分享受"直销一体式"服务，自助选择自由组合。游客可从旅行社在欣欣开设的专属旅游网店中，获取最新旅游产品信息，了解各类旅游产品优势，从而由众多产品中选择合适的产品以及对应的服务商，预订后享受旅行社提供的各类旅游服务。

欣欣旅游拥有强大的后台支持，不单提供查询预订服务，还会及时记录更新

旅行社和游客的业务变动情况，以便业务双方都能够随时随地地查阅订单记录，为之后的服务和需求起到很好的导向作用。除此之外，欣欣还会联合第三方企业推出一系列基于旅游电子商务服务的保障性服务，例如，支付担保、信用评级、用户评价、业务累计等。

（资料来源：百度百科）

📋 项目总结

　　本项目介绍了旅行社业发展的基本情况，对旅行社的定义、职能、分类及作用进行了描述，要求了解传统旅行社发展面临的问题与困境，掌握在线旅行社发展的最新趋势。

📋 项目练习

　　一、思考题

　　1. 什么是旅行社？我国旅行社是如何分类的？其最主要的职能是什么？

　　2. 分小组讨论 2018 年和 2019 年我国旅行社业发展的最新数据，分析传统旅行社发展面临的困境，找出解决之道。

　　3. 对我国在线旅行社进行分析，以携程、飞猪、去哪儿、途牛为例说明它们的发展特点，并做出优劣势分析。

　　二、案例分析

最古老旅行社宣布破产

　　近日，拥有 178 年历史的英国老牌旅游公司托马斯·库克（Thomas Cook）宣布破产。该公司为世界第一家旅行社，旗下业务包括旅行社、航空、酒店等。有分析指出，该公司在面对新市场环境上转型不成功，再加上国际事件、预订量下降及油料价格上升等多重因素，最终走向破产。

　　据了解，托马斯·库克创立于 1841 年，其创始人 Thomas Cook 创立了世界上第一家旅行社，也是第一个组织团队旅游的人，被誉为"近代旅游业之父"。其业务遍布世界 16 个国家和地区，每年接待游客 1900 万人次，在全球范围内有超过 2

万名员工。

2007年，托马斯·库克与英国旅游度假公司MyTravel合并重组，为此背负了高达数十亿英镑的债务。而到2011年时，该公司的债务金额已达到55亿英镑，不仅使公司出现违约，利润也受到进一步挤压。2015年3月，中国复星国际有限公司以1.4亿美元收购其5%股权，并成立合资公司。

9月23日，该公司在重组谈判失败后正式宣告破产，目前已经进入破产程序，英国业务立即停止交易，所有航班及行程均被取消。受此影响，原本联手托马斯·库克布局中国市场的复星旅文股价受到影响，但表示仍会保留中国业务。

有百年历史的旅行社最终走向倒闭，对于旅游市场而言并不是个例。它所面临的市场环境与转型难题，也让不少业内人士感同身受。重庆中旅相关负责人廖伟告诉记者："托马斯·库克是历史记载上比较早的旅行社，它的诞生源于市场的需求。随着时代的变化，老牌企业不一定能够顺应市场趋势，做到与时俱进。这样的传统旅行社在国际、国内都大量存在。据业内统计，每年约有20%～30%的公司面临倒闭。"在他看来，国内旅行社面临互联网的冲击毫无疑问是巨大的，同时转型上的困难也很明显。"现在购买旅游产品的渠道多元、便捷，但传统旅行社的销售模式没有太大变化。这就导致了很多体量较小的旅行社在线上平台兴起后大量消失，但随后的竞争中，规模更大、更成熟的旅行社的生存空间也在压缩。"

重庆森林国旅相关负责人刘铭认为，目前传统旅行社已经到了不得不转型的地步。尽管意识到了这些问题，大多数旅行社却没有转型成功，同时，面临的市场竞争却更加激烈。"尤其是携程、去哪儿、飞猪等线上平台的兴起，带来了互联网的玩法，前期有资本支撑，通常不盈利，以高性价比的产品吸引大量用户。同样的模式，传统旅行社无法支撑，而走向线上，又面临着大部分利润被电商抽成和管理费等瓜分，盈利空间越来越窄。"他进一步指出："以前传统旅行社是赚多赚少的问题，而在当下的转型期，面临的是亏多亏少的问题。"

目前，不少传统旅行社开始寻找出路，尝试包机、包宾馆、包景区等方式，此外，还有与学校合作出境夏令营、研学、游学等业务。不过，这些转型模式并不一定奏效，行业仍处于探索期。

"被消灭的不见得是旅游行业，而是传统的业务模式。"重庆中旅相关负责人廖伟说，在线上线下融合的背景下，线下旅行社应该瞄准线上服务可能存在的不足，对业务进行深化和拓展。"线上平台销售的旅行产品，在具体落地时如何售后，这需要线下人员去执行。另外，当客户有定制化需求时，是否能够及时满足他们的需求。从这些方面来看，线下旅行社应当向专业化、个性化发展，并且不能局限于旅游本身，可以进行多元业务的拓展。"

他表示，从重庆中旅目前的探索来看，主要有以下几点经验：首先，要明确传统线下旅行社的优势是什么，是个性化、专业化的服务，以及多年来积累的大量优质客户资源。第二，立足于本地，传统旅行社在景区、酒店、航线等方面更具优势，应当继续深耕。第三，业务多元化，在传统的旅游业务之外，还布局了旅游地产、资本运作、景区管理等，有可能传统业务不盈利，但可以通过业务互补、客户转化等实现整体的发展。

在重庆森林国旅相关负责人刘铭看来，在这一背景下，传统旅行社应该回归旅游本质，为消费者提供好的服务。"目前有几个方向，一个是线上线下融合，线上平台与线下旅行社达成合作；另一个是线下旅行社在网上开店；再一个是拓展旅游相关的其他业务。"

他透露，近年来重庆森林国旅推动旅游产品向个性化发展，开拓更多境外旅游目的地和热气球、飞行员、潜水等特色服务。并且，对教育、移民留学、劳务输出等方向做了业务探索，推出了夏令营、研学旅行、公商务考察等产品。"旅行社是轻资产，面对线上冲击，只能在服务和体验上下功夫。至于是否能成功破局，还有一个过程，有待时间和市场的检验。"

（资料来源：https://bg.qianzhan.com/report/detail/300/190926-121620cb.html）

案例思考：传统旅行社如何实现与在线旅行社的融合发展？

📧 推荐阅读

1. 随着在线旅游的发展，旅行社如何取得更大的竞争优势（https://www.jianshu.com/p/03ecea9c56e1）

2. 传统旅行社已死（https://new.qq.com/omn/20191030/20191030A0QX3Z00.html）

3. 百年旅行社托马斯库克破产：谁"坑"了投资者复星旅文（https://news.sina.com.cn/c/2019-09-24-doc-iicezzrq8009250.shtml）

4. 行业分析旅行社行业发展趋势（https://new.qq.com/omn/20191009/20191009A0JJUG00）

5. 旅行社未来发展的趋势是什么（https://www.zhihu.com/question/36770579/answer/721662865）

项目七　旅游景区

项目目标

　　本项目要求学生掌握旅游景区的定义、分类、我国旅游景区的质量等级、旅游景区在旅游业中的地位和作用、我国旅游景区发展历程；了解我国主要旅游景区概况；掌握旅游景区运营管理基本概念、目标、内容及当前我国旅游景区运营现状。

项目任务

　　1.掌握旅游景区的定义、分类、我国旅游景区的质量等级、旅游景区在旅游业中的地位和作用、我国旅游景区发展状况。

　　2.了解我国主要旅游景区概况。

　　3.掌握旅游景区运营管理基本概念、目标、内容及当前我国旅游景区运营现状。

项目案例导入

广州市民游衢州景区可享门票全免

　　日前，2019"南孔圣地·衢州有礼"城市品牌推介会在广州举行。2020年2月1日至2月29日，衢州将对广州市民推出为期1个月的景区门票全免政策，包括双休日和元宵节。

　　衢州位于浙江省西部、钱塘江的源头，历史悠久，美景遍地。当地的城市与乡村至今仍保留着百年前的传统风貌，形成了良好的生态与人文旅游基础。本次活动以推介会为媒，通过招商投资情况说明、广衢两地企业现场签约等方式，全面展示了衢州市优良的营商环境，更好地向广州市民诠释了"南孔圣地·衢州有礼"这一潜力值高、包容性强的城市品牌。

　　据介绍，随着"南孔圣地·衢州有礼"城市品牌的打造，衢州的城市认知度正在不断提升，已经产生了"酒香不怕巷子深"的美誉效益。此前，衢州也带着"南孔圣地·衢州有礼"城市品牌先后走入北京、上海、深圳、大连、沈阳等地推介，得到当地市民、旅游组织和企业及当地商会的广泛认可和支持。

　　据了解，自2017年起，衢州每年都推出"全球免费游衢州"活动，2019年免费时间更是长至 246 天。除国家法定节假日、双休日外的每周一至周五，市内 14 个景区对全球游客免费开放，其中包括了江郎山·廿八都景区和根宫佛国两个国家 5A 级景区。

（资料来源：中国旅游新闻网．广州市民游衢州景区可享门票全免 [EB/OL].http://www.ctnews.com.cn/jqdj/content/2019-12/30/content_60116.html）

课堂思考：传请分析，为什么在全域旅游时代下，景区免门票或门票降价是未来发展的趋势。

任务一 旅游景区概述

一、旅游景区的定义

旅游景区是旅游活动的核心承载空间，也是旅游目的地吸引要素的主要呈现者。目前由于国内外旅游学界对旅游景区的基础研究仍较为薄弱，因此，对旅游景区的定义并不十分严格，也没有一个普遍接受的意见，但基本上可分为广义和狭义两大类。即广义的旅游景区几乎等同于旅游目的地，而狭义的旅游景区则是一个吸引游客休闲和游览的经营实体。

我国于 2005 年实施的《旅游景区质量等级的划分与评定》（GB/T 17775—2003）》中，将原国家标准（GB/T 17775—1999）中"旅游区（点）"的概念修改为"旅游景区"，对"旅游景区"（Tourist Attraction）给出的定义为：旅游景区是以旅游及其相关活动为主要功能或主要功能之一的空间或地域。本标准中旅游景区是指具有参观游览、休闲度假、康乐健身等功能，具备相应旅游服务设施并提供相应旅游服务的独立管理区。该管理区应有统一的经营管理机构和明确的地域范围。包括风景区、文博院馆、寺庙观堂、旅游度假区、自然保护区、主题公园、森林公园、地质公园、游乐园、动物园、植物园及工业、农业、经贸、科教、军事、体育、文化艺术等各类旅游景区。

本书所采用的"旅游景区"定义与国标说法类似。具体地说，凡是符合以下要求的具有较为明确的范围边界和一定空间尺度的场所、设施或活动项目者，都可以称之为旅游景区（见图 7-1）。

（1）以吸引游客为目的，包括本地的一日游游客和旅游者，根据游客接待情况进行管理的。

（2）为游客提供一种消磨闲暇时间或度假的方式，为他们提供一种快乐、愉悦和审美的体验。

（3）开发游客对这种体验的追求，满足这种潜在的市场需求。

（4）以满足游客的需求为管理宗旨，并提供相应的设施和服务。

图7-1 旅游景区（概念图）

（图片来源：https://pic.sogou.com）

二、旅游景区的分类

在学术界，关于旅游景区的分类，不同的学者有着不同的看法（见表 7-1）。

表7-1 旅游景区的分类方法

著名学者	米勒	斯沃布鲁克	密德尔敦	汉纳	耶尔	普伦蒂斯
旅游景区分类方法	人类活动遗址	特殊活动	大自然风光	活动及展览	活动表演	节庆游行；户外运动；艺术表演
	自然遗址	自然景观	野生动植物	野生动植物；郊野公园	野生动植物；乡村	自然遗迹；乡村/特色地貌；滨海度假区及海洋景观
	建筑遗址	人造景观（不以吸引游客为建造目的）	工业景观；公园及花园；历史建筑；古建筑遗迹	农场；蒸汽铁路；教堂；公园/花园；历史遗址；其他	工业景观；交通工具；宗教景观；国家机构所在地；其他（历史遗迹/保护区）	农业生产基地；社会文化景点（少数民族）；军事景点；历史人物景点；工业生产基地；交通景点；宗教景观；国家机构/墓地；城镇景观；乡村及茅舍
	—	人造景观（以吸引游客为建造目的）	博物馆；美术馆/画廊；游乐园/游艺场；主题乐园；主题零售店	游客中心；博物馆和画廊；游乐园和码头工作场所	博物馆；其他（游乐园、购物中心）	画廊；科技景点；休闲公园；主题乐园；工艺制作中心

另外，著名学者格尔德纳等人的五分法，是学术界比较有代表性的分类方法，（见图7-2）。

图7-2 格尔德纳的旅游景区五分法

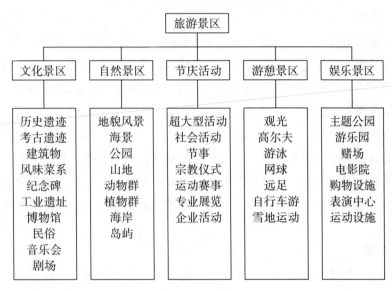

三、我国旅游景区的质量等级

2003年2月24日，由国家质量监督检验检疫总局发布了修订后的国家标准《旅游区（点）质量等级的划分与评定》（GB/T 17775—2003），于2003年5月1日起实施。2004年又对其中三处进行了修订，于2005年1月1日起实施，仍沿用原国标编号，即《旅游景区质量等级的划分与评定》（GB/T 17775—2003）。

新的国家标准《旅游景区质量等级的划分与评定》中将旅游景区质量等级划分为五级，从高到低依次为5A级、4A级、3A级、2A级、A级，并规定旅游景区质量等级的标牌、证书由全国旅游景区质量等级评定机构统一规定。

（一）5A级

旅游交通、游览、旅游安全、卫生、邮电服务、旅游购物、经营管理、资源开发和环境的保护等方面极好；旅游资源吸引力极高，世界知名，美誉度极高，市场辐射力很强，主题鲜明，特色突出，独创性强；年接待海内外旅游者60万人次以上，其中海外旅游者5万人次以上。游客抽样调查满意率很高。

（二）4A级

旅游交通、游览、旅游安全、卫生、邮电服务、旅游购物、经营管理、资源开发和环境的保护等方面良好；旅游资源吸引力很高，全国知名，美誉度高。市场辐射力强，形成特色主题，有一定独创性；年接待海内外旅游者 50 万人次以上，其中海外旅游者 3 万人次以上。游客抽样调查满意率高。

（三）3A 级

旅游交通、游览、旅游安全、卫生、邮电服务、旅游购物、经营管理、资源开发和环境的保护等方面较好；旅游资源吸引力较高，周边省市知名，美誉度较高，市场辐射力较强，有一定特色，并初步形成主题；年接待海内外旅游者 30 万人次以上。游客抽样调查满意率较高。

（四）2A 级

旅游交通、游览、旅游安全、卫生、邮电服务、旅游购物、经营管理、资源开发和环境的保护等方面一般；旅游资源吸引力一般，全省知名，有一定美誉度，有一定市场辐射力，有一定特色；年接待海内外旅游者 10 万人次以上。游客抽样调查满意率较高。

（五）A 级

旅游交通、游览、旅游安全、卫生、邮电服务、旅游购物、经营管理、资源开发和环境的保护等方面基本满足要求；旅游资源吸引力较小，本地区知名，有一定美誉度，有一定市场辐射力，有一定特色；年接待海内外旅游者 3 万人次以上。游客抽样调查基本满意。

四、旅游景区在旅游业中的地位和作用

（一）旅游景区是旅游业发展的基础

旅游景区是旅游者产生出游欲望的直接动力，更是延伸旅游产业链和拓展旅游辐射面的重要载体。可以说，旅游景区是旅游业的生存之本、发展之基、动力之源。

（二）旅游景区是诱导人们外出旅游的前提

旅游景区在目的地旅游业中的地位同旅游资源的地位是同等重要的。因为构成景区的基础是当地的旅游资源，而旅游景区往往是展现当地旅游资源精华的场所。旅游景区产品对旅游者的来访起着一种激发或吸引的作用。作为旅游资源的重要组成部分和典型体现，旅游景区产品在旅游目的地旅游业整体产品构成中居于中心的地位。

（三）旅游景区是旅游业创收的重要支柱

旅游景区的收入是旅游业收入的重要来源之一。没有旅游景区的发展，旅行社业、旅游交通业、旅游饭店业、旅游娱乐业和旅游购物业就不能健康发展，也不能带

动其他各个相关行业和部门的发展。

目前的旅游景区在改进服务的同时不断增加旅游活动的内容，并推出了更多的景区旅游商品，进一步刺激了游客的旅游消费。在未来的发展中，旅游景区门票的收入比例将逐渐减少，售卖以服务为主要内容的产品收入比例将越来越高。

（四）旅游景区促进当地经济发展

旅游景区的开发和建设不仅对所在地的旅游发展具有重要的作用，而且直接促进了旅游景区所在国家或地区的经济发展。一方面，旅游景区通过接待游客、收取门票和提供配套设施和服务，直接创造大量的旅游收入和税收收入，既增加了景区所在地居民的收入，又增加了地方政府的财政收入，尤其是一些专门为旅游者开发和建设的旅游景区，还能够为投资者带

图7-3 山东临沂竹泉村
（图片来源：https://pic.sogou.com）

来大量的投资收益。另一方面，随着旅游景区的开发建设和经营，必然直接或间接地带动景区所在地的膳宿服务业、交通运输业、邮电通信业、商业服务业、建筑建材业、农副产品加工业及各种后勤保障等方面的发展，从而发挥旅游景区的乘数效应和关联带动效应，促进旅游景区所在地社会经济的发展。山东临沂的竹泉村就成为带动当地经济发展的"排头兵"（见图 7-3）。

五、我国旅游景区发展历程

（一）旅游景区的萌芽阶段

改革开放之前是中国旅游景区发展的萌芽阶段。中国旅游景区的雏形是传统的园林。传统园林时期，旅游景区的管理实践仅仅局限于园林的建造，并且造园艺术较为简陋，直到发展后期才出现了较为复杂和系统的造园艺术，并且园林多是以自然风光观光为主的园林类型。随着时代的发展，旅游景区有了一定的发展，除了园林外，还出现了供大众游玩的公园。我国最早的公园于 1868 年诞生于上海——即公花园（现在的黄埔公园），和传统的园林相比，其功能有了较大的扩展，除了营造大量的景观之外，开始在公园内留有大面积的空地，供人们开展各种球类活动和其他体育运动，有些公园开始营造一些基础性的游憩设施。此时的公园已经具有了现代景区的雏形，但由于经济和社会条件的限制，当时旅游业只是一种文化事业，从属于外事部门，旅

游景区的发展十分缓慢。

（二）旅游景区的起步阶段

1978 年改革开放之后，我国旅游业快速发展，伴随着人民收入水平的提高，人民的消费水平也不断提高，加上交通工具的改进和交通设施的建设，旅游活动日益繁荣，旅游景区得以全面构建起来。为了满足国内外日益增长的旅游需求，大量旅游景区兴建起来，在食、住、行、游等方面进行了大量相关设施的建设，旅游接待能力初步形成。但是此时的旅游景区建设还很不成熟，基本处于原始粗放状态。旅游景区的发展基本是资源导向，对已有的自然旅游资源进行简单的开发后便投入使用，主流旅游便是对自然风光走马观花式的欣赏，旅游景区的发展单一陈旧。此时旅游景区缺乏科学规范的规划，旅游景区开发的主要目标是经济利益最大化，只注重经济效益，对旅游景区的社会效益和环境效益不加考虑，盲目开发建设。旅游景区的开发走的是"以治为主，以防为辅"的先破坏后治理的道路，造成旅游景区大量旅游资源遭到破坏，旅游环境逐步恶化。旅游景区的经营不关注旅游需求，对旅游市场把握不够，对于旅游市场日益增长的购物和娱乐需求不能及时满足，旅游景区的经营处于卖方市场的状态。

（三）旅游景区的成长阶段

20 世纪 80 年代之后的"七五"时期，旅游业取得了突飞猛进的发展，全球范围的旅游热潮不断涌现，旅游景区建设形成高潮。城建、林业、文化和环保等部门，以及乡、村、农民和外商纷纷出资开发旅游景区，基本上形成全社会办旅游的热潮。现代旅游设施逐步完善，旅游景区、旅游产品趋向多样化、个性化，除了开发原有旅游资源外，不断加深旅游景区开发的文化内涵，同时出现了人造景观和主题公园。旅游景区开发建设走上了先规划后开发的规范化道路。旅游景区经营以市场为导向，开始重视形象建设与市场定位，注意提升旅游品牌价值，扩大市场占有率。旅游景区的核心理念为追求以生态效益为前提、经济效益为动力、社会效益为目的的综合效益。

（四）旅游景区的快速发展阶段

"八五"时期开始，旅游业的发展从数量型转向了质量型的内涵发展，旅游产品结构由单纯的观光型向多类型转化，旅游景区进入快速发展阶段，出现了一大批专业特色的综合游览区、旅游度假区、人造景观、大型节庆活动、特征旅游产品和专项旅游产品，旅游景区不断创新，从原来的静态式转向了互动式、参与式发展。

（五）旅游景区的高质量发展阶段

2015 年，国家推出了《国家级旅游度假区管理办法》，推动"景区景点式"旅游向"度假型"旅游迈进，并提出"厕所革命"，全面整改旅游景区厕所，增设"第三卫生间"；2016年，我国旅游从景点旅游模式向全域旅游模式转变，这一创新以习近平总书记提出的五大发展理念为指导，是发展模式的变革、发展路径的转变、发展格局的扩大、发展品质的升华；2018年，全国旅游工作会议明确提出，我国旅游业已经到了从高速旅游增长阶段转向优质旅游发展阶段的关键节点，并将发展优质旅游列为2018年度的重点工作之一，推进我国从旅游大国向旅游强国转变。2018年3月，国务院机构改革方案公布，将文化部、国家旅游局的职责整合，组建文化和旅游部，作为国务院的组成部门。2019年，文化和旅游部制定了《国家全域旅游示范区验收、认定和管理实施办法（试行）》和《国家全域旅游示范区验收标准（试行）》，2020年5月对其进行修订，持续推动全域旅游向纵深发展。

随着对旅游高质量发展的不断迈进，我国旅游景区建设硕果累累。2017年，国家级风景名胜区达到244处，国家级海洋公园49个；2018年，国家级自然保护区达到474个；2019年，我国国家级旅游度假区达到30家，国家级森林公园897处，正式命名国家地质公园的有217处。文化和旅游部将重点打造长城、大运河、长征三大国家文化公园，同时确定了首批国家全域旅游示范区名单71个。截至2019年年底，全国共7家5A级景区被撤销；2020年1月新增5A级景区22家，全国5A景区数量达到280家，2020年1月，国家湿地公园共901处（含试点）。

随着各级地方政府对发展旅游业的重视程度日益提高，对旅游资源的开发力度进一步加大，从而形成了一批又一批新的旅游景区，景区类型也日益丰富。我国观光、休闲度假和专项旅游相结合的较完整的产品体系初步形成。除了新开发的以传统

图7-4 红色旅游

（图片来源：https://pic.sogou.com）

旅游资源（自然和人文资源等）为依托的观光休闲景区外，还不断涌现出各类与我国现代化建设相关联的现代旅游产品和旅游景区，如生态旅游、工业旅游、农业旅游、科教旅游、文化创意、会展旅游、康体旅游、红色旅游（见图7-4）、海洋旅游、温泉旅游、体育旅游、滑雪旅游等。

相关链接：贵州万山：汞矿遗址变身旅游景区

　　国庆期间，贵州铜仁市万山区朱砂古镇景区游人如织。玻璃栈道、博物馆、悬崖泳池……眼前的景象，很难让人想象这里4年前还是陷入资源枯竭困境的汞矿遗址。

　　万山朱砂开采最早可追溯至秦汉时期，唐宋时进一步发展，明清时则达到了顶峰。过去，万山朱砂储存量和产量均居国内之首，素有"千年丹都"之称。但即使这样，资源也有用完的一天。2001年10月，万山汞矿因资源枯竭政策性关闭，从此陷入发展困境。那个时候，矿上的工人都下岗了，只能外出打工。沉寂一段时间后，万山区开始寻求转型之路，并于2009年被列入全国第二批资源枯竭型城市，获得重点扶持。

　　2015年7月，万山区引进江西吉阳集团，以独有的丹砂文化为核心，投资20亿元，按照5A级景区标准，对现有遗址和文物进行修缮性开发利用，建造朱砂古镇。

　　这次转型开发让这个老矿区走上了变身景区、激活资源的发展之路。为实现旅游兴业、助推脱贫的目标，朱砂古镇采取"旅游+"商业模式带动周边贫困户一起致富。

　　近几年，万山建成集工艺品研发、培训、生产、检验、销售、展示于一体的万山朱砂工艺产业园，截至目前，已有34家企业入驻。目前，工业园区内拥有全国最大的朱砂工艺品线上线下交易中心，60余个销售网点遍布全国，还在北京、杭州、重庆等城市开设了专卖店。通过打造朱砂古镇，万山探索出一条转型发展、绿色崛起的新路径，绿色产业正在造福万山群众。

　　（资料来源：新华网.贵州万山：汞矿遗址变身旅游景区 [EB/OL].http://www.xinhuanet.com/travel/2019-10/09/c_1125080557.htm）

　　课堂思考：全域旅游、文旅融合的新时代，应该如何定义景区？除了门票之外，景区还有哪些收入？

任务二　我国主要旅游景区概览

　　我国旅游资源十分丰富，对旅游区域的划分尚未有官方规定，因此，一些专家、学者从不同角度提出了不同的分区方案。本书采用刘葆、胡浩的分区原则，根据我国旅游地理区划的基本原则，结合区域自然地理景观的相似性和差异性、区域历史文化的同一性和旅游要素关联性，将我国划分为11个文化旅游区。因篇幅有限，本书仅就每个区域中最具特色、最具代表性的景区进行简要介绍。

一、东北文化旅游区

（一）黑龙江黑河五大连池

五大连池位于中国黑龙江省黑河市境内，地处小兴安岭山地向松嫩平原的转换地带，火山林立，熔岩浩瀚，湖泊珠连，矿泉星布；14 座新老期火山群峰耸立，800 多平方公里的熔岩台地波澜壮阔，数百处自涌矿泉天然出露。新期火山喷发的熔岩，阻塞了远古河道，形成了 5 个溪水相连的串珠状火山堰塞湖，五大连池因此而得名。山川辉映，水火相容，由此构成了"世界顶级旅游资源"，被科学家比喻为"天然火山博物馆"和"打开的火山教科书"。

景区内有传统节事活动——五大连池圣水节，该节起源于民间传说"神鹿示水"，是我国北方各族儿女的文化盛会，是我国百大民俗节日之一，目前已成为国家保护的非物质文化遗产。充分体现了人类热爱自然、珍惜环境、渴望与自然沟通但又尊重自然的知足常乐心态。

（二）吉林省通化市高句丽文物古迹旅游景区

高句丽文物古迹旅游景区位于吉林省集安市，是奴隶制国家高句丽王朝的遗迹。包括国内城、丸都山城、王陵（14 座）及贵族墓葬（26 座）。2004 年 7 月 1 日，高句丽王城、王陵及贵族墓葬被列入世界文化遗产。

在群山环抱的通沟平原上，现存近 7000 座高句丽时代墓葬——洞沟古墓群，堪称东北亚地区古墓群之冠。它不仅可以从不同侧面反映高句丽的历史发展进程，也是高句丽留给人类弥足珍贵的文化、艺术宝库。

二、京津冀文化旅游区

（一）故宫博物院

北京故宫，旧称紫禁城，位于北京中轴线的中心，为中国明清两代的皇家宫殿，是世界上现存规模最大的宫殿型建筑，国家 5A 级旅游景区，第一批全国重点文物保护单位，国家一级博物馆，1987 年入选世界文化遗产，被誉为"世界五大宫之首"（其他四宫为：法国凡尔赛宫、英国白金汉宫、美国白宫、俄罗斯克里姆林宫）。

故宫占地面积 72 万平方米，建筑面积约 15 万平米。建于明成祖永乐四年（1406 年），永乐十八年（1420 年）落成；现为故宫博物院，藏品主要以明、清两代宫廷收藏为基础。自 2011 年起，在前院长单霁翔的带领下，故宫博物院及其文创产品、纪录片等成为国民心中最火的"网红"。作为国家 5A 级景区，2017 年"十一"小长假，故宫博物院率先取消现场售票，全部采用网络购票、实名制购票，分时段控制游客流量。

（二）天津古文化街旅游区（津门故里）

天津古文化街位于天津南开区东北隅东门外，海河西岸，系商业步行街，于1986年元旦建成开业，是中国唯一一个5星级旅游步行街，属津门十景之一。天津古文化街一直坚持"中国味、天津味、文化味、古味"的经营特色，以经营文化用品为主。天津古文化街南北街口各有牌坊一座，上书"津门故里"和"沽上艺苑"。已修复的古文化街包括天后宫及宫南、宫北大街（见图7-5）。

全街长580米，街宽7米，天后宫位于全街中心。全部建筑为砖木结构，是目前天津市最大的一处仿古建筑群。建筑格调为仿清、民间、小式的风格。街内不仅有近百家店铺，主要经营古旧书籍、古玩玉器、传统手工艺制品、民俗用品及天津民间艺术的杨柳青年画、泥人张彩塑、魏记风筝、刘氏砖刻以外，还有全国各地的景泰蓝、牙玉雕、双面绣、中西乐器、艺术陶瓷等上万种名优工艺品、文化用品及

图7-5　天津古文化街旅游区（津门故里）
（图片来源：https://pic.sogou.com）

文物古玩、图书字画等。在文化街内，除了各式店铺外，还有不少小摊子，卖的是糖葫芦、烤红薯、糕饼、甜品等。

三、中原文化旅游区

（一）西安市秦始皇兵马俑博物馆

秦始皇兵马俑博物馆位于陕西省西安市临潼区城东，是中国第一个封建皇帝——秦始皇嬴政陵园中一处大型从葬坑，陵园面积218万平方米。博物馆以秦始皇兵马俑为基础，在兵马俑坑原址上建立的遗址类博物馆，也是中国最大的古代军事博物馆。

秦始皇兵马俑博物馆共有一、二、三号3个兵马俑坑。一号坑是一个以战车和步兵相间的主力军阵，总面积14260平方米，约有6000个真人大小的陶俑。二号坑是秦俑坑中的精华，面积6000平方米，由四个单元组成，四个方阵由战车、骑兵、弩兵混合编组，严整有序，无懈可击。三号坑是军阵的指挥系统，面积524平方米。

秦兵马俑坑发现于1974—1976年，秦始皇兵马俑博物馆1979年向国内外公开开放。兵马俑的发现被誉为世界第八大奇迹、20世纪考古史上的伟大发现。

（二）西安大唐不夜城

西安大唐不夜城并非景区，却是西安爆款景点、"网红打卡地"，深受游客欢迎的"不倒翁小姐姐"就在这条大街上演出。大唐不夜城南北长 1500 米，东西宽 550 米，位于西安曲江新区大雁塔脚下，以盛唐文化为背景，以唐风元素为主线，以大雁塔为依托，以体验消费为特征。

大唐不夜城北起玄奘广场、南至唐城墙遗址公园、东起慈恩东路、西至慈恩西路，贯穿玄奘广场、贞观文化广场、开元广场三个主题广场，六个仿唐街区和西安音乐厅、西安大剧院、曲江电影城、陕西艺术家展廊四大文化建筑，是集购物、餐饮、娱乐、休闲、旅游、商务为一体的一站式消费天堂，其夜景亮化景观被称"最美天街"。"西安大唐不倒翁"是西安不夜城 2019 年 7月开始的一个街头表演艺术，其表演视频不断在网上传播，大唐不夜城逐渐成了网友心目中的"必去打卡地"，带火了西安夜经济（见图 7-6）。

图7-6　大唐不夜城
（图片来源：https://pic.sogou.com）

（三）山西省晋中市平遥古城景区

平遥古城位于山西省中部平遥县内，1997 年入选世界文化遗产，2009 年被世界纪录协会评为中国现存最完整的古代县城。其始建于西周宣王时期（公元前 827—前 782 年），自明洪武三年（1370 年）重建以后，基本保持了原有格局，是中国汉民族城市在明清时期的杰出范例，是迄今汉民族地区保存最完整的古代居民群落。平遥城内的重点民居，系建于 1840—1911 年。民居建筑布局严谨，轴线明确，左右对称、主次分明、轮廓起伏，外观封闭，大院深深。精巧的木雕、砖雕和石雕配以浓重乡土气息的剪纸窗花、惟妙惟肖、栩栩如生，集中体现了 14—19 世纪前后汉民族的历史文化特色，充分展示了这一时期的社会形态、经济结构、军事防御、宗教信仰、传统思想、伦理道德等。

（四）天下第一泉风景区

位于山东省济南市，由"一河、一湖、三泉、四园"组成。一河是护城河，一湖是大明湖，三泉是趵突泉、黑虎泉、五龙潭三大泉群，四园是趵突泉公园、环城公园、五龙潭公园、大明湖风景区。景区以趵突泉为核心，泉流成河、再汇成湖，与明府古城相依相生，泉、河、湖、城融为一体，集中展现了独特的泉城水域风光，"四面荷花三面柳，一城山色半城湖"是它的最佳写照。景区内人文历史文化底蕴深厚，有舜帝、张养浩、曾巩、辛弃疾、李清照、老舍等历史名人纪念祠堂、故居等。景区内常年举办十余项大型传统文化活动，体现了泉城济南独有的民俗文化特色

（五）济宁市曲阜明故城（三孔）旅游区

孔府、孔庙、孔林，统称曲阜"三孔"，是中国历代纪念孔子、推崇儒学的表征，以丰厚的文化积淀、悠久的历史、宏大的规模、丰富的文物珍藏，以及科学艺术价值而著称。

山东曲阜是孔子的故乡。孔夫子生前在此开坛授学，首创儒家文化，为此后2000多年的中国历史深深地打上了儒学烙印。以孔子为代表的儒家文化，按照自己的理想塑造了整个中国的思想、政治和社会体系，成为整个中国文化的基石。代表景点有孔庙、孔府、孔林、杏坛、十三碑亭等。1994年入选世界文化遗产。

（六）泰安泰山风景旅游区

泰安泰山为五岳之首，又称岱山、岱宗、岱岳、东岳、泰岳等，贯穿山东中部，泰安市境内，绵亘于泰安、济南、淄博三市之间。泰山风景旅游区包括幽区、旷区、奥区、妙区、秀区、丽区六大风景区，有泰山日出、云海玉盘、晚霞夕照、黄河金带四大奇观，主峰为玉皇顶。泰山被古人视为"直通帝座"的天堂，成为百姓崇拜、帝王告祭的神山，有"泰山安，四海皆安"的说法。1987年入选世界文化与自然遗产。

（七）山东省东营市黄河口生态旅游区

黄河口生态旅游区于2020年1月正式被国家文旅部列为国家5A级景区，成为山东第12个国家5A级旅游景区（见图7-7）。景区位于山东省东营市黄河入海口地域，区内拥有河海交汇、湿地生态、石油工业和滨海滩涂景观等黄河三角洲独具特色的生态旅游资源。

图7-7　黄河口生态旅游区
（图片来源：https://pic.sogou.com）

四、华东文化旅游区

（一）上海迪士尼度假区

上海迪士尼度假区位于上海市浦东区川沙新镇，是世界第六个、亚洲第三个、中

国第二个迪士尼主题公园。度假区于 2016 年 6 月 16 日正式开园，现有米奇大街、奇想花园、梦幻世界、童话城堡、探险岛、宝藏湾、明日世界、玩具总动员八大主题园区，以及 30 余个游乐项目、20 多项娱乐演出。

（二）上海外滩历史文化街区

外滩历史文化街区由黄浦江—延安东路—河南中路—河南北路—天潼路—大名路—武昌路所围合的区域组成，总面积约 101 公顷，为 2003 年 11 月上海市政府首批批复的 12 个历史文化风貌区之一。2015 年 4 月，又以其"万国建筑博览"的特色入选首批中国历史文化街区（见图 7-8）。外滩曾是旧上海以及中国乃至远东地区的金融中心，号

图7-8 上海外滩

（图片来源：https://pic.sogou.com）

称"中国的华尔街"，是上海十里洋场的起点，是上海 100 多年来发展与繁荣的象征，浓缩了中国近代政治、经济、社会文化的发展变迁，对整个中国乃至世界的经济、社会、政治产生过深远的影响，是一个人文荟萃、颇具象征意义的区域。

（三）安徽省黄山市黄山风景区

黄山风景区为世界文化与自然双重遗产、世界地质公园、国家 5A 级旅游景区、国家级风景名胜区、全国文明风景旅游区示范点、中华十大名山、天下第一奇山。

黄山位于安徽省南部黄山市境内，有 72 峰，主峰莲花峰海拔 1864 米，与光明顶、天都峰并称三大黄山主峰，为 36 大峰之一。黄山是安徽旅游的标志，是中国十大风景名胜唯一的山岳风光。

黄山原名"黟山"，因峰岩青黑，遥望苍黛而名。后因传说轩辕黄帝曾在此炼丹，故改名为"黄山"。黄山代表景观有"四绝三瀑"，四绝即奇松、怪石、云海、温泉，三瀑即人字瀑、百丈泉、九龙瀑。黄山迎客松是安徽人民热情友好的象征，承载着拥抱世界的东方礼仪文化。明朝旅行家徐霞客登临黄山时赞叹："薄海内外之名山，无如徽之黄山。登黄山，天下无山，观止矣！"被后人引申为"五岳归来不看山，黄山归来不看岳"。

（四）安徽省黄山市皖南古村落——西递、宏村

皖南古村落是指分布在中国安徽、江西境内，长江以南的一些传统村落。这些村落有着古徽州地域的特色文化，最具代表性的有入选世界遗产的西递村和宏村。西递、

宏村古民居村落位于中国东部安徽省黟县境内的黄山风景区内，是中国封建社会后期文化的典型代表——徽州文化的载体，集中体现了工艺精湛的徽派民居特色。

1999年联合国教科文组织将中国皖南古村落西递村、宏村列入世界文化遗产名录。2001年，皖南古村落成为第五批全国重点文物保护单位之一。2011年，皖南古村落被评为国家5A级旅游景区（见图7-9）。

图7-9 皖南古村落

（图片来源：https://pic.sogou.com）

皖南古村落与其他村落形态最大的不同之处是，皖南古村落建设和发展在相当程度脱离了对农业的依赖，是随着明清时期徽商的兴盛而发展起来的。古村落居民的意识、生活方式及情趣方面，大大超越了一般农民思想意识和市民阶层，而是追求与文人、官宦阶层的相一致，因此具有浓郁的文化气息。皖南古村落民居在基本定式的基础上，采用不同的装饰手法，体现了当地居民极高的文化素质和艺术修养。

（五）杭州市西湖风景名胜区

杭州西湖风景名胜区（钱塘湖、西子湖）位于浙江省杭州市，世界文化遗产、国家5A景区，西湖傍杭州而盛，杭州因西湖而名。

风景区位于杭州市中心，分为湖滨区、湖心区、北山区、南山区和钱塘区，景区总面积达49平方公里，其中湖面6.5平方公里，有著名的"西湖十景"和"新西湖十景"及"三评西湖十景"等。西湖古迹遍布，拥有国家重点文物保护单位5处、省级文物保护单位35处、市级文物保护单位25处，还有39处文物保护点和各类专题博物馆点缀其中，为之增色，是中国著名的历史文化游览胜地。自2002年杭州西湖南线的四大公园（柳浪闻莺、老年公园、少年公园、长桥公园）进行整合并实现24小时免费开始，至2014年，杭州市彻底实现"还湖于民，还园于民，还景于民"，西湖景区成为中国首家不收门票的5A级景区。

（六）苏州园林景区（拙政园、虎丘山、留园）

苏州园林景区，包含拙政园、虎丘山、留园，是世界文化遗产、国家5A级旅游景区、中国十大风景名胜之一。而苏州园林是指中国苏州城内的园林建筑，以私家园林为主，属于江南园林的代表。起始于春秋时期吴国建都姑苏时，形成于五代，成熟于宋代，兴旺鼎盛于明清。到清末苏州已有各色园林170多处，现保存完整的有60

多处，对外开放的园林有 19 处。

苏州古典园林以写意山水的高超艺术手法，蕴含浓厚的中国传统思想和文化内涵，享有"江南园林甲天下，苏州古典园林甲江南"之誉。1997 年，苏州古典园林作为中国园林的代表入选世界文化遗产，是中华园林文化的翘楚和骄傲。主要代表有沧浪亭、狮子林、拙政园、留园、网师园、怡园等。

2018 年 8 月 7 日，苏州园林总数达到 108 座，苏州由"园林之城"正式成为"百园之城"。

五、巴楚文化旅游区

（一）重庆大足石刻景区

大足石刻位于重庆市大足区境内，是唐末、宋初时期宗教摩崖石刻，以佛教题材为主，儒、道教造像并陈，是著名的艺术瑰宝、历史宝库和佛教圣地，有"东方艺术明珠"之称。

大足石刻群有 75 处，5 万余尊宗教石刻造像，总计 10 万多躯，铭文 10 万余字，其中以宝顶山和北山摩崖石刻最为著名，其以佛教造像为主，是中国晚期石窟造像艺术的典范。与敦煌莫高窟、云冈石窟、龙门石窟、麦积山石窟中国四大石窟齐名，是古代中国劳动人民卓越才能和艺术创造力的体现。它从不同侧面展示了唐、宋时期中国石窟艺术风格的重大发展和变化，具有前期石窟不可替代的历史、艺术、科学价值。1999 年 12 月，以宝顶山、北山、南山、石门山、石篆山"五山"为代表的大足石刻，被联合国教科文组织列入世界文化遗产。

（二）乐山市乐山大佛

乐山大佛，又名凌云大佛，位于四川盆地西南部，距省会成都约 150 公里，岷江、青衣江、大渡河三江汇流处，与乐山城隔江相望（见图7-10）。

景区由凌云山、麻浩岩墓、乌尤山、巨形卧佛等组成，游览面积约 8 平方公里。景区集聚了乐山山水人文景观的精华，属峨眉山国家级风景区范围，是闻名遐迩的风景旅游胜地。

图7-10 乐山大佛
（图片来源：https://pic.sogou.com）

（三）阿坝藏族羌族自治州九寨沟旅游景区

九寨沟，位于四川省阿坝藏族羌族自治州九寨沟县境内，世界自然遗产、世界生物圈保护区，被世人誉为"童话世界"，号称"水景之王"，故有"九寨归来不看水"之说。

九寨沟地处青藏高原、川西高原、山地向四川盆地过渡地带，属世界高寒喀斯特地貌，总面积约 620 平方公里，约有 52% 的面积被原始森林所覆盖，诸多珍稀野生动物栖息于此。

（四）武汉市黄鹤楼公园

武汉黄鹤楼公园位于武昌蛇山，西抵司门口大桥头，南临阅马场及红楼，北临京广铁路干线，海拔平均高度 85 米，享有"天下绝景"的盛誉，与湖南岳阳楼，江西滕王阁并称为"江南三大名楼"。黄鹤楼为武汉黄鹤楼公园主要景观。黄鹤楼始建于三国时吴黄武二年（223 年），隋唐时已成为墨客骚人赏景游宴之所，孟浩然、崔颢、李白都有吟咏黄鹤楼的名句。崔颢的那首《黄鹤楼》："昔人已乘黄鹤去，此地空余黄鹤楼。黄鹤一去不复返，白云千载空悠悠。"更是让黄鹤楼蜚声海外、妇孺皆知。

六、岭南文化旅游区

（一）厦门市鼓浪屿风景名胜区

鼓浪屿原名"圆沙洲"，别名"圆洲仔"，南宋时期命"五龙屿"，明朝改称"鼓浪屿"。鼓浪屿街道短小，纵横交错，是厦门最大的一个屿。鼓浪屿代表景点有：日光岩、菽庄花园、皓月园、毓园、鼓浪石、鼓浪屿钢琴博物馆、郑成功纪念馆、厦门海底世界和天然海滨浴场、海天堂构等。2017 年入选世界文化遗产。

（二）福州市三坊七巷景区

三坊七巷是福州老城区经历了中华人民共和国成立后的拆迁建设后仅存下来的一部分，是福州的历史之源、文化之根。三坊七巷自晋、唐形成起，便是贵族和士大夫的聚居地，清至民国走向辉煌。区域内现存古民居约有 270 座，有 159 处被列入保护建筑，为国内现存规模较大、保护较为完整的历史文化街区，是全国为数不多的古建筑遗存之一。以沈葆桢故居、林觉民故居、严复故居等 9 处典型建筑为代表的三坊七巷古建筑群，被国务院公布为全国重点文物保护单位，有"中国城市里坊制度活化石"和"中国明清建筑博物馆"的美称。

（三）福建省土楼

福建土楼主要位于福建省漳州市、龙岩市、泉州市境内，包括南靖土楼、永定土楼、华安土楼、平和土楼、诏安土楼、泉州土楼等土楼群。现存的圆楼、方楼、五角楼、八角楼、吊脚楼等各式土楼有30多种23000多座。因其大多数为福建客家人所建，故又称"客家土楼"（见图7-11）。它是我国圆土楼古民居的杰出代表，素有"土楼之王""国之瑰宝"之美誉，它以规模宏大、设计科学、布局合理、保存完好闻名遐迩，为全国重点文物保护单位。2008年入选世界文化遗产。

图7-11 福建土楼

（图片来源：https://pic.sogou.com）

七、西南文化旅游区

（一）丽江市玉龙雪山景区

丽江市玉龙雪山景区位于玉龙纳西族自治县境内，是北半球最南端雪山。南北长35公里，东西宽13公里，面积960平方公里，主峰扇子陡海拔5596米，高山雪域风景位于海拔4000米以上，拥有险、奇、美、秀的景色。

玉龙雪山在纳西语中被称为"欧鲁"，意为银色的山岩。其银装素裹，13座雪峰连绵不绝，宛若一条"巨龙"腾越飞舞，故称为"玉龙"。

（二）安顺市黄果树大瀑布景区

黄果树风景名胜区位于贵州省西南，景区内以黄果树大瀑布（高77.8米、宽101.0米）为中心，分布着雄、奇、险、秀风格各异的大小18个瀑布，被大世界基尼斯总部评为世界上最大的瀑布群，列入世界吉尼斯纪录。

（三）贵州省铜仁市梵净山旅游区

梵净山位于贵州省铜仁市，中国著名的弥勒菩萨道场，国际"人与生物圈保护网"（MAB）成员，同时也是第42届世界遗产大会认定的世界自然遗产。

梵净山得名于"梵天净土"，是中国少有的佛教道场和自然保护区，与山西五台山、浙江普陀山、四川峨眉山、安徽九华山齐名中国五大佛教名山。梵净山是贵州最独特的一个地标（见图7-12）。

图7-12 梵净山

（图片来源：https://pic.sogou.com）

（四）广西壮族自治区桂林市两江四湖·象山景区

两江四湖位于广西壮族自治区桂林市象山景区中，是桂林历史上最大的环保工程，也是桂林水上游的重要项目之一。两江四湖是指由漓江、桃花江、榕湖、杉湖、桂湖和木龙湖所构成的桂林环城水系，全长 7.33 公里，水面面积 38.59 万平方米。该工程最早形成于北宋年间（960—1127 年）。相传"桂林山水甲天下"，如今两江四湖绕城而流，既是城市水系景观，又是桂林旅游的名片，环绕着桂林城徽——象鼻山，成为"桂林印象"的绝佳体验地。

八、蒙古族游牧文化旅游区

（一）内蒙古鄂尔多斯成吉思汗陵旅游区

成吉思汗陵旅游区位于内蒙古鄂尔多斯伊金霍洛旗，紧邻全国重点文物保护单位成吉思汗陵，是世界上唯一以成吉思汗文化为主题的大型文化旅游景区。每年农历的三月二十一、五月十五、八月十二和十月初三，这里都要举行隆重的祭祀活动，许多海内外游客都会前来祭祀。

（二）内蒙古自治区阿拉善盟胡杨林旅游区

胡杨林旅游区位于额济纳绿洲，胡杨有"生而一千年不死，死而一千年不倒，倒而一千年不朽"的说法，被世人称为英雄树。该保护区占地 3800 平方公里，主要保护古老孑遗树种——胡杨，以及珍贵动物马鹿、白鹤、野骆驼等。该区对物种保护、防风固沙、拯救塔里木生态环境具有重大意义，这里也是塔里木河漂流、生态旅游最迷人的河段（见图 7-13）。

图7-13　阿拉善盟胡杨林旅游区
（图片来源：https://pic.sogou.com）

（三）内蒙古自治区满洲里市中俄边境旅游区

满洲里市中俄边境旅游区借助满洲里得天独厚的地理环境，会集中国红色文化、俄罗斯风情文化精粹，打造出独具北疆特色的旅游观光休闲度假基地。

九、西北文化旅游区

（一）敦煌鸣沙山月牙泉景区

鸣沙山月牙泉风景名胜区，主要景点有月牙泉、鸣沙山。月牙泉处于鸣沙山环抱之中，其形酷似一弯新月而得名。鸣沙山位距敦煌市南郊 5 公里，因沙动成响而得名。鸣沙山为流沙积成，分红、黄、绿、白、黑五色。

（二）敦煌莫高窟

莫高窟，俗称千佛洞，坐落在河西走廊西端的敦煌。它始建于十六国的前秦时期，历经十六国、北朝、隋、唐、五代、西夏、元等的兴建，形成了巨大的规模，有洞窟 735 个，壁画 4.5 万平方米，泥质彩塑 2415 尊，是世界上现存规模最大、内容最丰富的佛教艺术地（见图 7-14）。

图7-14　敦煌莫高窟
（图片来源：https://pic.sogou.com）

莫高窟与山西大同云冈石窟、河南洛阳龙门石窟、甘肃天水麦积山石窟并称为中国四大石窟。1987 年入选世界文化遗产。

（三）新疆天山天池风景名胜区

新疆天山天池风景名胜区位于新疆维吾尔自治区昌吉回族自治州阜康市境内博格达峰下的半山腰，主要景点有石门、西小天池、东小天池、大天池、西王母庙、马牙山、铁瓦寺遗址、博格达峰北坡、博格达峰等。2013 年入选世界自然遗产。

十、青藏文化旅游区

（一）青海省青海湖景区

青海省青海湖景区，位于青藏高原的东北部、西宁市西北部、刚察县南部。青海湖古称"西海"，又称"仙海""鲜水海""卑禾羌海"，是中国最大的内陆湖、最大的咸水湖。湖面海拔 3196 米，湖岸线长 360 公里，面积 4583 平方公里，湖水冰冷且盐分很高。湖中有海心山，四周高山环绕：北面是大通山，东面为日月山，南面是青海南山，西面为橡皮山。湖区盛夏时节平均气温仅 15℃，为天然避暑胜地。

（二）拉萨布达拉宫景区

布达拉宫坐落于中国西藏自治区的首府拉萨市区西北玛布日山上，是世界上海拔最高的建筑。布达拉宫集宫殿、城堡和寺院于一体，是西藏最庞大、最完整的古代宫堡建筑群（见图 7 15）。

图7-15　布达拉宫
（图片来源：https://pic.sogou.com）

布达拉宫依山垒砌，群楼重叠，是藏式

古建筑的杰出代表、中华民族古建筑的精华之作，是第五套人民币50元纸币背面的风景图案。主体建筑分为白宫和红宫两部分。主楼高117米，外观13层，内为9层。布达拉宫前辟有布达拉宫广场，是世界上海拔最高的城市广场。

布达拉宫是藏传佛教（格鲁派）的圣地，每年至此的朝圣者及旅游观光客不计其数。1994年12月，联合国教科文组织列其为世界文化遗产。

（三）林芝巴松措景区

巴松措又名措高湖，藏语中是"绿色的水"的意思，长约18公里，湖面面积约27平方公里，最深处达120米，湖面海拔3480米。位于距工布江达县巴河镇约36公里的巴河上游的高峡深谷里，是红教的一处著名神湖和圣地。

巴松措在1994年被评为国家风景名胜区，同时被世界旅游组织列入世界旅游景区（点），2000年被国家旅游局评为全国首批国家4A级景区，2001年被国家林业部授予国家森林公园称号。2017年8月，成为西藏首个也是唯一的自然风景类国家5A级旅游风景区。

十一、港澳台文化旅游区

（一）香港海洋公园

香港海洋公园位于中国香港岛南区黄竹坑，是一座集海陆动物、机动游戏和大型表演于一体的世界级主题公园，于1977年开业，是中国香港政府全资拥有的非牟利机构管理，曾获得The Applause Award（全球最佳主题公园）大奖和"东南亚地区规模最大的娱乐休闲公园""世界最大的水族馆"等多项荣耀。公园内分为海滨乐园和高峰乐园两部分，之间由海洋列车和登山缆车相连接，共有亚洲动物天地、梦幻水都、威威天地、热带雨林天地、动感天地、海洋天地、急流天地、冰极天地8个主题区域。

（二）澳门大三巴牌坊

位于大三巴斜港，右边邻近大炮台和澳门博物馆的大三巴牌坊，已有350多年历史，是澳门最为大众熟悉的标志（见图7-16）。"三巴"是"圣保禄"的译音，又因教堂前壁遗迹貌若中国传统的牌坊，所以称大三巴牌坊。这间教堂与火结下不解之缘，从其雏形起台至现时仅存的前壁牌坊，先后经历三次大火，屡焚屡建，见证了历

图7-16　大三巴牌坊
（图片来源：https://pic.sogou.com）

史。当年的圣保罗教堂建筑，糅合了欧洲文艺复兴时期建筑与东方建筑的风格，中西合璧、雕刻精细，仅大三巴牌坊的造价，300 年前已达 3 万两白银。2005 年，包括大三巴牌坊在内的澳门历史城区被列入世界文化遗产。

（三）台湾日月潭

日月潭位于南投县鱼池乡，全潭面积 100 多平方公里，以拉鲁岛（光华岛）为界，北半部形如日轮，南半部形如月钩，故而得名。

日月潭几乎是台湾风景的代名词，四周群山环抱，林木葱茏，潭水晶莹剔透，上下天光，湖中有小岛浮现，形成"青山拥碧水，明潭抱绿珠"的美丽景观，其海拔 760 米的高度，造就了日月潭宛如图画山水的氤氲水气及层次分明的山景变化，乘船游湖、亲近潭水，才能完全体会日月潭之晨昏美景。

相关链接

目前，国内已有至少 20 余个城市、1000 多家景区开通了线上游览服务，江西、黑龙江、山东、江苏等地景区与在线旅游平台、科技企业合作，采用 VR 推出全景虚拟旅游项目。这使得门票收入的传统景区加速突破原有经营方式，利用线上科技挖掘更多新的消费增长点，快步迈入智慧景区的行列。

（资料来源：搜狐网站文化产业新闻）

课堂思考：随着 VR 技术的兴起，你认为未来景区会有哪些改变？

任务三　旅游景区的运营管理

一、旅游景区运营管理的基本概念

旅游景区运营管理，是以旅游者体验为中心，依托旅游资源产生的吸引力，将旅游产出要素、资源要素、环境要素科学整合，高效率地转换为旅游产品的过程。

二、旅游景区运营管理的目标

（1）推动景区自身发展。

（2）提升旅游者体验质量。

（3）促进旅游业可持续发展。

（4）实现社会、经济、环境三大效益。

三、景区运营管理的内容

旅游景区作为一个商业组织，运营管理内容有一般商业组织的普遍性，也有旅游行业的特色性。它既有一般商业组织运营管理通用的部分，如营销管理、人力资源管理、财务管理等；也有其特有的部分，主要包括旅游资源与环境管理、景区项目管理、景区服务管理、景区容量管理、景区游客管理、景区体验管理、景区安全管理、智慧景区管理、景区标准化管理九个方面。

（一）旅游资源与环境管理

旅游资源的保护和利用是旅游发展不可或缺的两个方面。旅游资源与环境管理是一种可持续地管理，法律法规管理是首要的，也是最基本的，其关键在于落实，应做到奖惩分明，有法可依、有法必依，才能真正对旅游资源和环境起到保护作用。其次，旅游资源的行政管理通过旅游资源普查实现，有利于全面掌握旅游资源状况，树立旅游资源新理念，培育旅游经济新的增长点，有利于对旅游资源做出科学评价，进行合理保护和开发。同时，随着数字化的快速发展，旅游资源的信息化手段日益成为景区管理的高效工具。它将提高景区管理水平，便于系统功能的组合和修改，便于信息的补充和维护。对旅游景区的环境管理主要是通过环境影响评价（EIA）来实现。随着2003年9月1日起《中华人民共和国环境影响评价法》的正式实施，环境影响评价（EIA）作为环境管理的有效手段，特别是旅游资源开发战略环境影响评价（SEA）能有效避免或减少旅游资源开发带来的生态环境污染和旅游资源破坏，只有实现了旅游资源开发的可持续性，才能实现我国旅游业的可持续发展。

（二）景区项目管理

旅游项目是指具有足够吸引力的，旅游者可以身临其境感受或参与的，经过系统管理和经营的，可创造价值的资源集合体。广义的旅游项目，按照景区构成要素来说，可以分为：景区交通项目、景区观光项目、景区娱乐项目、景区特色商品项目和景区休憩旅游项目。

景区项目管理前期最关键的工作是景区项目策划。项目策划应秉持独特性、体验性、市场性、持续性原则。根据当前我国旅游发展趋势，未来我国景区项目策划将呈现出文旅深度融合、重视自然康养及超强体验性的趋势。

（三）景区服务管理

旅游景区服务是指管理者和员工借助一定的旅游资源（环境）、旅游服务设施及通过一定手段向旅游者提供的各种直接和间接的方便利益，满足其旅游需要的过程和结果。景区服务管理包括与旅游者接触的主要服务过程及影响最终服务质量的内容管理。旅游景区服务管理的基本要求是建立目标管理体系，做到服务前有标准、服务中有流程、服务后有反馈。旅游景区主要的服务内容一般包括票务服务、旅游者接待、导向服务、表演展示服务、餐饮购物服务、车船服务、特殊服务、景区环境控制、景区安全控制、景区应急控制、采购与供方管理、设施设备管理等。

（四）景区容量管理

环境容量的概念首先在日本诞生，即某一区域环境可容纳的某种污染物的阈值，存在阈值的基本原因是环境（特质自然生态环境）具有一定的消纳污染的能力。

近几十年，我国旅游市场在入境旅游稳步增长的同时，呈现出国内旅游"井喷式"增长态势。旅游者的剧增给旅游景区运营带来了巨大压力，尤其是"黄金周"期间。因此，景区承载量的问题受到学界和业界的关注。为了解决旅游景区人满为患、旅游秩序混乱、群体安全事故频发等问题，国家成立了全国假日旅游部际协调会议办公室，各地市成立了假日旅游指挥中心。2014年12月26日，国家旅游局发布了《景区最大承载量导则》。

最大承载量，是指在一定时间条件下，在保障景区内每个景点旅游者人身安全和旅游资源环境安全的前提下，景区能够容纳的最大旅游者数量。空间承载量，是指在一定时间条件下，旅游资源依存的游憩用地、游览空间等有效物理环境空间能够容纳的最大旅游者数量。除此之外，还有设施承载量、生态承载量、心理承载量、社会承载量、瞬时承载量和日承载量，共同构成景区承载量的指标体系。承载量在运用中坚持以人为本、可持续发展、综合协调三条原则。

（五）景区游客管理

游客管理是景区运营管理中的独有内容，游客管理既具有很强的人性化色彩，同时涉及的内容也非常琐碎。游客在游览过程中的每一个"触点"都会影响游客的满意度和重游率。因此，景区企业必须注重与游客接触的每一处细节，从游客到达景区前到离开景区，每一个环节的处理、每一位员工的行为都会体现企业的管理水平。对游客做好管理，首先要做好企业员工的管理，尤其是接待人员的管理，这可以通过日常培训和考核来实现。此外，景区游览细节的设计，也会巧妙地起到"管理"游客的作用。比如，用有趣的游戏化解排队的无聊、高效处理游客的投诉、保持景区环境干净整洁、提供安全保障等。景区解说系统一方面提高游客观赏效果，另一方面对游客不文明行为起到规范、提醒作用。2020年"新冠"疫情发生后，景区门票预约系统成为控制游客容量的重要"利器"，因此，根据《旅游法》和《全国旅游景区最大承载量核定导则》（LB/T 034—2014），在测定和公布景区最大承载量后，景区可结合自身情况通过门票预约、实时监测、疏导分流和制定预案等方法进行流量控制，起到管理景区承载量的效果。

（六）景区体验管理

1970 年，著名未来学家阿尔文·托夫勒（Alvin Toffler）在《未来的冲击》一书中提出：继服业发展之后，体验业将成为未来经济发展的支柱；而未来学家干哈曼在《第四次浪潮》一书中也宣告了第四次浪潮，即一个以"休闲者"为中心的特种服务性经济时代即将到来。所谓"体验"，就是企业以服务为舞台、以商品（产品）为道具，用以激活消费者内在心理空间的积极主动性，引起胸臆间的热烈反响，创造出让消费者难以忘怀的经历的活动。而旅游活动的本质，就是一种体验或一种经历。

成功的旅游景区必须为旅游者生产快乐的体验，同时要实现景区的资源、环境与文化的完整统一。从本质上说，旅游景区就是一个快乐剧场，旅游者与居民、员工共同演出一场欢乐剧。总的来看，在体验经济时代，景区管理要体现以下几个原则：明确体验主题、实施旅游景区容量管理、鼓励社区居民参与、强化景区服务管理。

（七）景区安全管理

旅游景区安全管理是指旅游景区围绕旅游者安全保障和景区安全生产所进行的相关安全活动的总称。旅游景区是旅游活动中的主要载体，景区内进行的游览活动是旅游活动的中心内容和精华所在，景区因此成为游客兴致提高又极容易发生安全事故的地方。景区安全问题具有复杂性、突发性、全过程性、可预防性等特点。景区安全管理人员应秉持防患于未然的工作态度，坚持责任落实到人、群策群力、确保重点、兼顾一般的工作原则，构建完善的景区安全管理体系、任务体系、应急管理体系等，制定应急预案并经常进行各种形式的预案演练。根据景区自身的类型和特点，制订特殊的预防与处置办法。

（八）智慧景区管理

智慧景区是基于新一代信息技术，为满足游客个性化需求，提供高品质、高满意度服务，而在旅游景区内对各种资源和信息进行系统化、集约化的管理变革。智慧景区对于旅游资源的可持续利用、旅游产业的转型升级、全面提升旅游景区的发展水平有着重要意义，对智慧景区可以从以下几个方面来认识和理解。

（1）智慧景区是智慧旅游在旅游景区的具体应用，智慧景区是智慧旅游的重要组成部分。

（2）智慧景区是基于新一代信息技术的发展应用构建而成，各种信息技术、智能技术、通信技术等的综合应用，实现景区的数字化、智能化和智慧化发展。

（3）智慧景区的主要目标是满足游客个性化需求，提供高品质、高满意服务。为了实现服务游客这一主体目标，必须对旅游景区内的各种资源和信息进行综合性的管理和应用。因而，智慧管理、智慧运营等理应成为服务游客的前提基础和重要内容。

（4）智慧景区的发展建设是系统化、集约化的管理变革，变革的过程随着旅游景区发展需要、社会大众生活方式、信息技术升级换代等演变而不断更新，但总体趋势是逐步提升智慧化服务游客的水平和能力。

中国智慧旅游发展形势良好，各地从不同层面、不同视角、不同应用有条不紊地推进智慧旅游和智慧景区发展建设。当前，我国智慧旅游景区建设初步呈现四种成果：智能终端提升景区服务、微信账号助力景区营销、景区智慧展示、智慧运营服务管理一体化。目前，智慧景区发展建设中存在的问题主要有：发展思路不清，缺少整体规划；专注控制方法，忽视影响分析；注重平台建设，但应用水平不高；建设层次较低，创新能力匮乏；资金来源短缺，发展后劲不足；建设各自为政，发展有失均衡；重复建设严重，造成资源浪费；相互分割限制，难以互联互通；区域差异显著，应用范围狭窄。

（九）景区标准化管理

我国旅游景区管理需要同国际接轨，应从标准化管理着手。我国借鉴国际标准化组织的 ISO 9000 系列和 ISO 4000 系列，首创《旅游区（点）质量等级的划分与评定》（GB/T 17775—1999）国家标准［该标准于 2003 年修订为《旅游景区质量等级的划分与评定》（GB/T 17775—2003）］，该标准规定了旅游景区质量等级划分的依据、条件及评定的基本要求，适用于接待海内外旅游者的各种类型的旅游景区，包括以自然景观及人文景观为主的旅游景区。景区标准化管理是对旅游业发展的更高要求，能够保护旅游利益相关者的自身利益、促进生态环境保护，是市场经济内在规律的根本要求。重点要解决服务质量和环境质量问题、景观质量问题及游客意见等问题。景区标准化体系的建立是一个系统的工程，在建立标准化体系时要充分认识到标准化工作的特点，从而真正实现标准化指导景区发展的目的。标准化体系的建设应遵循"从实践中来到实践中去"的原则，借鉴国家、行业标准，结合自身情况，形成贴合实际的景区标准，以达到真正指导景区工作的意义。

四、景区运营管理的现状

对于当前我国旅游景区的运营管理，郭亚军、曹卓将其归纳为五种模式：雅安碧峰峡模式、安徽黄山模式、浙江富春江模式、长春净月潭模式、陕西旅游集团模式。

每种模式各有利弊，都是一种缺乏整体制度安排、自发的治理途径的探索。未来，我国亟须优化旅游景区治理模式，建立一套自上而下、分级式管理的景区治理模式。

"智慧旅游"是利用新一代信息通信技术，对旅游服务质量管理和提升的变革。"智慧景区"是"智慧旅游"的体现，能够为游客提供差异化、个性化服务，最大限度地整合资源，实现集约生产、精准营销。

2010年江苏镇江提出建设"智慧旅游"项目，2015年国家旅游局下发《关于促进智慧旅游发展的指导意见》，文中强调了发展"智慧旅游"的重要意义。2020年"新冠"疫情的爆发，游客限流、门票预约成为旅游景区当务之急，因此，"智慧景区"建设迫在眉睫。与此同时，大数据在智慧景区中的应用也将成为旅游景区创新发展之道。

相关链接：2019文旅数字化发展论坛在京举行

在全国深化供给侧结构性改革的当下，文旅产业作为新兴产业、新产能、新动能，是深化供给侧结构性改革的着力点之一，也是中国经济发展由量向质转变的缩影。2019年是全球信息、通信领域取得重大突破的一年，在5G牵引下，数字技术将与文旅产业加速融合，催生更多新业态，加快文旅产业向集约型的转变，以全新的应用和更好的服务体验，进入数字文旅产业新时代。

文化和旅游部信息中心副主任信宏业发表《文旅数字化的转型和趋势》主题演讲，他认为大数据企业的发展可以分为三个阶段：一是将数据源作为唯一生产资料的农耕式发展阶段；二是建立研发团队、将数据进行加工处理的前店后厂阶段；第三阶段则是以行业专知为核心的专卖店式阶段，能够抓住行业的真正需求、进行专业的数据分析。提及如何进一步挖掘数据价值，他认为：数据永远没有饱满的一天，运算结果的精确度可以调整和追求，但是这些并不妨碍数据的应用，也并不妨碍大数据走进我们的生活和产业。应用和数据存储是一个相互促进的过程。

当前，文旅产业已经成为带动城市和区域经济增长的新引擎，迎来了前所未有的发展新机遇。未来我国通信运营企业将充分发挥运营商大数据、5G等技术优势，将数字资源作为文化旅游领域的战略级资源，在技术创新、产品应用、运营服务等方面持续发力，为文化建设和旅游发展提供新引擎、新动力。

（资料来源：中国旅游新闻网.2019文旅数字化发展论坛在京举行[EB/OL].http://www.ctnews.com.cn/news/content/2019-12/31/content_60368.html）

案例思考：请讨论未来景区运营管理的新动态、新挑战、新机遇。

项目总结

在本项目中，我们初步了解到景区的定义、分类、质量等级、地位作用及我国景区发展历程。进而将我国景区按照地域范围划分为 11 个大区，对每个区域内最具有代表性的景区进行了概述。最后，作为景区管理者，需要掌握景区运营管理的概念、目标、内容及当前我国景区运营管理的现状。

项目练习

一、思考题

1. 你认为在我国旅游景区发展历程上哪一个事件具有重大意义？为什么？

2. 以你最近一次去景区旅游的经历为例，说出你当时的需求是什么？选择了哪一类景区？这次经历是否满足了你的需求？

3. 如何理解智慧景区建设是景区运营管理的创新性变革？

二、案例分析
"低密度+高质量"成为旅游新常态

由于疫情，纵观 2020 年的中国旅游，国内旅游目前成为旅游市场的唯一支柱。这对国内游而言无疑是"利好"，但我们也必须清楚：旅游业复苏可期，却很难回到从前。疫情防控，必将长期坚持；人们对旅游的需求，也在潜移默化地发生着改变。疫情之后，国内旅游亟待构建一种新常态："低密度 + 高质量"。

"低密度"不仅出于疫情防控的需要，更加出于游客体验的需要。笔者认为，实现"低密度"主要可通过三种方式：一是景区限流。经历了"五一"考验，"预约""错峰"和"限流"将成为中国景区旅游的标准动作，"无预约，不旅游""分时段游览"已开始在景区和游客中获得普及。二是全域引流。引导游客摈弃"从众心理"，选择更具创新性、体验性，更适合自己的旅游项目，而并非总是最有名的，真正从"景区旅游"跨越到"全域旅游"。三是淡季分流。旅游目的地需要比以往更加重视"淡季"旅游，如新疆正在打造滑雪品牌，内蒙古秋天的金色草原同样魅力无穷。

至于"高质量"，已成为疫情后中国旅游市场的主旋律，值得注意的是，高质量是一种新的标准，也是一种新的价值导向——真正的高质量是基于"用户体验"来评价的，以需求为导向，构建更加完善的旅游消费链和旅游服务体系，让游客消费"心甘情愿"。

[资料来源：《人民日报》（海外版）]

案例思考：试分析未来景区的发展趋势。

推荐阅读

1. 我们为什么要建国家文化公园（微信公众号"新旅界"）

2. 重启之后，主题公园复苏要迈几道坎（执惠文旅大消费产业新媒体网站）

3. 香港海洋公园拟转变为以教育、保育功能为主的度假胜地（执惠文旅大消费产业新媒体网站）

项目八　旅游交通

项目目标

本项目要求学生掌握现代旅游交通的主要种类，充分认识旅游交通在旅游业中的地位和作用，了解我国各类旅游交通的现状。

项目任务

1.学习现代旅游交通的定义、特点和作用。

2.掌握现代旅游交通的主要种类。

3.了解我国各类旅游交通的现状。

项目案例导入

高铁重塑旅游业态，释放市场潜力

中国国家铁路集团有限公司公布的数据显示，2019年年底，我国高铁里程将达到3.5万公里，运营里程高居世界第一。高铁编织成"八纵八横"网络，进而逐步实现"市市通"，在祖国广袤的大地上越织越密。高铁网络不仅为民众提供便捷、舒适的交通工具，而且深刻改变着旅游业态，释放出巨大的市场潜力。

在旅游行程中，交通工具必不可少，各种交通工具孰优孰劣，旅游业人士的体会颇深。"在200公里到800公里的范围内，高铁是最优选择。"太原市友好旅行社副总经理李盖华说。李盖华介绍说，高铁出现前，旅行社组织的旅游团相当一部分是乘坐旅游大巴。乘坐大巴前往北京、西安，所需时间长，感觉并不舒适，还经常遇到堵车、汽车抛锚等不可抗拒因素。高铁则不存在这些问题，而且空间大，更舒适，对老年游客来说，是非常理想的交通工具。开行密集，是高铁的另一大优势。比如，从太原到北京、西安的高铁一天开行十几对，对于有出行需求的散客来说，从早到晚，想什么时候走，就什么时候走，有非常大的选择余地。"有的游客，喜欢说走就走的自由行。白天还在上班，下班以后就想着出去旅游。此时，高铁的优势就显现出来。因为乘客如果临时出发，很难买到低折扣机票。"

高铁解决了旅游产品里的大交通问题，为高品质旅游创造了非常好的条件。旅行

189

社完成旅游业务也更加便捷、省事。游客有出游需求时，旅行社只需打开售票软件查看车次，确定旅游团期，协助游客购买车票。购票成功后，游客会收到乘车信息，看了具体时间、车次后，到时候带着身份证，刷脸进站即可。"各地都在推行无纸化乘车便民措施，旅行社省掉了送站服务。以前，帮助游客购买火车票后，旅行社安排人拿到火车票，再派人到集合地点，把票逐一发给游客，现在这些全省了。"李盖华说。另外，高铁票价稳定，不像飞机票忽高忽低，旅行社可以根据高铁设计各类稳定性强的旅游产品，提前展开营销工作。据了解，在 200 公里至 800 公里的范围内，旅游产品几乎全部采用高铁作为交通工具。

随着开往各地高铁的开通，一些原来紧俏的旅游线路，变得触手可及。比如，青岛是山西游客喜爱的旅游目的地，很多人都想去青岛玩。但是，从太原前往青岛的火车，原来只有一天一列的绿皮车。游客选购青岛游产品，至少需要提前一个星期预订，在"挤挤挤、等等等"的过程中，争取到一个卧铺，再艰难地实现一次青岛游。今年 5 月 1 日，太原市开通了前往青岛的高铁，一天里，从太原市始发至青岛的高铁就有两趟，从临汾和运城方向过来，彻底打破了青岛旅游线路运力不足的瓶颈。旅游业人士纷纷感慨："从太原到青岛的火车票，终于不紧张了！"游客也实现了"随时报名，随时游青岛"的愿望。

高铁不断开通，高铁网络越织越密，旅游市场主体从中发现了巨大商机和市场潜力空间。12 月 16 日，成都至贵阳高铁全线通车运营，沿线经过的川、云、贵三省共拥有 26 个国家 5A 级景区和 386 个国家 4A 级景区，是名副其实的一条"旅游高铁"。2020 年，太焦高铁即将开通，届时，太原至郑州的动车，沿晋中、长治、晋城直接南下，运行时间将缩短至 2 小时左右，太原前往武汉、长沙、成都，也将更加便捷，用时更少。2020 年，也将是河南、广东、广西、辽宁、安徽、山东、陕西 7 省份"市市通高铁"的关键年份，我国高铁网络的便捷程度将进一步提升。

结合即将开通的高铁线路，旅游业人士跃跃欲试，谋划着更多旅游产品，"掘金"高铁旅游市场。同程艺龙高铁游频道负责人表示，高铁网络的完善，会直接带动中短途旅游市场，催热不少沿线小众目的地，同时，"一程多站""多地联游""旅游专列"等旅游方式也逐渐流行起来。初步估计，高铁旅游未来将是一个万亿级别的旅游消费市场。

（资料来源：http://news.gaotie.cn/MB_Show.php?Article_ID=522253&Page=1）

课堂思考：高铁未来将会怎么样继续改变旅游业态？

任务一 旅游交通概述

一、旅游交通的定义

广义旅游交通是指以旅游、观光为目的的人、物、思想及信息的空间移动，它探讨的对象包括人、物、思想及信息。狭义旅游交通则将讨论对象限定在人或物，通常指为旅游者实现旅游，从出发地到目的地，以及在目的地内进行游览再回到出发地，整个旅游活动过程所利用的各种交通运输方式的总和，包括各种交通设施以及与之相应的一切旅途服务。旅游从本质上说包括旅行和游览两方面的内容。一般而言，旅行仅仅是手段，游览才是旅游者的真正目的，旅行是必需的，旅游交通也是必需的。这对旅游者而言，就意味着旅游交通在一定程度上存在着主观上的不必要和客观上的必须之间的矛盾。因此，为了增加旅游者对旅游交通的认同程度和满意度，促进旅游业持续、健康发展，就必须弱化该矛盾。

综上所述，我们认为，旅游交通是指为旅游者在旅行浏览过程中，提供所需要的交通运输及因而产生的一系列的社会经济活动与现象的总称。旅游交通业属于第三产业的范畴。它同旅行社、饭店共称为旅游产业的三大支柱产业。

二、旅游交通的种类

现代旅游交通业主要由公路、铁路、航空、水路和特种旅游运输五种交通方式构成。各种交通方式根据其自身优势分工协作，分别主导不同运距、运速、运价的旅游交通细分市场，同时又优势互补，互相衔接，彼此竞争，共同构成现代旅游交通产业综合体系。

以旅游为目的的出行，在出行方式、目的地、线路的选择及出行链的构成等方面和其他目的的出行有着较大的不同。由于经济发展水平、基础设施的完善程度及历史文化等原因，同样的旅游出行方式会因国家或地区的不同而不同。典型的旅游出行链如图8-1所示。

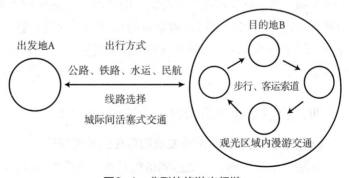

图8-1 典型的旅游出行链

三、旅游交通的特点

（一）游览性

游览性是旅游交通与公共交通最大的区别所在，这一点表现在交通线路的安排和交通工具的设计制造上。交通线路的设置要考虑尽量不走回头路，使一次旅游到达尽可能多的景区、景点。在交通工具方面，其设计上充分考虑了旅游交通的游览性，如乘飞机翱翔蓝天可以俯瞰锦绣河山，乘火车可观赏沿途的城市、村庄，乘轮船可看到大海的壮观、河流的伟岸。另外，不少旅游交通设施本身就可以成为旅游者观赏的对象。

（二）区域性

旅游交通线路是根据旅游者的流向（流动方向）、流量（旅客数量）、流时（旅行时间）和流程（旅行距离）等因素，集中分布在旅游客源地与目的地之间，以及旅游目的地内各旅游集散、居留、餐饮、浏览、购物和娱乐等场所之间，具有明显的区域特色的线路。旅游者首先从各旅游客源地集中流向旅游目的地的口岸城市和中心旅游城市，然后向其他热点旅游城市和旅游区分流，之后才向其他温、冷旅游城市和旅游区延伸。

（三）舒适性

旅游活动是一种属于较高层次的具有发展和享受需要特征的活动，不属于基本消费。因此，和一般旅行者相比，旅游者在舒适性方面有更高的要求。旅游交通工具如飞机、火车、汽车等，往往带有空调、音像设备、角度可调的高靠背座椅等，游客乘坐时，能使身体得到休息，精神得以放松，整个旅途可以得到一种愉悦的感受。

（四）季节性

受节假日、气候和旅行日程安排等诸多因素的影响，旅游者的旅游活动在时间上分布不均，这一现象被称为旅游活动的季节性。受旅游活动季节性的影响，作为旅游服务环节之一的旅游交通运输量也随季节和时间的推移而发生明显的、有规律的变化，有较强的季节性。一般春秋季节，天气温暖，是旅游的旺季，也是旅游交通的繁忙季节。

四、旅游交通在旅游业中的地位和作用

（一）旅游交通是旅游业发展和存在的前提条件

旅游就是旅行浏览，要达到游览目的，首先要解决的是旅游者的空间位移问题。旅游者大多来自于旅游目的地以外的客源地，他们首先要到达目的地；到了目的地以

后还要进行游览活动，有时也要使用交通工具；游览完毕还需要及时返回客源地。旅游交通畅通，旅游服务、旅游设施和旅游资源才能得到充分利用，从而实现良好的社会和经济效益。否则，便会产生旅游交通的"瓶颈"效应，从而严重制约旅游产业的发展。旅游交通业具有为旅游业输送客源的强大功能，因而被称作旅游业的大动脉。因此，旅游交通是现代旅游者开展旅游活动必不可少的条件之一。

（二）旅游交通是旅游创收的重要组成部分

在旅游消费中，旅游交通消费属于基本消费，而且往往所占比例较大，旅游交通业具有劳动、资本、技术密集型三重属性，它所提供的高水平运输服务比低水平的公共运输服务所消耗的社会必要劳动更多，因而包含更高的商品价值。作为旅游活动的先决要素和旅游组合产品不可缺少的组成部分，旅游交通服务成为旅游者购买和使用最频繁的消费项目，从而成为旅游创汇和货币回笼的主要渠道。特别是在我国，距世界主要旅游客源国一般比较远，即使是国内旅游者，从东北到西南，从新疆到海南，也比国外许多国际旅游距离要远得多，因此交通费用的比例就更高。一般来说，交通费用要占总费用的 1/3 左右，所以旅游交通业的收入成为旅游产业收入的重要组成部分。

（三）旅游交通能推动旅游业的发展

在古代，交通工具落后，人们出游除了步行以外，就是畜力或舟船代步，旅游受到了很大限制。1814 年，英国出现了铁路。1841 年，托马斯·库克组织了世界上第一个火车旅行团，标志着现代旅游业的开始。"二战"以后，交通运输业快速发展，尤其是大型客机的普及，使得现代旅游交通的运量、运速、安全性、舒适性都大大提高，极大地促进了现代旅游产业的快速发展。我国许多地方，旅游资源十分优越，但由于交通问题，长期以来游客进不去，出不来，旅游业发展迟缓。近些年来，我国交通运输状况改善很多，特别是铁路的提速、高速公路的不断建成开通，大大方便了旅游者。

（四）许多交通工具本身就是有吸引力的旅游设施资源

许多现代交通工具本身就体现了人类科学技术的发展。比如，喷气式客机，采用仿生学流线型外形设计，巡航高度在万米左右，因此摩擦较小，基本不受低空气流影响，飞行平稳，乘坐舒适。还有巨型远洋游船，在大海中行驶平稳，为旅游者提供了迥异于陆地的浪漫与幽静环境。旅客通过乘坐这些交通工具，亲身感受到了人类的智慧，丰富了旅游的体验。所以说很多交通工具本身就是一项富有魅力的旅游设施与资源，具有极强的吸引力。

任务二 公路交通

一、公路交通的定义和特点

公路是指连接城市之间、城乡之间、乡村与乡村之间和工矿基地之间，按照国家技术标准修建的，由公路主管部门验收认可的道路。公路包括高速公路、一级公路、二级公路、三级公路、四级公路，但不包括田间或农村自然形成的小道。公路主要供汽车行驶并具备一定技术标准和设施。公路交通是指汽车、单车、人力车、马等众多交通工具在公路上行驶的交通方式。

公路交通具有交通工具种类多，能满足不同乘客出行需求的特点。常用的公路交通工具有客运汽车、旅游汽车和私人汽车等，其中旅游汽车又有出租车、观光游览车和轿车等。目前，私人轿车已逐渐成为旅游的交通工具，国外一些旅游用的私人轿车还带有挂车和备有可折叠的野营帐篷、小汽艇、舢板等游乐设施，以及食品、饮料和盥洗设备等。

公路交通还具有灵活性大、行程自由、短程速度快、路网密度大、站点覆盖面广、客运班次频繁等特点。团队或散客旅游者租车旅游，可以自行确定旅行时间和线路，随时停车游览、用餐和休息，非常灵活。旅游者驾私车出游，更是不受时间限制，并可根据需要任意增减游览景点，适时调整行程计划，因而更加灵活方便。因此，公路交通逐渐成为较近距离旅游的主要交通方式。

公路交通最主要的缺点是速度不高，能源耗费大，容易产生环境污染，运距短、安全性较差、运载量小。其事故率是常规交通方式中最高的。

二、我国公路交通的发展现状

公路交通主要从事短、中程旅游客运，它是世界上最主要的旅游交通方式，承担世界上约一半以上的国际旅游者运输量。在我国，公路旅游交通是最普遍、最重要的短途运输方式，该方式所占比重高达 66%~69%。其特点是灵活、方便，能深入到旅游点内部，短途旅行速度快。

截至 2019 年年末全国公路总里程 501.25 万公里，比上年增加 16.60 万公里。全国四级及以上等级公路里程 469.87 万公里，比上年增加 23.29 万公里，占公路总里程 93.7%，提高 1.6 个百分点。国家高速公路里程 10.86 万公里，增加 0.31 万公里。到 2019 年年底，我国农村公路总里程已达 420.05 万公里，其中县道里程 58.03 万公里，乡道里程 119.82 万公里，村道里程 242.20 万公里。全年完成营业性客运量 130.12 亿人次，比上年下降 4.8%，完成旅客周转量 8857.08 亿人公里，下降 4.6%。完成营业性货运量 343.55 亿吨，增长 4.2%，完成货物周转量 59636.39 亿吨公里，增长 0.4%。

三、自驾游的发展

（一）自驾游的定义

自驾游属于自助旅游的一种类型，是有别于传统的集体参团旅游的一种新的旅游业态。这是一种旅游者按照一定的线路自行驾车的旅游方式，兴起于 20 世纪中期的美国，流行于西方发达国家。自驾游兴起于 20 世纪中叶的美国，后流行于西方发达国家。最初，人们把周末开车出游叫 "Sunday Drive"，后来逐步发展成为自驾游 "Drive Travel"。目前自驾游在我国还处于发展的初级阶段。

图8-2　自驾游

（图片来源：http://image.baidu.com/）

我们认为，自驾游是指旅游者有组织、有计划，以自驾车为主要交通手段的旅游形式（见图 8-2）。

（二）自驾游的分类

从驾驶汽车类型上区分，自驾游可以分为普通汽车自驾游和房车自驾游两类。

普通汽车自驾游是最为普遍的自驾游方式。旅游者自行驾车前往旅游目的地，夜间既可以住宿在旅游目的地的民居或旅馆，也可以自带帐篷在郊外住宿。

房车自驾游是指旅游者驾驶一辆有动力的旅居房车或者在汽车后挂一个旅居车厢，前往旅游目的地。房车自驾游时，食宿都可以在房车（厢）内部进行。

旅居房车的历史悠久，其雏形是吉普赛人的大篷车。因此，欧洲人称旅居房车为 caravan，就有大篷车的意思。到了 20 世纪 50 年代，帐篷、床、厨房设备等加到了家用轿车上，逐渐就演变成这类家居式旅行车。在许多旅游景区建有房车停放营区（见图 8-3），房车在这些营区可以接上水、电、天然气，旅游者生活就可以像在家一样方便。

房车停放营地主要分几大类：房车停靠

图8-3　房车停放营地

（图片来源：http://image.baidu.com/）

场、大型房车营地（移动房屋式）、帐篷露营场、简屋式营地（为一般露营者和配置不完全的房车使用者）、景点拖挂车出租场等。目前我国房车停放营地正在快速发展。

（三）自驾游的特点

自驾游在选择对象、参与程序和体验自由等方面给旅游者提供了比较大的空间，与传统的参团方式相比具有本身的特点和魅力。自驾游区别于传统参团方式的旅游，主要在于以下五个方面。

1. 自主性

自驾游旅游者通常不需要由旅行社安排旅游行程，在旅游目的地的选择、到达与停留时间及食宿安排上都有很大的自主性。

2. 区域性

对自驾车旅游者来说，旅游是一个学习与累积经验的过程。旅游的尝试首先从自驾旅游者居住的周边区域开始，逐步向距离更远的区域辐射。

3. 短期性

我国的周休二日与两大黄金周的假日制度使得自驾游受到较大制约。区域性的自驾游只能是短期的，即以 2~3 天为主。不过，一旦年休假制度开始普遍实施，这种特性也会出现改变，长达 2~3 周的自驾游如暑期家庭旅游活动也会流行起来。

4. 小团体性

私人非营业汽车的主要类型是可载 4~5 人的汽车（如小轿车、越野车等），即便是三五好友相约而行，也是小团体行为，与大型旅行团大为不同。

5. 多样性

车有多种，人有百态。自驾旅游者的消费习惯会随其收入、教育程度、年龄、地域性、旅游目的等因素而有所不同。表现在旅游消费中，可能是时间、费用、品质与特殊要求等变量的多重组合，这也与团体旅游有显著的不同。

任务三　铁路交通

一、铁路交通的定义和特点

铁路是使用机车牵引车辆组成列车（或以自身有动力装置的车辆）、循规行驶的交通线路。铁路交通是指以机车牵引列车车辆在两条平行的铁轨上行驶的交通方式。

铁路交通优点明显：铁路运输能力大，价格低，适合于中、长距离运输；铁路运输受气候和自然条件的影响小，能保证运行的经济型、持续性和准时性；铁路运输计划性强，运输能力可靠，比较安全；铁路运输可以方便地实现驮背运输、集装箱运输及多式联运铁路运输业。同时，铁轮交通具有以下缺点：原始投资大，建设周期长，占用固定资产多；受轨道线路限制，灵活性较差，难以实现"门到门"运输，通常需要其他运输方式配合才能完成运输任务。

从旅客运输角度看，铁路交通主要承担中、远程旅游者的运输任务。目前有特级旅客列车、提速旅客列车、特别旅客快车、直通旅客列车、普通旅客列车和市郊列车、公交式旅客列车及旅游列车等。特别是旅游列车，是专门为运送旅游者而开设的旅客列车，它一般运行于旅游客源地和旅游目的地之间，且有灵活性强、季节性强、舒适性好的特点。

旅客列车席位类别较多，从经济型硬座、硬卧、到舒适性软座、软卧，乃至豪华型软卧包厢，可满足各种消费层次旅游者的多样化需要，具有良好的性能价格比，更增强了经济实惠的优势。现代铁路运输不易发生交通事故，而且能够保证列车正点运行，便于旅游者安排行程。

二、我国铁路交通的发展现状

自中华人民共和国成立以来，我国铁路一直保持着较快发展的势头，是国内旅游者选用的主要交通方式。2016 年修订的《中长期铁路网规划》提出，到 2020 年，一批重大标志性项目建成投产，铁路网规模达到 15 万公里，其中高速铁路 3 万公里，覆盖 80% 以上的大城市，为完成"十三五"规划任务、实现全面建成小康社会目标提供有力支撑。到 2025 年，铁路网规模达到 17.5 万公里左右，其中高速铁路 3.8 万公里左右，网络覆盖进一步扩大，路网结构更加优化，骨干作用更加显著，更好发挥铁路对经济社会发展的保障作用。到 2030 年，基本实现内外互联互通、区际多路畅通、省会高铁连通、地市快速通达、县域基本覆盖。

截至 2019 年年底，全国铁路运营里程达到 13.9 万公里以上，其中高铁 3.5 万公里。2019 年，铁路完成固定资产投资 8029 亿元，全国铁路运营里程达到 13.9 万公里，比上年增长 6.1%。其中，高速铁路运营里程 35 万公里，货运量 43.89 亿吨，比上年增长 7.2%；客运量 36.6 亿人次，比上年增长 8.4%。

三、我国高铁的发展

（一）高铁的定义

高速铁路，简称高铁，是指设计标准等级高、可供列车安全高速行驶的铁路系统。

广义上的高铁，泛指能供列车以 200km/h 以上最高速度行驶的铁路系统。中国国家铁路局将中国高铁定义为设计开行时速 250 公里以上（含预留）、初期运营时速 200 公里以上的客运专线铁路，并颁布了相应的《高速铁路设计规范》文件。中国国家发改委将中国高铁定义为时速 250 公里及以上标准的新线或既有线铁路，并颁布了相应的《中长期铁路网规划》文件，将部分时速 200 公里的轨道线路纳入中国高速铁路网范畴。

（二）我国高铁的发展现状

根据 2016 年修订的《中长期铁路网规划》，在 2016 年至 2025 年（远期至 2030 年）期间规划建设以八条纵线和八条横线主干通道为骨架、区域连接线衔接、城际铁路为补充的高速铁路网。中国已在长三角、珠三角、环渤海等地区城市群建成高密度高铁路网，东部、中部、西部和东北四大板块区域之间完成高铁互联互通。

截至 2019 年，中国高速铁路营运列车均使用构造速度 200 公里 / 小时以上的动力分散式电力动车组，座位类型分为二等座（基本座席）、一等座、商务座、特等座、商务座和动卧（动车组列车软卧、高级软卧）。高铁动车组分为两个系列。其中，CRH 系列动车组取名"和谐号"，寓意"建设和谐铁路、打造和谐之旅、构建社会主义和谐社会"；CR 系列动车组取名"复兴号"，寓意"承载着中华民族伟大复兴中国梦"（见图 8-4）。

至 2019 年年底，中国高速铁路营运总里程达到 3.5 万公里，居世界第一。2019 年，中国高速铁路营运动车组列车全年累计发送旅客达 22.9 亿人次。

图8-4 "复兴号"动车

（图片来源：http://image.baidu.com/）

相关链接：“呼伦贝尔号”草原森林旅游列车上线运营，填补国内铁路高端旅游市场空白

2019年12月22日上午8点45分，随着一声鸣笛，中车唐山公司为呼伦贝尔草原森林旅游线路量身打造的“呼伦贝尔号”旅游列车，从海拉尔站驶向陈巴尔虎旗完工车站，正式上线运营。这是国内首列由25G型铁路客车升级改造的旅游专列，在海拉尔—阿尔山延伸至满洲里实现全天候、全季候开行，填补国内铁路高端旅游市场空白。也是中车唐山公司助力呼伦贝尔市践行“绿水青山就是金山银山，冰天雪地也是金山银山”发展理念的又一生动实践，帮助呼伦贝尔市打造全域、全季候旅游新格局。

呼伦贝尔拥有草原、森林、湖泊三大自然资源，是令世人向往的北国风光胜地。但受地域、季节的影响，呈现“草原热、森林冷”和“夏季旺、冬季淡”的现象。为充分利用辽阔草原、广袤森林和四季景色分明的生态环境优势，满足更多旅客“既热爱大草原又向往大森林”的需求，从2018年10月开始，中车唐山公司服务呼伦贝尔市，打造“全天候、全季候”的轨道列车旅行方式，即沿着铁路移动的度假列车可不受严寒季节、森林区域的限制，彻底解决草原和森林旅游市场错位、淡季和旺季旅游市场失衡矛盾，助力呼伦贝尔市打造全域、全季候旅游新格局。据了解，“呼伦贝尔”号旅游列车是在16辆25G型铁路客车基础上进行改造升级，集旅游观光、餐饮住宿、休闲娱乐线上、线下互动一体的综合旅游产品。列车包含高级商务车、高级软卧车、高级软座车、儿童主题车、多功能车、普通软卧车、休闲娱乐车、民族文化餐车和文化沙龙车等10种车型，每次可载客200余人。

与普通25G型客车不同，“呼伦贝尔”号旅游列车更加舒适、安全、便捷。列车采用低碳环保的LED光源，配备宽敞包间、带淋浴系统的独立卫生间及高端座椅，全列车的卫生间配备真空集便系统，旅客在列车中即可以享受到酒店式的旅行体验。此外，列车还设有观光休闲区和多功能车厢，使游客既能充分观赏沿途风光，又能消遣娱乐，享受舒适惬意的旅行生活。游客在乘降站登车后便直达景区，全程享受“上车休息，下车游玩”的全方位、一站式服务，乘坐中车唐山公司“呼伦贝尔号”草原森林旅游列车穿行在呼伦贝尔美丽的画卷中，亲身感受呼伦贝尔大草原的辽阔、大兴安岭森林的静谧，尽情体验一次浪漫之旅。

（资料来源：http://finance.ifeng.com/c/7sdUARnftyD）

任务四 航空交通

一、航空交通的定义和特点

航空指飞行器在地球大气层（空气空间）中的飞行（航行）活动。航空交通主要承担中、远程旅客运输，约有 36% 的旅游者使用这种交通方式。它分为定期航班客机、临时航班客机、专线航班客机及旅游包机等。特别是旅游包机是专门用来运载旅游者的空间交通方式，旅游包机可在固定航线上或非固定航线上飞行，可联结旅游城市或非旅游城市，是旅游旺季时用来补充班机运力不足的一种临时交通方式，对解决旺季游客滞留现象，起了主要作用。此外，还有近距离的直升机及飞艇等空中交通工具。

航空运输是旅行速度最快的现代旅游交通方式。速度快有利于减少在途中旅行时间和旅行疲劳感，相应增加实际游览时间，符合旅游者对"旅快游慢"客运方式的基本要求。

现代远程客机具有优越的续航性能，可持续飞行十余小时、上万公里，成为连接世界各国的空中长廊。航程远的优势使航空运输成为国际旅游最重要的交通方式。此外，航空运输还以高科技硬件设施和高水准优质服务著称，有利于满足旅游者对高品质物质享受和精神享受的双重需求。

航空交通的主要优点是航行速度快、时间省、航程远、乘坐舒适、灵活性大、安全系数高和服务质量好等；其缺点是只能完成点到点之间的旅行、噪声污染严重、硬件投入大、机票贵、机容量小、运载量小、不适合近距离旅行和受天气状况限制大等。

二、我国航空交通的发展现状

2019 年，我国境内运输机场共有 238 个，其中定期航班通航机场 237 个，定期航班通航城市 234 个。

2019 年，我国机场全年旅客吞吐量超过 13 亿人次，完成 135162.9 万人次，比上年增长 6.9%。分航线看，国内航线完成 121227.3 万人次，比上年增长 6.5%（其中内地至香港、澳门和台湾地区航线完成 2784.8 万人次，比上年减少 3.1%）；国际航线完成 13935.5 万人次，比上年增长 10.4%。

2019 年，我国机场完成货邮吞吐量 1710.0 万吨，比上年增长 2.1%。分航线看，国内航线完成 1064.3 万吨，比上年增长 3.3%（其中内地至香港、澳门和台湾地区航线完成 94.5 万吨，比上年减少 4.9%）；国际航线完成 645.7 万吨，比上年增长 0.4%。

三、航空旅游发展

航空旅游指人们在低空空域，依托通用航空运输、通用航空器和低空飞行器，所从事的旅游、娱乐和运动，如商务会议、观光旅游、休闲度假、冒险体验、体育娱乐等。航空旅游发展主要有以下几种形式：一是私用航空器旅游，它主要针对高端消费人群。二是租赁类航空旅游，主要采用通用航空公司运营模式。国内较为典型的是海航集团旗下北京首航直升机通用航空服务有限公司，该公司以北京八达岭机场为基地，向公众提供"空中游览长城"产品。作为高端直升机服务公司，面向社会提供四人一架次游览八达岭长城及周边飞行观光业务。人均1000元飞行时间10~15分钟（见图8-5）。

为了进一步促进航空旅游的发展，2016年11月7日，国家旅游局会同国家发展改革委、民航局、体育总局印发《关于做好通用航空示范推广有关工作的通知》，推进通用航空旅游，发展多类型、多功能的低空旅游产品和线路，因地制宜，形成低空旅游环线或网络，并推出首批16个通航旅游试点项目。2017年7月6日，国家旅游局、国家体育总局在江苏无锡联合主办的全国体育旅游产业发展大

图8-5 航空旅游
（图片来源：http://image.baidu.com/）

会上，为辽宁、吉林、江苏、浙江、山东、河南、湖北、四川、云南、新疆等省区15家"国家航空飞行营地示范单位"授牌。这些措施对促进我国航空旅游的发展起到了较大促进作用。

四、热气球旅行

热气球是一个比空气轻，上半部是一个大气球状，下半部是吊篮的飞行器。气球的内部加热空气，这样相对于外部冷空气具有更低的密度，作为浮力来使整体发生位移；吊篮可以携带乘客和热源（大多是明火）。

18世纪，法国造纸商孟格菲兄弟在欧洲发明了热气球。他们受碎纸屑在火炉中不断升起的启发，用纸袋把热气聚集起来做实验，使纸袋能够随着气流不断上升。1783年6月4日，孟格菲兄弟在里昂安诺内广场做公开表演，一个圆周为110英尺的模拟气球升起，飘然飞行了1.5英里。20世纪80年代西方的热气球被引入中国。

1982 年，美国著名刊物《福布斯》杂志总编辑史提夫·福布斯的父亲马尔康姆·福布斯先生驾驶热气球后转摩托车来到中国旅游，自延安到北京，完成了驾球游玩世界的愿望。

目前，越来越多的旅行爱好者选择乘坐热气球俯瞰美景。全球众多旅游目的地争相推出这一项目吸引游客。土耳其的卡帕多西亚、澳大利亚的雅拉谷、捷克的科诺比什杰城堡等都是世界著名的热气球旅行目的地。我国的桂林、三亚、婺源等地也发展成著名的热气球旅游目的地（见图 8-6）。

图8-6　热气球旅行
（图片来源：http://image.baidu.com/）

任务五　水路交通

一、水路交通的定义和特点

水路交通是利用自然和人工水域作为航线，以船舶作为主要交通工具载客的一种运输方式。根据航线的不同，水路交通分为远洋航运、沿海航运和内河航运。在 1825 年铁路出现之前，水上交通方式一直是人们远程旅行的主要交通方式。

用于旅游交通的船舶，按航行目的可分为游船、客船和客货船。游船就是专门运送旅游者、供旅游者欣赏沿途风光的船舶。从旅游角度看，水运是融旅与游于一体的运输方式。水路旅游交通发展到今天，已经有了很大的变化，随着科学技术运用的革新和使用动力的发展，水路旅游交通已经成为现代重要的旅游交通方式，对世界旅游业的发展影响颇大。和其他的旅游交通方式相比，水路旅游交通有以下特点。

（1）承载量大，载客能力强。现代水路旅游交通的客轮载客量都较大，一般都可载客几十乃至几百人，特别是一些大型国际远洋邮轮，载客量可达 2000 多人。目前世界上最大的邮轮——美国的"海上旅行者号"的载客量多达 8000 多人。

（2）航道的建设和运输的成本较低。水路旅游交通的航道多是天然水道，航线的开发成本也很低，而且水路旅游交通利用了水的浮力，大大节约了能源的消耗，因此整个建设和运营成本都比其他旅游交通方式要低。

（3）乘坐平稳、舒适、安全、运价较低。水路旅游运输的速度一般都较慢，在正常情况下相对平稳。可结合旅游进行观赏沿岸景色及海上观日出等。现代的旅游船不仅有供旅游者食宿、娱乐等的设施，增加旅途的舒适感，还大都配有完善的计算机系统和卫星导航装置，航行也比较安全。

二、水路交通的发展现状

截至 2019 年年末，全国内河航道通航里程 12.73 万公里，比上年增加 172 公里。等级航道里程 6.67 万公里，占总里程 52.4%，提高 0.2 个百分点。三级及以上航道里程 1.38 万公里，占总里程 10.9%，提高 0.3 个百分点。全国港口拥有生产用码头泊位 22893 个，比上年减少 1026 个。其中，沿海港口生产用码头泊位 5562 个，减少 172 个；内河港口生产用码头泊位 17331 个，减少 854 个。

全国港口拥有万吨级及以上泊位 2520 个，比上年增加 76 个。其中，沿海港口万吨级及以上泊位 2076 个，增加 69 个；内河港口万吨级及以上泊位 444 个，增加 7 个。全年完成客运量 2.73 亿人次，比上年下降 2.6%，完成旅客周转量 80.22 亿人公里，增长 0.8%。完成货运量 74.72 亿吨，增长 6.3%，完成货物周转量 103963.04 亿吨公里，增长 5.0%。全国港口完成旅客吞吐量 0.87 亿人次，比上年下降 6.7%。

三、游艇的发展

（一）游艇的概况

游艇，是一种水上娱乐用高级耐用消费品，集航海、运动、娱乐、休闲等功能于一体，满足个人及家庭享受生活的需要。在发达国家，游艇像轿车一样多为私人拥有。

而在发展中国家，游艇多作为公园、旅游景点的经营项目供人们消费，少量也作为港监、公安、边防的工作手段。游艇是一种娱乐工具这一本质特征，使它区别于作为运输工具的高速船和旅游客船。游艇将会和汽车一样，成为进入家庭的下一代耐用消费品。

（二）游艇的分类

按照旅游功能分类，可以将游艇分为休闲型游艇和商务游艇两大类。

休闲型游艇，大多为家庭购买，作为家庭度假所用。一般以 30 英尺到 45 英尺左右的游艇为主，设计时也是考虑到家庭使用的方便性，装潢时以烘托家庭氛围为卖点；市场上游艇的种类也是以此类为主。

商务游艇，这类游艇一般都是大尺寸的游艇，里面装潢豪华，也可以说是豪华游艇，一般被大型企业集团法人、老总购买，大多被用于商务会议、公司聚会、小型 Party。

游艇按品质分类，可以将游艇分为高档豪华游艇、家庭型豪华游艇、中档普通游艇及廉价游艇。

高档豪华游艇，艇长 35 米以上，艇上装备最现代化的通信和导航等系统，舱室内配有高级材料如柚木、皮革、高档家具、现代化的电气设备等设施，不仅供休闲，而且是从事商务及社交活动的理想场所，同时也是显示经济实力的王牌。价格数百万至上千万美元不等。

家族型豪华游艇，尺度一般为 13.5 米以上，结构与制造工艺精度高，选用名牌设备设施，单价 30 万美元以上。

中档普通游艇，尺度一般为 9~13.5 米，单艇售价在 5 万 ~20 万美元，这种游艇品质适中，消费市场广阔。

廉价游艇，尺度在 9 米以下，单艇售价在 5 万美元以下，这种游艇销售量最大。

四、我国游艇业的发展现状

2009 年 12 月，国务院明确鼓励沿海省市政府将游艇战略纳入旅游发展规划。随后，原国家旅游局在"十二五"发展规划中将游艇作为发展水上旅游的重要载体，国家发改委发布的鼓励发展产业目录也将游艇产业纳入其中。据不完全统计，目前中国的游艇俱乐部已建成 28 家，在建 26 家，完成规划的 45 家。中国邮轮、游艇产业协会发布的研究报告显示，到 2020 年，中国游艇数量将增加至 10 万艘，游艇交易额将达 500 亿元。

当前，我国游艇的审批、认证过程较为复杂，对游艇业快速发展制造了不少障碍。游艇审批、认证、检验需要很长一段时间，游艇上的相关设备是国外进口，没有我国检验机构的检验证书，上船十分困难。这些制约游艇业发展的问题都亟须解决。

📋 项目总结

本项目介绍了我国旅游交通的发展状况，对旅游交通的定义、地位及作用进行了描述，对我国旅游交通的主要种类进行了介绍。

📝 项目练习

一、思考题

1. 什么是旅游交通？我国旅游交通的主要种类有哪些？

2.分小组讨论2019年我国旅游交通的最新数据，分析我国旅游交通现状对旅游业发展的影响。

二、案例分析

交通+旅游，融合发展大势渐成

随着大众旅游时代的到来和全球旅游业的快速发展，交通作为旅游业的基本支撑和前提，在旅游业的推动和发展中越来越突出。"交通是旅游业的新生元素，也是旅游业发展的重要引擎。旅游业是现代交通转型升级的重要方向。旅游业发展需要更高质量的交通服务。随着现代社会的发展，关系交通与旅游之间的距离越来越近。"中国公路学会会长翁孟勇说。

2019年7月，交通运输部联合国家旅游局等六个部门发布《关于促进交通运输与旅游融合发展的若干意见》，建议进一步扩大交通运输的有效供给，优化旅游开发的基本条件，加快形成交通运输与旅游一体化的新发展。11月1日，交通运输部发布组织建设旅游公路示范工程的通知，要求实践探索旅游公路建设的经验，为进一步发展旅游公路建设和推广提供有益的借鉴。交通为旅游带来便利，旅游为交通创造了新的发展空间，旅游和交通一体化的趋势越来越强烈。

1.旅行模式的变化对运输服务的高需求

每逢假期，微信朋友圈旅游已经成为常态，甚至有网友嘲笑说"即使你不离开家，你也可以在一个朋友圈中看到世界"。中国旅游研究院发布的《中国国内旅游发展年度报告2017》显示，2016年，国内游客人数为44.4亿，同比增长11%。国内旅游收入3.94万亿元，同比增长15.19%。中国旅游研究院首席研究员宋子谦解释了这些数据。经济增长是蓬勃发展的旅游业的主要驱动因素，便捷高效的交通为旅行提供了更多的可能性，大众旅游时代已经到来。与此同时，乘客对旅行质量的追求也对交通基础设施和服务提出了更高的要求。从"买卖"到"旅游"，游客的消费模式正在发生结构性变化。调查结果显示，观光和休闲度假正成为旅游的主要目的。自驾游、自助游、乡村旅游和其他形式的旅游一直很受欢迎。许多家庭正在开车旅行，目的地和景点正逐渐被稀释，"走在旁边"正在成为一种趋势。

近年来，中国很多地方在大力发展全球旅游新模式。以海南省为例，2016年，海南省启动了旅游道路建设。高速公路和国家干线公路的建设充分实施了旅游观念，综合旅游元素，努力使全省各高速公路成为生态景观道路和旅游公路。"我们启动了一条900公里的环岛旅游道路的建设，有效地连接了特色旅游景点，并规划和建设了一些高端的专业精品站，在海南岛周围创造了一条珍珠项链。"海南省交通厅厅长刘宝峰介绍。交通运输业与旅游业紧密结合，为旅客提供更安全、更方便、更舒适的旅游运输产品和服务。

2. 自驾游自助游，享受顺畅的旅程

在交通与旅游一体化的过程中，出现了大量新的旅游模式，其中包括自驾车自助游。2016 年，我国自驾游达到 26.4 亿人次，占国内旅游规模的 60%。"自驾游正在改变游客对旅游产品服务和消费的需求，旅游产品也从过去的团队游产品到现在的自助性、随意性产品。"海南省自驾游协会秘书长温强介绍说，海南省已建成环岛高铁动车、高速公路，自驾游迎来了快速发展时期。目前，国内多省市建立了综合性自驾游服务平台，连接线上和线下，联合了省内自驾游相关企业。据温强介绍，海南省自驾游服务平台除了提供食、住、行、游、购、娱等方面的信息，还具有景区拥堵预警功能，一旦发生拥堵，平台会推荐其他相似景观。除此之外，该平台还能够推荐当地特产，并提供保险办理、找代驾、道路救援等服务。

自驾房车旅游作为自驾游的一种高级形式，在各大网络旅游平台上点击率很高。2016 年 9 月 22 日，国家旅游局联合公安部、交通运输部、国土资源部、住房和城乡建设部、国家工商总局共同印发《关于加快推进 2016 年自驾车房车露营地建设的通知》，推动自驾车房车旅游发展。目前已启动首批 514 个自驾车房车营地建设，2020 年将建成 2000 个。高速公路和国、省干线公路的服务区、服务站逐渐成为自驾游重要的服务节点，为旅客提供必需的服务。"传统的服务区的客流和辐射区域缺乏互动。"重庆高速公路集团有限公司副总经理周竹介绍说，他们在万州打造了一个智慧旅行服务中心，可以查询周边景区的天气及交通状况，为出行提供了更多的选择，方便出行者前往新的景区去旅行。

"我们在设计福建省一条高速公路时，将快进体系和慢游体系进行充分的融合，在海湾处设置了一个景色绝佳的高速公路服务区。"交通运输部科学研究院环境中心旅游交通规划与研究室主任顾晓锋介绍，服务区充分利用周边海岛资源，提供餐饮、海钓、渔村住宿等服务。

3. 设计引领、路景融合

作为美丽乡村建设不可缺少的一环，浙江省美丽庭院建设也在各地如火如荼地开展。农村民宅小院、中式格局庭院、欧式露台、立体式阳台窗台鳞次栉比，地栽、盆栽、花木、蔬菜等植株，不仅美化了庭院，也美化了乡村环境。驱车行驶在美丽的乡村公路上，游客不仅可以尽赏田园风光，还能感受淳朴的乡村文化。"打造风景道不仅是美化道路本身，更重要的是彰显和塑造地区廊道之美。"北京交通大学风景道与旅游研究中心主任余青说，风景道打造要借势而为，充分依托沿线自然条件、文化、历史，将沿线的资源整合在一起。"旅游公路的设计原则主要有 5 个方面——安全至上、灵活设计、功能完善、因地制宜、生态优先。"交通运输部科学研究院副院长陈济丁接受媒体采访时表示。谈到贵州赤水河谷旅游公路，陈济丁介绍说，他们首先统筹规划整合开发沿线的资源，将沿线的村庄城镇打造成美丽古镇、美丽乡村；灵活设计，适当降低设计时速，充分利用沿线高大树木、巨型岩石营造景观；升级改造农家乐，提升服务能力和水平；整合沿线红色文化、酒文化、考古文化，在文化旅游上做文章。

"在旅游消费升级的大趋势下，如何更好地满足游客个性化和多样化的出游需求，对于交通行业和旅游行业而言既是挑战更是机遇。同时，交通与旅游始终处于一种互为依托、互相促进的密切关系，交通与旅游的跨行业、跨部门、跨学科合作已经成为趋势和必然。"交通运输部总工程师、政策研究室主任周伟表示。

当前，我国旅游业正在从封闭的旅游自循环向开放的"旅游+"融合发展方式转变，其中，作为支撑的交通，更是丰富了旅游的内涵，激发出旅游交通发展的新趋势与新模式。

（资料来源：www.sczjz.com）

> **案例思考：** 未来交通与旅游融合发展会有哪些新特点？

📃 推荐阅读

1.《旅游交通业态及发展趋势研究》（贺明光，《综合运输》2018 年第 11 期）

2.《基于语义分析的政策差异量化研究——以近三十年旅游交通政策为例》（魏宇，《情报杂志》2019 年第 3 期）

3.《浅析旅游交通对旅游目的地的影响》（田水莲，《度假旅游》2019 年第 4 期）

4.《基于拓展四阶段法的旅游交通客流预测》（蔺钦，《汽车实用技术》2017 年第 19 期）

5.《"海陆空"旅游交通类专业技能型人才培养创新机制》（李成群，《当代旅游》2019 年第 11 期）

项目九　旅游购物品

　　掌握旅游购物品的概念和特点，理解旅游购物品的开发和产业化发展对旅游业发展的作用，了解我国旅游购物品的开发和发展过程。

项目任务

1. 学习旅游购物品的概念和种类。
2. 介绍旅游购物品的特点。
3. 梳理我国旅游购物品的开发和发展过程。

项目案例导入

故宫文创这样造品牌

　　2018 年 5 月 18 日，在故宫文创产品专卖店前，一款 3D 明信片自动售货机格外引人注目。2018 年 5 月 25 日，故宫文化创意产品国际综合展在比利时布鲁塞尔开幕。2019 年 1 月 25 日，故宫文创快闪店现身上海南京路，游客在快闪店内挑选文创产品。故宫的雪、故宫的猫、故宫文创、故宫展览，如今，故宫已不再仅仅是一座博物馆，更是利用文化创意产品走进百姓生活的一个样板。近年来，在文创产业带动下，故宫化身成为"网红"。据介绍，到 2018 年 12 月，故宫文化创意产品研发超 1.1 万件，文创产品收入在 2017 年达 15 亿元。

　　2013 年，台北故宫推出一种创意纸胶带，在网络爆红。这让故宫博物院看到了文创产品的庞大市场。2013 年 8 月，故宫第一次面向公众征集文化产品创意，举办以"把故宫文化带回家"为主题的文创设计大赛。此后，"奉旨旅行"行李牌、"朕就是这样汉子"折扇等各路萌系线路产品问世，使故宫变得年轻起来。除了实体的文创产品，故宫在网络上也打开"宫门"，故宫文化创意产品从"馆舍天地"走向"大千世界"。目前，故宫博物院拥有 4 家文创网络经营主体，"故宫博物院文创旗舰店"就是其中一家。其配合故宫博物院展览，做主题性的文化挖掘，研发了千里江山系列、清明上河图系列等产品，已积累 193 多万粉丝；故宫淘宝产品萌趣而不失雅致，致力于以轻松时尚方式展现故宫文物、推广故宫文化，推出故宫娃娃、折扇团扇、文具用品等产品，目前拥有 400 万粉丝。

随着故宫文创产品热销，故宫文化也受到越来越多年轻人喜爱。最直观的反映体现在参观故宫的年轻人变多了：据故宫发布的统计数据，2018 年故宫接待量突破 1700 万人次，其中 30 岁以下观众占 40%，年轻观众尤其是"80 后"和"90 后"，已成为参观故宫博物院的"主力"。2014 年，故宫淘宝微信公众号刊登了《雍正：感觉自己萌萌哒》一文。此文迅速成为故宫淘宝公众号第一篇"10 万 +"爆文，雍正皇帝也借此成为当时的热门"网红"。同一年，故宫文创相继推出"朝珠耳机""奉旨旅行"腰牌卡、"朕就是这样的汉子"折扇等一系列产品。"朝珠耳机"还获得"2014 年中国最具人气的十大文创产品"第一名。

一座博物馆的文化价值，在于将这些文化资源融入人们的现实生活。通过文化创意为观众架起一座沟通文化的桥梁、奉上一场文化盛宴，正是很好的表现形式。让人们通过故宫文化创意直接触摸到文化，是故宫发展文化创意事业的出发点，也是落脚点。故宫定位于"根植于传统文化，紧扣人民群众大众生活"原则，做出许多社会大众能够乐于享用、将传统文化与现代生活相结合的产品。例如，手机壳、电脑包、鼠标垫、U 盘等，因具有实用性而持续热销。

"故宫博物院要改变传统的传播方式，要学会运用多种方式来传播优秀传统文化，我们要让故宫文化遗产资源活起来。"单霁翔说。

[摘自：《人民日报》(海外版)]

课堂思考：文化与旅游购物品的融合为旅游购物注入了新的生命力，旅游文化创意产品是如何带活故宫旅游的？

任务一　旅游购物品的概念与种类

一、旅游购物品的概念

关于旅游购物品的内涵，长期以来众说纷纭。目前国内学术界对于旅游购物品的概念尚未达成共识。各种概念之间界限模糊，名称混用现象常见于各种文献。表 9-1 列举了国内学术界对旅游购物品的概念性定义。

表9-1　旅游购物品概念性定义列举

顾维舟	旅游购物品是旅游者在异地购买并在旅途中使用、消费或携回使用、收藏、送礼的物品
王克坚	旅游购物品是由旅游企业所生产，满足旅游者需要的产品或服务
张文祥	现代旅游购物品包含旅游者在旅游准备阶段和旅游过程中购买的一切实物产品
陶汉军	旅游购物品是旅游者在旅游活动中购买的，以物质形态存在的实物
田里	旅游购物品是旅游者购买旅游活动中所需产品和服务的总和
田伦	凡旅游者为旅游购买的或在旅行游览过程中购买的实物商品都称为旅游购物品
王大悟	旅游购物品专指旅游者在旅游活动中所购买的实物商品
张文敏	针对旅游者设计的，是旅游者为旅游而购买的或在旅游过程中购买的，具有旅游文化内涵的实物商品
刘敦荣	旅游购物品是指供给者为满足旅游者需求以出卖交换为目的而提供的具有使用价值和价值的有形与无形服务（无形商品）的总和

（资料来源：根据有关文献资料整理）

结合以上定义，本书将旅游购物品定义为：旅游者为实现其旅游目的在旅游准备阶段和旅游过程中所购买的一切实物商品。

二、旅游购物品的特点

（一）纪念性

纪念性是旅游者对旅游购物品的最基本要求。旅游者在异国他乡旅游，往往怀有猎奇心理，每到一地或结束旅游时，总希望购买一些能反映旅游地文化古迹、风土人情的纪念品，或留作自用，可以睹物思情，唤起自己美好的回忆；或馈赠亲友，使其仿佛身临其境。旅游购物品原则上要求就地取材、就地生产、就地销售。

（二）针对性

旅游活动是人们在基本生活需要得到满足以后的一种高级消费形式。作为旅游购物品，从总体上来看，是旅游目的地为了满足远道而来进行观光、游览或其他活动的旅游者的购物需要，而生产和经营的具有民族和游览地特色的物质产品。因此，旅游购物品的销售对象主要是旅游者，具有明显的针对性，其生产经营活动受旅游目的地的政治、经济及其他因素变化的影响较大。

（三）艺术性

旅游购物品的艺术性，就是要利用传统工艺充分表现商品的民族风格和地方特色，并与当地景观、文化传统巧妙融合，使商品显得新颖奇特、美观别致，具有艺术欣赏价值，给人以美的享受。

（四）礼品性

礼品性是指一件精美的旅游购物品不仅能给人带来美的享受，而且能够使旅游者显示出自己的经历、身份和富有。因此，当他完成一次旅游活动，把旅游购物品带回常住地馈赠亲朋好友时，受礼者也会感到非常高兴。而且，旅游者在旅游地停留的时间是短暂的，购物时间性很强，不可能花太多的时间对购物品进行仔细比较，且所购物品中的相当部分是用来馈赠亲友的，故而小巧玲珑、包装精美的旅游购物品对旅游者具有很大的吸引力。

三、旅游购物品的种类

（一）旅游日用品

旅游日用品是指旅游者在旅游活动中购买的具有实用价值的生活日用品，包括洗漱用具、鞋帽、地图指南、箱包、防寒防暑用品、化妆品及常用的急救药品等，如太阳能风帽、工艺马扎等。

（二）文物古玩及其仿制品

文物古玩及其仿制品主要指不属于国家严禁出口的古玩、文房四宝、仿制古字画、出土文物复制品和仿古模型等，如泰安的泰山石函岩等文房四宝、碑帖、拓片等。

（三）旅游工艺品

旅游工艺品主要指用本地特色材料制作的设计新颖、工艺独特、制作精美的艺术品。山东的工艺美术品历史悠久、技艺精湛、久负盛名，不仅是大宗的出口产品，也是旅游者向往的佳品。作为旅游商品的主要有雕塑工艺品、金属工艺品、刺绣工艺品、花画工艺品等。

（四）旅游纪念品

旅游纪念品主要指以旅游目的地的文化古迹或自然风光为题材，利用当地特有的原材料制作的，体现当地传统工艺和风格的富有纪念意义的小型纪念品，如黄河泥人（见图 9-1）、长清的紫砂壶、曲阜的木雕孔子像、泰山的手杖等。

（五）土特产品

土特产品主要包括具有地方特色的工艺品、农副产品等。如泰山赤灵芝、武大郎炊

图9-1　黄河泥人

（图片来源：http://m.sohu.com/a/256847341_115118）

211

饼、泰山白花丹参、沂蒙红嫂煎饼、金枪鱼海带卷等是游人心目中赠送贵客的佳品。

（六）文化创意产品

文化创意产品一般是以文化、创意理念为核心，是人的知识、智慧和灵感在特定行业的物化表现，其与信息技术、传播技术和自动化技术等的广泛应用密切相关。旅游文创产品重视实用功能，贴近百姓生活，有鲜明的地域特点，反映该旅游区的历史文化和风土人情。依托现代科技宣扬传统文化的同时，多了一分时尚的气息（见图9-2）。

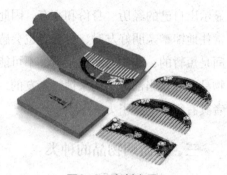

图9-2　文创产品

（图片来源：http://image.baidu.com/）

相关链接：日本柯南小镇

作为《名侦探柯南》作者青山刚昌的出生地，柯南的身影遍布北荣町的大街小巷：柯南大道、柯南大桥，连路标、指示牌、浮雕铜像、井盖也以柯南为主题。强大的IP运营能力，导入书籍、壁画、电影、动漫等文化要素，从无到有打造文旅类小镇，成为日本柯南迷的朝圣之地。

1. 研发系列化的文创主题纪念品、商品

小镇上有一家柯南侦探社，是柯南纪念品商店，可供游客购买柯南周边的各种商品，商店里的糖果、手机链、帽子、T恤全都以柯南为主题。有许多限量商品只在北荣町才能买到（见图9-3）。

2. 赋予小镇对外窗口以鲜明的主题印象

让游客一到达小镇就如同走进了

图9-3　柯南小镇旅游商品

（图片来源：http://image.baidu.com/）

柯南世界。火车站内的楼梯、售票处、候车室、储存柜，到处可以看到柯南的画像，车站外的自动贩卖机和站牌也配有柯南的形象。JR铁道公司运行为在鸟取车站至米子车站之间的列车取名为"名侦探列车"。另外，位于鸟取市西北约7公里的鸟取机场，也在2014年正式改名为"柯南机场"，机场内布满柯南动漫相关装饰，如在取行李处贴上的少年侦探团的壁画。

3. 策划以小镇核心文创为主题的文化展馆

2007 年 3 月 18 日，以"柯南之父"青山刚昌的动漫作品世界为主题的博物馆"青山刚昌故乡馆"在北荣町开放。以《名侦探柯南》作为中心，铺设出青山刚昌绚丽的作品世界。每年约有 13 万以上的游客前来参观购物。

4. 清晰、主题化的游线系统

在北荣町城区，围绕柯南主题打造了一道、一桥、一馆、一社，串起了整个小镇的旅游线路。

5. 将文创文化融入镇民生活

北荣町作为《名侦探柯南》作者青山刚昌的故乡，一直以柯南为荣，当地政府在居民卡、户口簿的证明书上面都采用柯南的形象设计。柯南不仅是小镇旅游设施打造的主题，更融入了小镇每个居民的生活中。

（资料来源：http://www.cgbin.com/chuangyedaoshi/20200116/1093.html）

三、旅游购物品的作用

进行旅游购物品的开发，可以获得更多的经济收入，调整和完善旅游目的地产业结构，还可以宣传旅游目的地形象，提高旅游目的地知名度，经济效益和社会效益双丰收，可谓一举两得。

（一）增加旅游收入

旅游者的旅游活动主要由食、住、行、游、购、娱六个要素组成。旅游者的食、住、行属于基本生活需要，在消费上总是有一定的限度，在旅游收入中被称为"刚性收入"。旅游购物则属于非基本生活需要，是旅游消费中弹性最大的一项，因此发展空间很大。国际旅游者购买旅游购物品是旅游目的地取得外汇收入的方式，实际上是一种就地"出口贸易"。旅游购物品创汇和外贸商品创汇在本质上是一致的。无疑，加强旅游购物品的开发，会极大地增加旅游总收入。

（二）传播旅游目的地和旅游商品企业的良好形象

旅游购物品是旅游活动的延伸与继续，精美的旅游购物品能使旅游者反复回忆起美好的旅游经历。如香气袭人的法国香水，把法国这个富有浪漫情调的世界最大旅游目的地形象地展示在世人面前。到瑞士旅游过的人都会购买当地著名的旅游商品，特别是军刀、钟表等。在家中显眼的位置摆上瑞士的钟表，不仅能够唤起主人的回忆，而且能够激发他人的旅游动机。通过旅游购物品的展示和旅游者的口头传颂，旅游购物品企业和旅游目的地的个性得到了强化，旅游购物品企业和旅游目的地的知名度获得了极大的提高。

（三）成为大宗产品输出的先导

在区际市场上，有些商品首先是作为旅游购物品向旅游者出售的，经过使用后得到旅游者的认可，进而逐渐扩展到非旅游者人群。旅游购物品转变为针对大众消费的大众化产品，从而具备了大规模生产的潜力，成为出口商品中非常重要的一个部分，可以为国家和旅游商品企业带来更多的外汇收入。

任务二　我国旅游购物品开发与发展

旅游购物作为旅游的六大要素之一，带有明显的旅游消费特点，其在中国的发展并没有像其他要素一样高质量、规模化、品牌化。文旅融合、全域旅游的时代背景，对旅游业的发展提出了很多新的要求，旅游业发展更注重细节、质量和文化的挖掘，旅游购物发展也越来越受到国家重视，其发展正进入一个高速提升阶段。但是与国外旅游购物的发展相比，我国还存在很大差距，存在一些自身的问题和误区，只有从根本上认清原因，采取针对性和发展性的发展策略，才能将旅游购物的发展推向新的发展阶段。

一、我国旅游购物的发展现状

20 世纪 70 年代末 80 年代初期，随着境外游客陆续涌进，我国的旅游购物品应运而生。近年来，随着我国旅游业快速发展，旅游购物市场日益繁荣，满足了广大游客多样化的消费需求，培育了新的旅游经济增长点，为扩大内需发挥了积极作用，但其发展却长期处于缓慢的自然发展状态。

2009 年，国务院《关于加快发展旅游业的意见》（国发〔2009〕41 号），提出了发展旅游购物，提高旅游购物在旅游收入中比重的要求。原国家旅游局也连续 11 年举办了中国国际旅游商品博览会、中国旅游商品大赛、中国旅游商品论坛等活动，各省、区、市也高度重视旅游购物、旅游商品的发展，社会各界也因此开始关注中国旅游商品的发展，这些活动为旅游商品的发展起到了示范和推动作用。中国的旅游购物、旅游商品、旅游纪念品有了长足发展，旅游购物收入占旅游总收入的比重也逐年提高。

从 2009 年至今，中国的旅游商品进入了政府引导的发展期。中国的旅游商品也逐渐从旅游纪念品、工艺品、农副产品的小圈子，逐步向旅游工业品等更广阔的旅游商品领域迈进。

2014 年 8 月,《国务院关于促进旅游业改革发展的若干意见》(以下简称《意见》)将扩大旅游购物消费,列为旅游业发展改革的一项重要工作,中国的旅游商品终于走进了快速发展时期。《意见》中第十一条明确表示:扩大旅游购物消费,实施中国旅游商品品牌建设工程,重视旅游纪念品创意设计,提升文化内涵和附加值,加强知识产权保护,培育体现地方特色的旅游商品品牌。传承和弘扬老字号品牌,加大对老字号纪念品的开发力度。整治规范旅游纪念品市场,大力发展具有地方特色的商业街区,鼓励发展特色餐饮、主题酒店。鼓励各地推出旅游商品推荐名单。在具备条件的口岸可按照规定设立出境免税店,优化商品品种,提高国内精品知名度。研究完善境外旅客购物离境退税政策,将实施范围扩大至全国符合条件的地区。在切实落实进出境游客行李物品监管的前提下,研究新增进境口岸免税店的可行性。鼓励特色商品购物区建设,提供金融、物流等便利服务,发展购物旅游。

目前,全国旅游购物收入占旅游总收入的比重已接近 30%,成绩虽然可喜,但相较旅游购物发达国家和地区 40%~60% 的比重,还有很大差距。

二、我国旅游购物存在问题

随着旅游购物越来越被有关部门重视,旅游商品开发、销售、展览等活动如火如荼,但是,国人出境狂购的事实仍未改变。国人出镜购物的原因集中在境外的商品质量好、价格便宜、有品牌、东西新等,以及旅游购物的服务热情、周到、人性化等。将境内外旅游商品的发展现状对比下来,旅游商品的质量和创新速度、旅游商品的销售价格和旅游购物服务、旅游商品的品牌和理念等都存在巨大差距。可见,我国旅游商品与旅游购物产业链在很多方面都存在不足,主要的问题表现在以下几方面。

(一)旅游商品定义狭义化

主要是误把旅游商品理解成旅游纪念品。纪念品是我国发展最早的一类旅游商品,也是很多人记忆中最深刻的旅游商品,无论走到哪里,都能够看到路边售卖纪念品的摊位。然而,旅游商品并不等同于旅游纪念品。实际上,旅游商品涵盖了食品、饮料、服装、首饰、工艺品等多个品类,并且随着时代的发展,旅游商品的品类也越来越丰富。由于对旅游商品定义理解的偏差,导致出现大量低质的旅游纪念品,充斥各购物店的低档商品柜台。

(二)旅游商品管理多头化

旅游商品涉及多个部门的管理,在旅游没有成为"一把手工程"的地方,旅游商品是一个典型的多头管理、无人负责的项目。其管理部门涉及文化、城建、工商、质监、科技、卫生、知识产权、农业、林业、渔业等部门。由于多头管理，无统一调度，旅游商品开发、设计、营销等工作难以形成凝聚力，导致旅游购物发展动力不足。

（三）品牌意识不强

旅游商品的品牌建设已经呼吁和鼓励了很多年，但是品牌意识一直在旅游购物产业中一直都没有很好的落实。在2018中国特色旅游商品大赛各地预选的8万件商品中，有4万件没有注册商标。如果连商标都没有，又何谈品牌？

（四）创新能力不足

目前，旅游商品在功能、功效、造型、材料、工艺等方面缺少创新，多数还停留在直白的文化表达层面，在功能、功效、造型、材料、工艺等方面的创新与旅游发达国家的差距越来越大。

（五）质量意识淡薄

假冒伪劣商品充斥市场，欺客宰客现象严重，行业自律差。在旅游购物市场中，以假充真、以次充好、"三无"商品等假冒伪劣商品处于主动地位；有些旅游景区的购物环境非常混乱，小商小贩围追堵截、强买强卖，破坏了游客的视觉感受，影响了游览情趣，降低了购买欲望；有些旅行社和导游以旅游购物的高额回扣作为赢利的主要来源，随意增加购物次数，使游客产生抵触情绪。由于旅游购物市场没有统一规范的管理，同行之间为争夺客源而相互压价，无序的恶性市场竞争，导致商家无钱可赚，从而陷入恶性循环之中，使商品的质量难以得到保证。

（六）开发意识欠缺

长期以来，旅游经营者认为经营的重点在旅游景区，把大量的资金和技术投向景区开发。认为旅游购物品投入大、回收期长，没有发展前景，因而对旅游购物品的开发不屑一顾，最终导致旅游购物的发展滞后于旅游业的发展。另外，政府对旅游业新经济动态把握不准，忽视了旅游购物对整个行业创收和创汇的巨大影响，没有很好地在规划中支持旅游购物的发展。

三、我国旅游购物的发展趋势

旅游购物是旅游产业中最大的变量，也是旅游产业中市场化程度最高的部分，其发展趋势随着旅游者的需求变化而不断变化。

（一）旅游购物市场监管越来越规范

在旅游发展过程中，部分旅游购物市场存在制售假冒伪劣产品、侵犯知识产权、强迫购物、诚信缺失和维权困难等突出问题，扰乱了旅游市场秩序，侵害了消费者合法权益，损害了旅游目的地形象，阻碍了旅游消费的进一步扩大和旅游产业的健康发展。2009 年，国务院公布《关于促进旅游业改革发展的若干意见》，要求扩大旅游购物消费，整治规范旅游纪念品市场。

《国务院关于促进旅游业改革发展的若干意见》（国发〔2014〕31 号）要求，整顿规范旅游纪念品市场秩序，促进旅游纪念品市场健康发展。2015 年 8 月至 10 月，商务部、旅游局、工商总局、质检总局在全国集中开展了旅游纪念品市场专项整治。全面整顿旅游购物市场，加强旅游购物监管，将成为旅游购物产业发展的重要法律手段。

（二）体验式购物渐成旅游购物常态

体验式购物越来越多的主要原因包括：一是实体店与网络购物竞争而带来的结果。网络购物与在实体店购物的最大区别是对多数商品无法体验。在实体店中，服装、鞋、帽、丝巾、首饰等可以试穿、试戴；化妆品、电子产品可以试用；食品、茶叶、酒、饮料等可以品尝。二是体验式购物可以让不了解本地产品的外地旅游者快速产生购物行为。三是体验购物本身就是旅游游玩的一种方式，易引起旅游者的关注。

随着体验式购物渐被旅游者习惯，原本没有体验环节的实体店也加入进来，体验式购物渐成旅游购物常态。

（三）特色旅游商品将走向全面发展

从 20 世纪 80 年代，旅游商品从以工艺品、纪念品为主的狭义旅游商品时代，逐步向利用文化资源、物产资源、技术资源、品牌资源等地域特色旅游商品时代转化，从而使特色旅游商品的品类更加齐全。例如，2019 中国特色旅游商品大赛包括旅游食品类、旅游茶品类、旅游饮品类、旅游酒类、旅游佐餐调味品类、旅游纺织品和皮毛类、旅游箱包类、旅游鞋帽类、旅游电子类、旅游电器类、旅游日用陶瓷和玻璃类、旅游日用金属和石质品类、旅游日用合成品类、旅游日用竹木品类、旅游化妆品和洗护用品类、旅游个人装备品和体育用品类、旅游首饰类、旅游玩具和趣味园艺工具类、旅游工艺品类、旅游纪念品和文具类二十大类，旅游商品的类型不谓之不丰富。

图9-4　桃木雕
（图片来源：https://image.so.com/）

特色旅游商品的开发从系列化走向系统化，从少数企业参与向大量企业参与发展。设计企业、制造企业、销售企业的大量参与，使特色旅游商品开发向系统化的全产业链发展。山东肥城的桃木雕（见图 9-4），不仅将桃木剑、桃木如意的传统桃木雕系列化，桃木雕的首饰、桃木雕的日用品大量出现，桃木雕与其他材料结合，开发了上百个系列的桃木雕特色旅游商品，其设计、生产、销售，构成了桃木雕特色旅游商品系统。拥有自有知识产权的系统化的旅游商品，将对很多地区旅游商品的发展和当地经济、社会的发展产生巨大推动力。

（四）特色旅游商品开发与品牌建设逐渐紧密

发展旅游购物，必须生产特色旅游购物品，创立自己品牌。首先，特色旅游购物品是旅游购物品的灵魂。要开发具有特色的旅游购物品，必须首先搞好创意设计，根据当地的风土人情、历史传说、文化底蕴、风景名胜、传统产品，设计出风格独具特色的旅游购物品。另外，大力发展有特色的旅游购物品，还应以知名品牌为依托。如"山东100"旅游商品（见表9-2）、景德镇瓷器、苏杭丝绸、北京景泰蓝等这些在国际上久负盛名的传统工艺品，具有鲜明的民族风格和浓厚的地方特色。

与旅游业发达的国家有众多著名商品品牌相比，我国的旅游商品品牌无论数量还是知名度都差得很远，还不足以打动境外旅游者从数千里之外飞过来专程购物。特色旅游商品开发与品牌的建设、保护、创新、发展，对很多旅游商品企业还是新鲜事物。漫无目的、情绪化地开发特色旅游商品，无助于品牌的建设。要按照企业自有品牌的定位，开发适合旅游者的特色旅游商品。目前，推出自有品牌的特色旅游商品企业越来越多，将特色旅游商品开发与品牌建设结合的企业也越来越多。

相关链接："山东100"旅游商品

表9-2 旅游景区的分类方法

城市	商品种类	城市	商品种类	城市	商品种类
济南	平阴玫瑰	烟台	烟台苹果	临沂	青援食品
济南	泉城茶	烟台	休闲游艇	临沂	蒙山绿茶
济南	木鱼石	潍坊	潍坊风筝	临沂	沂蒙全蝎酒
济南	鲁绣	潍坊	潍县木版年画	临沂	麦饭石
济南	颐莲化妆品	潍坊	昌乐蓝宝石	德州	德州扒鸡
济南	特地饮品	潍坊	景芝酒	德州	乐陵小枣
青岛	青岛贝雕	潍坊	果蔬片	德州	皇明光电产品
青岛	青岛礼物	济宁	曲阜三宝（楷木雕、尼山砚、碑帖）	聊城	武大哥炊饼
青岛	即墨老酒	济宁	孔子文化特色商品	聊城	魏氏熏鸡
青岛	青岛啤酒	济宁	金乡富硒大蒜	聊城	牛筋腰带
青岛	琅琊台酒	济宁	孟子文化养生产品	滨州	无棣盐雕

城市	商品种类	城市	商品种类	城市	商品种类
青岛	胶州大白菜	泰安	泰山玉	滨州	阳信鸭梨
青岛	春田房车	泰安	肥城桃木	滨州	滨州芝麻酥糖
淄博	淄博琉璃	泰安	泰山四大名药	滨州	沾化冬枣
淄博	周村烧饼	泰安	泰山茶	滨州	海洋贝瓷
淄博	国井、扳倒井酒	泰安	肥城桃	菏泽	单县羊肉汤
淄博	淄博丝绸	泰安	东平湖特产	菏泽	牡丹籽油
淄博	淄博陶瓷	泰安	旅游服装	菏泽	黑大蒜
枣庄	鲁班锁	威海	深海小海带	菏泽	乔子红牡丹产品
枣庄	峄城石榴	威海	颐阳补酒	跨区域	阿胶
枣庄	长红枣	威海	金猴皮鞋	跨区域	胶东海参
枣庄	大战1938酒	威海	海斯特鱼竿	跨区域	山东即食海鲜
东营	中华齐笔	日照	日照绿茶	跨区域	红木工艺品
东营	刘氏布偶	日照	樱桃汁	跨区域	山东酱驴肉
东营	欣马酒	日照	日照农民画绣	跨区域	黑陶
东营	黄河口大闸蟹	日照	罗莱家纺	跨区域	山东煎饼
烟台	招远黄金	莱芜	莱芜锡雕	跨区域	青铜工艺品
烟台	八仙宝葫芦	莱芜	莱芜姜	跨区域	豆制品
烟台	龙口粉丝	莱芜	莱芜香肠	跨区域	山东酱菜
烟台	喜旺食品	莱芜	干烘茶	跨区域	鲁砚
烟台	黄飞红、醋官醋	莱芜	莱芜紧跟布鞋	跨区域	微山湖特产
烟台	张裕酒	临沂	沂蒙风味食品	跨区域	鲁锦

（资料来源：山东省旅游信息中心）

（五）生活化将成为旅游商品开发的主流

人们需要文化旅游商品、需要生活旅游商品、需要文化生活旅游商品，生活的、文化生活的旅游商品都有人需要。外形漂亮堪比摆件的路由器、时尚高雅的智能手链、功效独特的手工皂（见图9-5）、不易粘连的菜刀……无不以生活化为前提，再与文化结合，成为生活必需、特色明显的特色旅游商品。先生活，后文化，为幸福生活而开发特色旅游商品被越来越多的人重视，逐渐成为特色旅游商品开发的主流理念。

图9-5　手工香皂
（图片来源：https://image.so.com/）

（六）特色旅游商品开发将越来越重视品质

旅游者境外的购物产品，与国货相比不是差在设计上，多是差在品质上。在自助旅游者占垄断地位的时代，在旅游购物的实体店中，品质优良的特色旅游商品很容易受到旅游者的关注，从而倒逼特色旅游商品开发者重视品质。

（七）注重旅游文创产品开发

旅游文创产品要重视实用功能，贴近百姓生活。旅游商品实用功能的设计已经成为创意旅游纪念品设计的一个趋势。有故事，有气氛，卖家卖给你的就不仅仅是一件T恤、一个布包，而是加了点惊喜、加了点新奇、加了点你认为很高级的东西，这些东西就是文化。当产品融入了文化，这件产品就成了文创品。旅游文创产品必须要有鲜明的地域特点，反映该旅游区的历史文化和风土人情。体现当地的核心文化价值，能代表当地的历史和人文特色，具有很高的纪念意义和收藏价值。

旅游购物逐渐成为旅游活动中必不可少的项目。同时，旅游购物也存在着许多弊端，我们应加以重视，不断完善、发展旅游购物，从而促进旅游业的可持续发展。

项目总结

本项目介绍了旅游购物品的概念、特点、类型和作用，特别提到了旅游文化创意产品，这是当前旅游购物品开发的热点，也是文旅融合发展的重要成果之一。我国旅游购物业的发展还有很大的潜力，目前表现出的问题比较多，但是随着文旅融合的不断发展，我国旅游购物业也会随之蓬勃发展。

项目练习

一、思考题

1. 谈谈你对我国旅游购物市场监管的看法。

2. 结合我国故宫旅游文化创意产品的开发思路和成功营销的案例，谈谈你对历史文化景区开发旅游文化创意产品的看法。

二、案例分析

旅游纪念品并没有随着旅游业的快速高质量发展并提升其质量，而是让游客逐渐对旅游纪念品不太感兴趣了。究其原因，还是它失去了原来的意义价值，同时没有什么新意，同质化过于严重。

1. 保健药品

到处都是假货的"保健药品"，现在人人避之不及。保健药品的受众还是中老年人，一些被鼓吹的药品，老年人又有需要，所以上当的例子数不胜数，后来才知道大多没什么用。

2. 银饰品

遍布全国各地景区的"贵东西"——银饰。一些具有特色的旅游地方，他们会说这里盛产银饰，导游在车上开始跟你"讲课"，等游客们被"忽悠"得差不多了，就会带你到"打折店"，这些店都号称是老字号店，银饰绝对纯，可是用了一阵子你就懂了，或者它的材质远远不值得这个价格。

3. 各式刀具

不知道从什么时候开始，大家去西藏旅游一定会带回来一些藏刀，可是这些属于管制刀具，不能随便出现在公众场合。藏刀被当地人称之为一种艺术品，但是在游客的心中，其实它就是一把水果刀，买回家有几个人会当作艺术品来欣赏？当然，还有很多假冒伪劣的藏刀，估计也只能买回家用来切水果了。

经常出去旅游的应该知道，基本上每一座旅游城市都有一条街，打着古街的名号，开始贩卖一些旅游纪念品，而这些旅游纪念品大多来自一个叫"义乌"的地方。它们在这里经过简单的加工后，会运送至全国各地的景区，所以走遍全国景区，你会发现旅游纪念品来来回回就那几样，做工粗糙，再搭配上一点当地的特色，就成了地方特色纪念品。曾经的景区"四大件"：木梳、披肩、帽子、手串，全国每一条古镇老街都有这些，让人开始怀疑它们到底是哪里的特产？

（资料来源：http://k.sina.com.cn/article_6618724444_18a81b85c00100e000.html）

> **案例思考**：结合旅游购物品的概念和特点，分析旅游购物品开发的良性发展道路需要我们做些什么？

推荐阅读

1. 故宫文化创意馆微信公众号

2. 旅游文创：国内外值得借鉴的 5 个经典案例（https://m.thepaper.cn/baijiahao_4794380）

项目十　旅游新业态

项目目标

本项目要求学生了解旅游新业态的发展状况，掌握旅游新业态中康养旅游、乡村旅游、工业旅游、研学旅行、旅游演艺等旅游新业态的概念和特征，了解康养旅游、乡村旅游、工业旅游、研学旅行、旅游演艺等旅游新业态的类型，培养学生关注行业发展最新动态的习惯和专业素养。

项目任务

1.学习康养旅游的概念、特征、发展背景和开发模式。

2.学习乡村旅游的概念、类型及我国乡村旅游的发展状况。

3.学习工业旅游的概念和发展模式。

4.学习研学旅行的概念、特征和产品类型。

5.学习旅游演艺的概念、类型、特征、我国的旅游演艺的发展状况及未来趋势。

项目案例导入

解析中国目前最成功的六大康养小镇

康养小镇是指以"健康"为小镇开发的出发点和归宿点，以健康产业为核心，将健康、养生、养老、休闲、旅游等多元化功能融为一体，形成的生态环境较好的特色小镇。康养小镇可以根据旅游者、居民的消费需求，将健康疗养、医疗美容、生态旅游、文化体验、休闲度假、体育运动、健康产品等业态聚合起来，实现与健康相关的大量消费的聚集。

1. 宗教文化养生型

依托道教、佛教等宗教文化资源，打造集宗教文化养生体验、养生教育、休闲度假、养老等于一体的综合度假区，该类型一般多分布在旅游景区或景区周边，有悠久的历史和古老的文化基础。

项目介绍：武当山太极湖生态文化旅游区由太极湖新区和太极湖旅游区组成，太极湖新区重点发展旅游发展中心、武当国际武术交流中心、太极湖医院、太极湖学校和高档居住区等项目，太极湖旅游区包括旅游度假板块、水上游览板块和户外休闲板块，重点建设太极小镇、武当山功夫城、老子学院、山地运功公园、武当国际会议中心等项目，是集旅游观光、休闲娱乐、养生养老、度假于一体的综合度假区。

项目特点：依托武当山的道教文化和良好的生态环境发展养生养老、健康度假产业。

2. 长寿文化养生型

依托长寿文化，大力发展长寿经济，形成食疗养生、山林养生、气候养生等为核心，以养生产品为辅助的健康餐饮、休闲娱乐、养生度假等功能的健康养生养老体系。

项目介绍：浙南健康小镇位于龙泉市兰巨乡，背靠国家级自然保护区龙泉山，是长寿龙泉第一乡，是好山、好水、好空气的齐聚地，同时食药材资源极其丰富，是健康食养、药养绝佳福地。利用其得天独厚的生态条件和长寿特色，发展农业观光、健康餐饮、休闲娱乐、养生度假等多功能的健康长寿小镇。

项目特色：挖掘长寿文化，从食养、药养、水养、文养、气养五方面发展长寿经济。

3. 温泉养生型

依托温泉这一独特的核心资源，发展"温泉"特色产业，如温泉养生、温泉会议、温泉运动等，形成健康、养生、休闲娱乐等温泉养生特色小镇。

项目介绍：灰汤温泉小镇位于湖南宁乡灰汤镇，总面积48平方公里，泉水水温高达89.5℃，是中国三大著名高温复合温泉之一，已有2000多年的历史，温泉区占地8平方公里，温泉水量丰富。

现结合温泉发展"温泉+X"产业，现已开发建设有温泉酒店、温泉游泳馆、高尔夫练习场等各种休闲建设设施、疗养体检中心等，是集温泉养生、运动休闲、会议培训、健康体检于一体的温泉小镇。

项目特色：天然温泉资源是项目核心亮点，同时以温泉为基础，发展温泉酒店、温泉会议、温泉运动等特色产业。

4. 医养结合型

依托医药产业、医药文化发展医药产业，推动健康养生、休闲度假等产业发展的医养特色小镇。

项目介绍：大泗镇中药养生小镇位于江苏大泗镇的中药科技园，占地1240亩，总投资4亿元，该园以中药材种植为中心，产、学、研相结合的示范性中药科技园。

小镇以中药科技园为核心，打造"1+3+X"的发展体系。1为中药科技园，3指休闲娱乐、中药养生、医疗器械产业三大健康产业，X为舞台文化、养老、生态农业等多个配套产业，打造中药文化、养生文化、旅游文化的平台。

项目特色：原生态环境和高质量老年客户基础，建设颐乐学院和雅达国际康复医院为核心配套，形成居医养的特色养老体系。

5.生态养生型

以原生态的生态环境为基础，以健康养生、休闲旅游为发展核心，重点建设养生养老、休闲旅游、生态种植等健康产业，一般分布在生态休闲旅游景区或者自然生态环境较好的区域。

项目介绍：平水养生小镇位于浙江平水镇，境内青山叠翠，千岩竞秀，生态环境迷人，文化底蕴深厚，以建设"养生特色小镇"为发展目标。积极培育和引导养生、养老产业项目，吸引了国际度假村项目、中药养生会所项目、仙人谷养生、养老项目等先后落户小镇，为小镇健康养生养老、休闲旅游提供了条件。

项目特色：依托原生态的自然环境发展健康养生、休闲旅游等生态养生产业。

6.养老小镇型

有一定的环境资源，同时拥有有一定经济实力的老年群体，为老年人打造集养老居住、医疗护理、休闲度假等功能为一体的养老小镇。

项目介绍：绿城乌镇雅园位于浙江乌镇，是依托原生态自然环境，为高质量的老年群体建设有养生度假酒店、医疗公园、国际养老护理中心、颐乐学院、养老居住等功能板块，打造的集健康医疗、养生养老、休闲度假为一体的特色养老小镇。

项目特色：原生态环境和高质量老年客户基础，建设颐乐学院和雅达国际康复医院为核心配套，形成居医养的特色养老体系。

（摘自：旅游节庆营销智汇）

课堂思考：结合以上案例，你认为哪些地方适合开发康养旅游项目？康养旅游的切入点有哪些？

任务一　康养旅游

随着物质生活水平的提高，人们对"健康、愉悦、长寿"的欲望越来越强烈，而单纯的养生已经难以满足人们对高品质生活的追求，文旅融合时下的康养旅游迎来重大发展机遇。康养旅游不是简单的"旅游＋康养"，而是旅游产业和健康养生产业的融合，是依托康养产品进行区域综合开发的重要形式。原国家旅游局也已正式将其确立为一种新的旅游方式，并纳入我国旅游发展战略当中。

一、康养旅游的概念和特征

世界旅游组织（World Tourism Organization，WTO）前身国际官方旅游组织联盟（International Union Office Travel Organization，UOTO）于 1973 年将健康旅游定义为"将国家自然资源，特别是矿泉和气候资源开发为健康旅游产品"。

2016 年我国国家旅游局颁布的《国家康养旅游示范基地标准》中将康养旅游定义如下：通过养颜健体、营养膳食、修心养性、关爱环境等各种手段，使人在身体、心智和精神上都能达到自然和谐的优良状态的各种旅游活动的总和。

根据世界旅游组织和原国家旅游局对康养旅游的界定，本书认为康养旅游有以下特征。

（1）康养旅游目的特殊性。康养旅游的目的不同于传统的观光性旅游的目的，康养旅游是以追求身心健康为出发点，在自然环境优美、生态环境良好、服务项目完善的旅游目的地进行预防、治疗、修复、康养的形式。因此，康养旅游的目的是健康、养生、养老和旅游的综合。

（2）康养旅游方式的多样性。康养旅游目的的多样性和依托资源开发的多样性决定了康养旅游方式的多样性。一方面，在大健康时代下，康养旅游是以追求身心健康为目的进行的预防、治疗、修复和康养的综合，不同的目的有不同的旅游方式；另一方面，康养旅游开发依托的资源是多样的，可以依托自然资源、人文资源、中医药资源等，不同的依托资源决定了康养旅游产品开发的不同方向，也导致康养旅游方式的多样性。

（3）康养旅游产品的综合性。一般情况下，康养旅游的游客在旅游目的地停留时间比较长，游客除了消费康养产品，还会在旅游目的地进行生活、娱乐、购物和旅游等。因此，康养旅游产品和康养旅游目的地应该能够满足游客在停留期间的康养、生活、娱乐、购物和旅游的需求，要求旅游产品齐全，服务设施完善。

二、我国发展康养旅游的背景

（一）人口老龄化与医疗潜在需求

根据 1956 年联合国《人口老龄化及其社会经济后果》确定的划分标准，当一个国家或地区 65 岁及以上老年人口数量占总人口比例超过 7% 时，则意味着这个国家或地区进入老龄化。1982 年维也纳老龄问题世界大会指出，60 岁及以上老年人口占总人口比例超过 10%，意味着这个国家或地区进入严重老龄化。

截至 2018 年年底，我国 60 岁及以上人口为 24949 万，比 2017 年增加了 859 万，占全国总人口的 17.9%。中国社科院发布的《大健康蓝皮书：中国大健康产业发展报告》预测，到 2030 年，中国 65 岁以上人口占比将超过日本，成为全球人口老龄化程度最高国家；到 2050 年，我国 60 岁及以上人口将达到 4.83 亿（见图 10-1），中国将进入深度老龄化阶段。

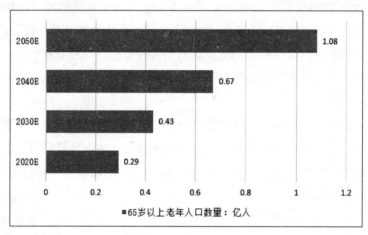

图10-1　2020—2050年中国60岁以上老年人口数量预测

（数据来源：中国产业信息）

随着老龄化的加剧和养老观念的改变，越来越多人向往"田园 + 养生 + 康养"的养老模式，这是康养旅游发展的内在驱动力。

（二）居民健康意识提升扩大了医疗保健支出

随着社会的发展和文明程度的提高，人们对健康产品的需求不断增长，并呈现多层次、多元化、个性化的特征，一些更日常的产品品类也可以归入泛化的健康产业，即"大健康产业"。越来越多的人注重健康的生活方式，在饮食、疗养、健身、医疗等健康管理方面的支出占比大幅提高，人民的健康意识不断提升。据统计，2017 年，中国居民人均可支配收入接近 2.6 万元，同比增长 9.04%，人均消费支出超过 1.8 万元，同比增长 7.08%。其中，人们对于健康管理的投入近五年平均增速超过 11%，略高于可支配收入和消费支出的增长。从占比来看，2017 年人均医疗保障消费支出占人均消费总支出的比例达到 7.92%，较 2016 年相比提升了 0.3%。

（三）生活节奏加快和环境污染问题提高了居民的保健需求

随着社会的发展，工作压力增大、生态环境问题等导致的亚健康问题日趋突出，这成为摆在每个人面前亟待重视的问题。人们对于亚健康防治的需求日益增长，亚健康人群康养市场逐渐成为我国康养市场的主要构成之一。我国主流城市中白领亚健康比例高达 76%，其中接近 6 成处于过劳状态。亚健康问题的普遍存在带动了休闲旅游、中医养生、康复运动、心理咨询等疗养类康养产业的发展。人口老龄化、亚健康、雾霾与疾病、慢性病与压力的普遍存在和经济增长下对高品质生活、健康活力的核心诉求之间的矛盾催生了医疗旅游、养老服务等康养旅游业态，使得康养旅游产业近年来发展迅猛。

（四）政策推进健康中国建设

国家政策逐渐形成对健康产业及康养旅游的顶层设计。

2014 年，《国务院关于促进旅游业改革发展的若干意见》提出，要积极发展休闲度假旅游，推动形成专业化的老年旅游服务品牌，并发展特色医疗、疗养康复、美容保健等医疗旅游，养生旅游是医疗旅游的一个细分行业。

2015 年《关于进一步促进旅游投资和消费的若干意见》明确指出，大力开发休闲度假旅游产品，鼓励社会资本大力开发温泉、滑雪、滨海、海岛、山地、养生等休闲度假旅游产品。2015 年，继提出建设"美丽中国"之后，"健康中国"战略呼之欲出，被首次写入政府工作报告，并上升为国家战略，与"美丽中国""平安中国"一起成为"十三五"规划的三大关键词，开启了"大健康"时代的新蓝海。《十三五旅游业发展规划》提出："十三五"期间要促进旅游与健康医疗融合发展。鼓励各地利用优势医疗资源和特色资源，建设一批健康医疗旅游示范基地。发展中医药健康旅游，启动中医药健康旅游示范区、示范基地和示范项目建设。发展温泉旅游，建设综合性康养旅游基地。制定老年旅游专项规划和服务标准，开发多样化老年旅游产品。引导社会资本发展非营利性乡村养老机构，完善景区无障碍旅游设施，完善老年旅游保险产品。

"健康中国"国家战略背景下，健康产业已经成为新常态下经济增长的重要引擎，大健康时代已全面来临。随着全域旅游时代的推进，人们更加追求健康和精神享受，这也成为休闲度假旅游的主要诉求。"康养"+"旅游"迎来黄金发展时期。

三、文旅融合下康养旅游的开发模式

康养旅游的开发模式分为四类，分别为生态依托型、文化驱动型、医养植入型和养老综合型。

（一）生态依托型

主要依托优良的不可复制的自然资源，包括高山、溪水、海洋、温泉、森林、云海、田野等，这些优质的自然资源都具有一定的康养价值，同时对旅游者有一定的吸引力。以原生态的生态环境为基础，以健康养生、休闲旅游为发展核心，重点建设养生养老、休闲旅游、生态种植等健康产业，一般分布在生态休闲旅游景区或者自然生态环境较好的区域。这种开发模式的核心优势在于项目地的资源具有不可替代性，一旦康养旅游发展到一定规模，便很容易形成核心竞争优势，难以被取代。主要包括森立植被康养类、温泉矿物康养类、滨海湖泊康养类和乡村田园康养类等。例如，莫干山裸心谷——世界级山地生态养生目的地（见图10-2）。

图10-2　莫干山裸心谷——世界级山地生态养生目的地

（图片来源：http://image.baidu.com/）

（二）文化驱动型

主要依托项目地独特的文化资源，如佛教文化、道教文化、茶文化、长寿文化、武术文化等，这些文化可以陶冶情操，有助于修身养性、放松身心，通过丰富多彩的文化体验活动，最终达到康养的目的。这种模式围绕某一种或几种文化资源进行开发，最终形成文化康养品牌，包括宗教文化养生类和民俗文化养生类。例如，无锡灵山小镇·拈花湾——东方禅文化度假区。

（三）医养植入型

文化和自然资源不突出的区域，以旅游区现有特色医疗资源为平台或引入国内外医疗资源，打造康复治疗、养生保健、慢病疗养、旅游观光、休闲度假等多功能式度假区，开展 SPA、瑜伽、推拿、中医药保健、现代医疗、医学美容等。例如，大泗镇中药养生小镇。

（四）养老综合型

依托区域良好的环境资源，同时拥有有一定经济实力的老年群体，通过养老社区与城镇社区相共生的平台，将医疗、气候、生态、康复、休闲等多种元素融入养老产业，发展康复疗养、旅居养老、休闲度假型"候鸟"养老、老年体育、老年教育、老年文化活动等业态，为老年人打造集养老居住、医疗护理、休闲度假为主要功能的养老小镇和享老社区，带动护理、餐饮、医药、老年用品、金融、旅游、教育等多产业的共同发展。

四、康养旅游产品形式

（1）康养度假城市。康养度假城市是以建设城市人口居住、度假养生为主的旅游密切融合、服务于城市居民全生命周期的未来健康创新型城市。通过这一模式构建学、研、产、城一体化的新型城镇化发展的架构及典范，把区域目的地城市建设成为一座健康之城和国际化之城。

（2）健康新区。一个健康核心，X 个产业板块，Y 个居住体系的发展模式。

（3）康养小镇。康养小镇是以康养产业的产业链聚集为基础，以服务配套产业的发展为支撑，以产城融合为最终目标的发展结构，通过康养带动度假旅游发展的特色小镇。

（4）康养综合体。康养综合体模式是一种以大健康产业与旅游度假产业双轮驱动的区域综合开发模式。

（5）康养度假区。康养度假区是借助区域一定的地势及资源、气候条件，重点打造运动设施、场所，融合康体与度假产业特色，打造康体、度假、居住、生活于一体的综合开发模式。

（6）中医药旅游示范区。中医药旅游示范区区域开发模式依托于特色的中医药资源，将其与旅游的食、住、行、游、购、娱、商、养、学、体、宗、农、情、奇、创、村等市场需求对接，打造以养生保健服务为核心的旅游产品体系，形成以服务企业为实体的示范基地、示范项目，以及形成医药产业集群的示范区。在示范区、示范基地、示范项目的共同推动下，区域社会、经济、文化得到飞速发展，区域生活环境得到飞速提升，人民生活更加富裕，精神文化生活更加丰富。

（7）享老社区。享老社区模式依托区域良好的生态环境，通过享老社区与城市社区共生模式的打造实现区域综合开发的目标。享老社区可以服务于候鸟式度假人群，满足他们养老度假的需求。

任务二　乡村旅游

作为大众旅游的重要业态，乡村旅游兴起于 20 世纪 80 年代，历经近 40 年发展，乡村旅游所承载意义越来越清晰，其内涵也越发明确，乡村旅游已成为落实乡村振兴战略的重要内容，是乡村扶贫、乡村文化传承及乡村生态环境保护等的重要抓手。

一、乡村旅游的概念

国内外学者十分重视对乡村旅游概念的研究，认为这涉及乡村旅游理论体系的构建，但目前对乡村旅游概念的界定也未取得一致意见。

（一）国外对乡村旅游的界定

Gilbert 和 Tung（1990）认为，乡村旅游就是农户为旅游者提供住宿等条件，使其在农场、牧场等典型乡村环境中从事各种休闲活动的一种旅游。这一定义把乡村旅游的对象局限于农场和牧场，其实质是农业旅游。

欧洲联盟和世界经济合作与发展组织（1994）将乡村旅游定义为：发生在乡村的旅游活动，其中"乡村性"（Rurality）是乡村旅游整体推销的核心和独特卖点。

世界旅游组织规划顾问、旅游开发规划师 Edward Insekeep（2002）定义的乡村旅游是一种与传统的乡村有关的旅游形式。参加这种旅游的游客能学到有关乡村的生活方式和传统知识，村民可以从这种旅游中直接受益。

（二）国内对乡村旅游的界定

马波（1996）认为乡村旅游是以乡村社区为活动场所，以乡村独特的生产形态、生活风情和田园风光为对象系统的一种旅游类型。

贺小荣（2001）认为乡村旅游是指以乡村地域上一切可吸引旅游者的旅游资源为凭借，以满足观光、休闲、度假、学习、购物等各种旅游需求为目的的旅游消费行为及其引起的现象和关系的总和。

程道品（2004）认为乡村旅游是以远离都市的乡野地区为目的地，以乡村特有的自然和人文景观为吸引物，以城镇居民为主要目标市场，通过满足旅游者休闲、求知和回归自然等需求而获得经济和社会效益的一种旅游方式。

（三）本书对乡村旅游的界定

乡村旅游是以旅游度假为宗旨，以村庄野外为空间，以人文无干扰、生态无破坏、以游居和野行为特色的村野旅游形式。乡村旅游的概念包含了两个方面：一是发生在乡村地区，二是以乡村性作为旅游吸引物，二者缺一不可。

二、乡村旅游的类型

（一）观光型乡村旅游

观光型旅游主要是以绿色景观和田园风光为主题，这是乡村旅游发展的最初阶段。

主要包括两种类型：一是很多有自然人文资源的乡村，按照景区模式打造出景点；二是以成都龙泉驿、红砂村农家乐为代表，按照"人造乡村生态景观＋农家乐"为内容核心进行打造。主要类型：观光农园、观光牧场、观光渔村、观光鸟园、乡村公园、科技观光游、田园观光和绿色生态游（见图 10-3）。

图10-3 观光型乡村旅游
（图片来源：https://image.so.com/）

（二）体验型乡村旅游

体验型乡村旅游主要是指在特定的乡村环境中，以体验乡村生活和农业生产过程为主要形式的旅游活动，同当地人共同参与农事活动、共同游戏娱乐、参与当地人的生活等，借以体验乡村生活或农业生产的过程与乐趣，并在体验的过程中获得知识、修养身心。比如，齐鲁第一期明清古村落的章丘市朱家峪村，游客在朱家峪可以观看民俗展览，还可以摊煎饼、推磨盘，体验农家生产生活方式。

（三）休闲度假型乡村旅游

休闲度假型乡村旅游主要是依托自然优美的乡野风景、舒适怡人的清新气候、独特的地热温泉、环保生态的绿色空间，结合周围的田园景观和民俗文化，兴建一些休闲、娱乐设施，为游客提供休憩、度假、娱乐、餐饮、健身等服务。

（四）科普教育型乡村旅游

科普教育型乡村旅游主要是利用农业观光园、农业科技生态园、农业产品展览馆、农业博览园或博物馆，为游客提供了解农业历史、学习农业技术、增长农业知识的旅游活动。主要包括农业科技教育基地、观光休闲教育农业园、少儿教育农业基地、农业博览园。

比如，中国首个国家农业公园——山东省苍山兰陵国家农业公园，总面积 62 万亩，其中，核心区 2 万亩、示范区 10 万亩、辐射区 50 万亩。兰陵国家农业公园是国家 4A 级旅游景区，被评为 2014 年全国十佳休闲农庄。整个项目分为 11 个功能区：农耕文化区、科技成果展示区、现代农业示范区、花卉苗木展示区、现代种苗培育推广区、农耕采摘体验区、水产养殖示范区、微滴灌溉示范区、民风民俗体验区、休闲养生度假区、商贸服务区。

三、我国乡村旅游的发展概况

经过数年的乡村旅游发展，中国的乡村旅游朝着融观赏、考察、学习、参与、娱乐、购物和度假于一体的综合型方向发展。从最初的"农家乐"和乡村田园观光到现在的乡村观光、休闲、度假的复合性功能结构，乡村旅游逐渐往"乡村旅游+"的方向发展。未来，乡村旅游将会站在全域旅游视角，由传统点式开发趋向旅游目的地建设与线路开发，从原来单体农家乐发展向特色村镇、田园综合体、共享农庄等国家政策主导的新形式转变，盘活乡村全域旅游资源。

（一）乡村旅游人次和旅游收入稳步增长

文化和旅游部发布的《全国乡村旅游发展监测报告》显示，2019年上半年全国乡村旅游接待人数达15.1亿人次，同比增加10.2%；总收入0.86万亿元，同比增加11.7%。截至2019年6月底，全国乡村旅游就业总人数886万，同比增加7.6%。

（二）乡村旅游市场状况

2018年，乡村旅游热门目的地较受欢迎的有江西婺源、安徽宏村、浙江安吉、福建南靖、浙江桐庐等。在这些旅游目的地中，或具有悠久的历史文化，或其民族氛围浓郁，抑或自然风景秀美。如婺源的油菜花、宏村的明清民居、南靖的客家土楼、元阳的梯田等。2018年中国乡村旅游目的地排行榜TOP10如图10-4所示。

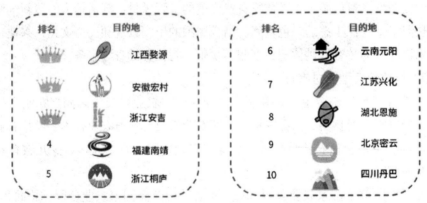

图10-4　2018年中国乡村旅游目的地排行榜（TOP10）
［数据来源：途牛，iiMedia Research（艾媒咨询）］

2018年，中国乡村旅游客源城市排名前五位的分别为上海、广州、天津、北京、沈阳。从客群年龄段分布来看，"80后""90后"是乡村旅游的主力军，人数占比分别达到38.0%、32.0%，其次为"70后"用户，人数占比为21.0%。

（三）乡村旅游行业发展问题凸显

在乡村旅游火爆背后，一些地方粗放发展模式也暴露出了不少问题，不少消费者深有感触："吃吃农家菜、呼吸呼吸新鲜空气，刚开始还觉得挺新鲜，可去多了就觉得大同小异。"业内人士认为，由于缺乏规划、一拥而上，有的地方产品趋同、景点单一，存在"千村一面"同质化现象；有的热门乡村，旅游经营户多，存在盲目发展和过度投资问题。下一步需要在产品设计、运营模式和融资方式上进一步优化，推动乡村旅游的产业升级。

任务三　工业旅游

近些年，随着旅游市场不断扩大，许多产业与旅游发生了融合，形成了"旅游+"的发展趋势。其中工业与旅游融合发展，形成了工业旅游。为了推动工业旅游的发展，2016年工业和信息化部先后出台了《关于推进工业文化发展的指导意见》和《关于开展国家工业遗产认定试点申报工作的通知》，推动工业遗产的认定、保护、开发工作。2017年，发布了国家标准《国家级工业旅游示范基地规范与评定》，并将一批工业旅游发展较好的工业遗址和工业企业纳入了A级景区进行管理。

一、工业旅游的概念

"工业旅游"作为一种术语，近年来才出现在我国。业界对学术界也有工业旅游概念的评述，2017年国家旅游局出台的《国家级工业旅游示范基地规范与评定》中将工业旅游界定如下：以运营中的工厂、企业、工程等为主要吸引物，开展参观、游览、体验、购物等活动的旅游。

二、工业旅游的发展模式

工业旅游不单单是开放工厂供人参观就可以了。其需要考虑到旅游的方方面面，同时又不耽搁企业的生产，是将旅游见缝插针式地融入生产中的一种形式。这样既能优化生产流程，同时能够提升空间利用价值。

至于工业旅游的内容，一定是用旅游的手法，挖掘工业的特色或者IP元素，用创意的手法打造成旅游体验。可以挖掘行业或者企业的文化，在文化的土壤中培育出盛开的工业旅游之花；可以创意地展示生产工艺，通过规避生产中的单调区域，充分展示生产过程中的精彩部分或细节特性，让游客感受企业的匠心；可以挖掘产品背后的故事、企业付出的努力、产品的开发、名称的由来等。同时还要考虑游客的体验感和参观的方便性，让游客乐在其中。

（一）工业博物馆模式

将工业遗产地开辟为博物馆，展示其工业遗产的历史和艺术价值，是最初的利用方式，也是目前国际上最为普遍和有效的再利用方式。这种模式主要适用于一些具有历史价值建筑、厂房等的保护。根据工业遗产的规模和自身特点，可以分为露天博物馆和市内博物馆。

比如，重庆工业博物馆主要收集能够反映、记录重庆工业发展各个不同历史阶段的代表性实物。主要包括机器设备、生产产品、文献资料、音像资料、专利技术资料、生产工艺、商标广告、生产生活用具等具有标志和典型意义的物质和非物质形态物品。重庆工业博物馆是整个重庆文化的浓缩，代表了一个城市厚重的历史。

（二）开放空间模式

这种方式适用于周边有大量居住用地，且建筑遗存较少的工业遗址地。随着城市化进程的加快，许多工业遗产所在地逐渐变为城市发展的重要地段，其周边也逐渐被住宅小区所包围。因此工业遗产成为增加周边居民公共游憩场所的重要途径。将工业遗产改造为景观公园、公共休憩场所等，既满足了人们休闲娱乐的需求，同时又改善了城市居住环境，带动了周边地块环境的提升。

国内将工业遗产地改造为城市开放空间的典型案例是粤中造船厂旧址改为中山岐江公园。1999年粤中造船厂破产后，利用厂区的遗存及现代景观小品，采用景观设计学原理创造了一个展现产业美的休闲游憩空间。

（三）综合体发展模式

受"混合使用"理念的影响，一些工业遗产地也被开发为集商店、咖啡厅、餐馆、办公楼、住宅、文化设施等于一体的综合体。如英国伯明翰布林德利工业区的改造、维也纳"煤气储罐新城"改造为功能齐全的综合体等（见图10-5）。

图10-5 维也纳"煤气罐新城"
（图片来源："工业旅游怎么搞"微信公众平台）

（四）创意产业园模式

创意产业源于20世纪90年代的发达国家，由英国创意产业特别工作组首次界定，在我国它是指依靠创意人的智慧、技能和天赋，借助于高科技对文化资源进行创造与提升，通过知识产权的开发和运用，产生出高附加值的产品，具有创造财富和就业潜力的产业。

这种方式与前三种方式最大的区别是，围绕"创新、艺术"开展再利用活动，最大的优点在于能够赋予工业遗产新的文化含义，为其发展注入新的活力。北京的798是我国工业旅游创意产业运用的典型案例。

（五）旅游度假地模式

工业遗产旅游的概念直到1996年才在美国旅游研究年刊中被正式提出。随着对工业遗产价值的进一步认识，工业遗产旅游逐渐兴起，尤其是在英国，工业旅游景点成为英国当时增长最快的景点。此外，欧盟各成员国将工业遗产资源整合，按照产业门类设计主题游览线路，极大地推动了欧洲工业旅游的发展。这种再利用模式与前几种最大的区别在于突出对原有工业文化的展示。

我国最早、远东最大的造船厂——福州马尾造船厂，将原有的船政绘事院（船舶设计所）开辟为厂史陈列馆，陈列舰模、图片、实物等，展现中国造船发展史、海军建设史、近代史上重大事件及改革开放后百年老厂发生的巨大变化，形成了以"工业遗产旅游—现代造船工业观光—船政文化主题工业—现代工业园观光"为主的旅游产品体系。

（六）工业特色小镇模式

为贯彻落实《中国制造2025》，弘扬工匠精神，推动中国制造向中国创造转变，工业和信息化部、财政部发布了《关于推进工业文化发展的指导意见》，指出结合区域优势和地方特色，将打造一批工业创意园区和工业文化特色小镇。工业特色小镇为全国各地特色小镇的建设找到了新的产业着力点，进一步激发了产学研结合、从技术研发到市场产品转化的积极性，有助于很多自发形成的乡镇企业、发达的乡镇从低端产业向高端产业转型。

2017年2月，陕西西北工业大学、西安科为航天科技集团等单位便在西安西咸新区沣西新城联合启动了无人系统特色小镇——西北工业大学"翱翔小镇"。该小镇未来将依托西北工业大学在"空、天、地、海"无人系统领域的人工智能、智能制造、新材料等优势，建设我国首个以"空、天、地、海"无人系统产业集为核心的"科教产融"创新示范小镇。

相关链接：中医药健康产业助力工业旅游发展——东阿阿胶世界乐园

东阿阿胶从汉唐至明清一直都是皇家贡品，自古以来就被誉为"补血圣药""滋补国宝"。如今，依托这一百年老字号，东阿阿胶在阿胶主业的基础上，打造了集工业旅游和养生体验等功能于一体的阿胶世界乐园，2018年正式对外开放，并于2019年被评为山东省首批"文旅融合示范单位"。阿胶世界乐园主要包括东阿阿胶体验工厂、中国阿胶博物馆、东阿阿胶城和毛驴王国等。

1. 东阿阿胶体验工厂

东阿阿胶体验工厂，是阿胶世界乐园的核心区域，有幻影剧场、阿胶探秘长廊、4D 动感影院、飞行影院、金屋藏胶馆、智能化胶库和七星岛等项目。其中，阿胶探秘长廊就是真正的阿胶的生产厂区，将阿胶、阿胶糕、口服液等产品的生产车间串联起来。

2. 中国阿胶博物馆

中国阿胶博物馆是国内首家以单品中药材阿胶为主题的博物馆，建于 2002 年，馆内收藏了与阿胶相关的人物典籍、图文影像资料等上万件，参观者可全方位了解千年阿胶的历史文化。

3. 东阿阿胶城

东阿阿胶城采用民国建筑，展示川剧变脸中国传统文化。贡胶馆"圣旨赐阿胶""尉迟恭封井"等文化体验项目使得参观者可以深入了解阿胶的"前世今生"。

4. 毛驴王国

毛驴王国包括毛驴博物馆和黑驴养殖基地。其中，毛驴博物馆是国内唯一一家以毛驴为主题的博物馆，讲述了毛驴在历史长河中由奇畜到役用的历史角色转变，展示了毛驴的起源、进化及现代毛驴产业发展的新理念、新价值。

除参观游览外，游客还可以下榻阿胶体验酒店，品尝驴肉火锅、驴肉包子、"金屋藏娇""阿胶八宝雪梨"等美食。游客最后能带走的，除了阿胶产品，还有如毛驴玩偶、毛驴摆件、毛驴背包、真颜笔记本等衍生的文创产品。

（资料来源："工业旅游怎么搞"微信公众平台）

任务四　研学旅行

研学旅行的实践并不是近几年才开始的，我国研学旅行雏形出现在 2000 多年前的春秋时期，当时的古人就有了"游学"这一活动，大教育家孔子率弟子周游列国、传道授业，算是研学旅行的奠基人。

16 世纪初的欧洲，也开始出现研学旅行的雏形，被称为"大旅游"。但是，研学旅行始于欧洲，盛于日韩。20 世纪 60 年代后日韩相继将研学旅行常规化。改革开放以后，国外"修学旅游团"来华研学旅行，同时国家开始大规模派遣留学生，1985 年前后"出国热"在全国迅速升温。90 年代国内开始出现修学旅行、出境游学等教育活动和旅游产品。

2013 年国家提出"逐步推行中小学生研学旅行"后，研学旅行在我国迅速发展，不仅在行业中"井喷式"发展，在学术研究中也是热点。

相关链接：研学旅行相关的国家政策文件

《国民休闲旅游纲要》，发布时间：2013年2月2日。《国民休闲旅游纲要》中明确提出，"在放假时间总量不变的情况下，高等学校可结合实际调整寒、暑假时间，地方政府可以探索安排中小学放春假或秋假"，并提出了要"逐步推行中小学生研学旅行""鼓励学校组织学生进行寓教于游的课外实践活动，健全学校旅游责任保险制度"。

《关于促进旅游业改革发展的若干意见》，发布时间：2014年8月21日。《关于促进旅游业改革发展的若干意见》中首次明确了"研学旅行"要纳入中小学生日常教育范畴——积极开展研学旅行。按照全面实施素质教育的要求，将研学旅行、夏令营、冬令营等作为青少年爱国主义和革命传统教育、国情教育的重要载体，纳入中小学生日常德育、美育、体育教育范畴，增进学生对自然和社会的认识，培养其社会责任感和实践能力。按照教育为本、安全第一的原则，建立小学阶段以乡土乡情研学为主、初中阶段以县情市情研学为主、高中阶段以省情国情研学为主的研学旅行体系。加强对研学旅行的管理，规范中小学生集体出国旅行。支持各地依托自然和文化遗产资源、大型公共设施、知名院校、工矿企业、科研机构，建设一批研学旅行基地，逐步完善接待体系。鼓励对研学旅行给予价格优惠。

《中小学学生赴境外研学旅行活动指南（试行）》，发布时间：2014年7月14日。该指南对举办者安排活动的教学主题、内容安排、合作机构选择、合同订立、行程安排、行前培训、安全保障等内容提出指导意见，特别在操作性方面，规范了带队教师人数、教学内容占比、协议规定事项、行前培训等具体内容，为整个行业活动划定了基本标准和规则。

《教育部等11部门关于推进中小学生研学旅行的意见》，发布时间：2016年12月19日。中小学生研学旅行是由教育部门和学校有计划地组织安排，通过集体旅行、集中食宿方式开展的研究性学习和旅行体验相结合的校外教育活动，是学校教育和校外教育衔接的创新形式，是教育教学的重要内容，是综合实践育人的有效途径。开展研学旅行，有利于促进学生培育和践行社会主义核心价值观，激发学生对党、对国家、对人民的热爱之情；有利于推动全面实施素质教育，创新人才培养模式，引导学生主动适应社会，促进书本知识和生活经验的深度融合；有利于加快提高人民生活质量，满足学生日益增长的旅游需求，从小培养学生文明旅游意识，养成文明旅游行为习惯。

（资料来源："研学猫"微信公众平台）

一、研学旅行的概念

（一）国外对研学旅行的界定

国内外对研学旅行的定义并未统一，国外学者多用"教育旅游"一词来表达，将其定义为：参与者以团体形式前往某一地点，其主要目的是从事与该地点直接相关的学习经验的活动。认为教育旅游包括：成人教育旅游和国内大学及学校学生的旅行（语言学校学习、学校远足和交换生项目）。

（二）国内对研学旅行的界定

2016年我国发布的《教育部等11部门关于推进中小学生研学旅行的意见》《研学旅行服务标准》，从旅游视角提出研学旅行是开展体验式教育和研究性学习的教育旅游活动，对研学旅行的界定如下：针对中小学生的以教育为目的、旅游为载体的教育旅游活动，是教育和旅游的交融领域，因此研学旅行既是有教育性的旅游产品，也是有娱乐特征的校外教育课程。

二、研学旅行的特征

（一）研学旅行以教育为目标

研学旅行产品作为一款教育类的旅游产品，其核心价值在于教育功能的实现。在国家层面未出政策规定之前，研学旅行的教育功能取决于具有教育价值的旅游资源，如国内外名校体验游。现在则明确指出研学旅行是以中小学教育目标为导向的教育旅游，与学段、学科、中小学生素养等密切关联，产品的教育功能也不再是简单地以教育价值的旅游资源来决定，而是对旅游资源进行课程设计，寓教于乐，以实现教育功能。

（二）研学旅行基于情境体验

研学旅行既是体验式教育，必然是把课程带到田野或实验室。本身就具有教育功能的旅游场所成为研学旅行的首选，如博物馆、科技馆、实验室、大学等。在这类真实的社会或学习场所中，信息和知识伴随整个行程，学生用放大镜去观察，更容易引发思考，在与环境的互动中建构认知。研学旅行在国内火热以后，研学基地也加快了建设的进度。在研学基地这种仿造适应真实的各类教学环境的学习场所，往往更具有针对性。

如锻炼学生体能的户外运动营地、花果蔬菜的种植体验园等，以学生的综合素质为主导，搭建适合学生的学习场所，目的只有一个，让学生在情境中观察、体验、求知和探索，在与情境的互动中完成意义的建构，产生认知，达到学习的目的。

（三）研学旅行在学习共同体中完成

不同于课堂教学强调个体的独立思考，研学旅行更加考验团队的协作能力。研学旅行相当于流动的课堂，研学导师首先与学生组合成为学习共同体，在研学场所中，研学导师起到了学生与情境交互的推介作用，引导学生去思考，而不是直接将知识点灌输给学生。学生和学生之间也是学习共同体，研学旅行要求合作学习、社会学习。

如小组活动的实验，在小组合作中，需要学生判断自己在小组中的能力贡献、如何优化各组员的能力、如何分工、如何进行实验等，在完成团队协作以后，往往有更深的感悟和成就感。学生与情境中的其他人也可构成学习共同体。

（四）研学旅行反馈于日常生活

研学旅行的核心价值是实现教育功能，而教育的主要目的在于培养符合社会主义核心价值观的人才，从素质教育到高等教育，落脚点都是日常生产生活的发展。研学旅行的主要对象是中小学生，抽象化的课堂教学、模块化的校园生活，使学生远离了生活的原貌。

如学生无法从课本上知道乡村的面貌和发展，而研学旅行带学生走进真实的生活，首先让学生感知生活的原貌，构建具体的、客观的世界观。

三、研学旅行的产品类型

（一）文化研学旅行

我国历史悠久，文化资源丰富，各类文化类研学旅游目的地众多，每年参加文化类研学旅游活动的青少年学生数量居世界首位。其中以传统文化、红色文化、民族文化类占据绝大多数。

相关链接：台儿庄——讲好红色故事，打响红色旅游品牌

暑期结束，各类暑期旅游数据报告发布显示，研学游和红色旅游等异常火爆，这一数据在台儿庄旅游市场也得到了印证。2019年，台儿庄各类暑期游学、夏令营等活动热火朝天，红色旅游备受热捧，在台儿庄古城景区掀起了一股红色旅游热潮，全国各地学生和青年汇聚在台儿庄大战纪念馆、遗址公园等景点排队参观，接受爱国主义教育。

1. 台儿庄地标，红色旅游点受追捧

台儿庄红色文化底蕴深厚，红色旅游景点众多。震惊中外的台儿庄大战发生地，被誉为"中华民族扬威不屈战地"，又是运河支队的诞生地，先后被授予

"全国中小学爱国主义教育基地""全国百家爱国主义教育示范基地""中国侨联爱国主义教育基地"称号。

9月3日，台儿庄古城举行"铭记伟大胜利 书写爱国篇章"主题活动，活动现场，游客和当地居民自发聚集在大战遗址公园，挥舞着手中的国旗，共同唱起《我和我的祖国》，14名学生亲手书写左权、张自忠、赵一曼等抗战英烈的深情家书，以此表达对当下美好生活的感恩之情。

2. 弘扬红色文化，传承红色精神

台儿庄古城以大战遗址和场馆保持、还原历史原真性，为游客提供"原创的、真实的、诚挚的、可信的产品与服务"。在易于感知的氛围下体验红色文化带来的真心感受，进而开阔视野，丰富阅历，陶冶情操。由浅层的观光游览，上升为深度体验，主动传播红色文化，以实际行为践行爱国主义教育，完成认知目标—情感目标—行为目标的依次升华传递。

3. 演艺 + 文创，融入红色元素

在常态演艺皮影戏、扬琴、柳琴戏、运河大鼓表演中融入台儿庄大战故事，台儿庄古城创造性推出《台儿庄大捷》表演，鼓声阵阵，激荡人心，号角声声，催人奋进，将游客带入台儿庄大战意境中去，让游客感受到了战场的激烈、战争的残酷，同时感受到国人征战的豪迈气势。展示了中华儿女顶天立地、不屈不挠、英勇顽强的性格。

同时，举办红色快闪、"回望革命历史，诵读抗战家书""追忆峥嵘岁月，聆听英雄故事""放飞白鸽，祈愿和平"、红歌对唱等活动。作为1938年台儿庄大战的主战场，台儿庄古城已经成为缅怀民族先烈的丰功伟绩、进行爱国主义教育的优秀基地。学生们在伴奏下共同诵读抗战家书，表达对先烈们英勇抗战的纪念，字字带血，声声含情。

4. 创新推出门票优惠政策

为适应红色旅游发展，台儿庄古城创新性推出18周岁及以下青少年门票全年免费、全日制在校大学生门票全年免费以及对现役军人、离退休军人实行免票政策，在重要时间节点如暑期2019应届高考毕业生门票免费政策，更好满足了人民群众对旅游消费新的需求。体现了台儿庄古城作为国有景区的责任意识及社会担当，对于促进台儿庄全域旅游优化升级起到了积极的带动作用。

（资料来源：中国旅游新闻网·好客山东）

（二）农业研学旅行

目前以农业为主题的研学旅游基地主要分为两大类型，一种是以现代化农业示范基地、农业研究院、农业示范园等为代表的农业研究型载体，另一种是以农庄、田园综合体等为代表的田园体验型载体（见图10-6）。

图10-6 农业研学旅——南和农业嘉年华
（图片来源："旅思马记"微信公众平台）

（三）工业研学旅行

工业旅游产品包括工业园区、工业城、高新技术园区、高新技术企业等。因为国防科工旅游具有很强的知识性，开发的过程中要融生产、观光、参与、体验为一体，充分开发观光之外的参与体验项目和课程。

（四）科技研学旅行

科技研学旅游目的地主要是通过 VR、AR、3D/4D 等高科技手段来静态展示或科技体验，通过展示与体验实现科技教育的目的。一般科技研学旅游目的地主要包括展馆类、科研类和科技园区类（见图 10-7）。

图10-7 科技研学旅行——阿姆斯特丹生物博物馆
（图片来源："旅思马记"微信公众平台）

任务五 旅游演艺

近年来，好看又好玩的旅游演艺成为受到了旅游者的青睐，在文旅融合的舞台上熠熠生辉。旅游演艺是中国旅游业的新兴业态，是传承传统文化的重要载体，兼具旅游与文化的双重魅力。为着力推进旅游演艺转型升级、提质增效，充分发挥旅游演艺作为文化和旅游融合发展重要载体的作用，2019年文化和旅游部出台了《关于促进旅游演艺发展的指导意见》，旅游演艺迎来了快速发展的时机。

一、旅游演艺的概念

国内学者目前对"旅游演艺"的概念界定尚未统一，不同的学者从不同角度对旅游演艺进行了定义，本书从旅游演艺的表演内容和演出形式角度出发对旅游演艺定义如下：旅游演艺是基于旅游产业与演出产业相融合的大背景下，以地域特色文化为主要表现内容，综合运用歌舞、杂技、曲艺等艺术表现形式，在旅游城市、旅游景区内或其附近选址向游客推出的、能对当地旅游业发展带来积极影响的中型及大型表演活动。旅游演艺以地域特色文化为核心表达，是地域特色文化的重要展示窗口。

二、旅游演艺的类型

（一）实景旅游演出

这种旅游演艺是以旅游地山水实景为依托打造的，将当地的民俗文化与著名的山水旅游景点紧密结合的旅游演出，如《印象·刘三姐》《印象·丽江》《封禅大典》《长恨歌》等（见图10-8）。绝大部分实景演出分布在南方城市，因为北方地区入冬后室外温度较低，游客量锐减，导致北方的实景演出只能上演半年时间，难以收回成本。

图10-8 《印象·丽江》
（图片来源：https://image.so.com/）

（二）景区或主题公园旅游演出

景区或主题公园旅游演出是指在景区或主题公园内打造的演出剧目，通过演出与游园优势互补、共同打造的复合型旅游演出项目，如云南的《丽江千古情》、杭州的《宋成千古情》、北京的《金面王朝》和山东威海的《神游华夏》等。

（三）独立剧场旅游演出

独立剧场旅游演出是指在剧场内主要针对旅游人群所打造的旅游演出产品。这种独立剧场远离各大景区和乐园，主要依靠导游或者旅行社进行渠道营销，最具代表性的就是北京的《功夫传奇》、上海的《时空之旅》和昆明的《云南映象》。

（四）原居民的旅游演出

这种旅游演出是由旅游目的地当地居民直接参与表演的原生态民俗风情特色演出，多为中小型旅游公司开发，多在少数民族聚居地出现，演出形式多为唱歌、舞蹈、器乐演奏的节目串联。如四川泸沽湖的摩梭人风情演出、四川九寨沟的藏族篝火晚会演出、贵州黔东南郎德上寨的苗族风情演出。

三、旅游演艺的特点

（一）沉浸式体验

旅游演艺能给游客留下深刻的印象的原因之一是能够为游客观众提供一种沉浸式体验，其中，实景旅游演出和原居民旅游演出本身就是一种身临其境的演出形式，让游客深入当地的自然环境和人文环境，体验当地的文化。景区或主题公园旅游演出采用一定的技术手段，给客人打造一种身临其境的沉浸式体验。

（二）有文化

旅游演艺是近年来文化和旅游融合发展的典型业态之一。纵观全国，《宋城千古情》《印象刘三姐》《鼎盛王朝·康熙大典》《长恨歌》《又见敦煌》《印象大红袍》……许多文化味儿十足的旅游演艺获得了市场，赢得了观众，其共同的特点就是蕴含丰富的文化。

（三）有创新

旅游演艺如何持续保持对游客的吸引力，业内专家的共识是旅游演艺要常变常新。中国旅游演艺创新的步伐从未停止。中国旅游演艺联盟执行主席梅洪告诉记者，《鼎盛王朝·康熙大典》《禅宗圣域·六祖慧能》《外滩寻梦》《那年芳华》《契丹王朝》等旅游演艺具有独特模式，强调通过旅游演艺产品撬动产业价值，打造文化产业园区，带动区域综合发展，改变区域产业形态。

四、我国旅游演艺的发展状况

（一）我国旅游演艺的发展历程

1982年，西安《仿唐乐舞》的推出标志着我国旅游演艺产业的开端，中国的旅游演艺产业共经历萌芽阶段、市场化发展阶段、快速发展阶段，目前正处于快速发展期迈向成熟期的过程中（见图10-9）。

萌芽阶段（20世纪80年代）	市场化发展阶段（20世纪90年代——21世纪初）	快速发展阶段（21世纪初至今）
1982年，西安《仿唐乐舞》的推出标志着我国旅游演艺产业的开端，但这一时期的旅游演艺以行政接待型演艺为主，非商业化	20世纪90年代，旅游演艺逐渐向市场化方向转型，以主题公园旅游演艺为主，数量明显增长，《中国百艺晚会》《欧洲之夜》《宋城千古情》等的推出开创了旅游演艺的新模式	2004年，《印象·刘三姐》开创了中国实景演出的先河，在国内掀起旅游演艺的热潮，全息影像、多媒体等大量技术手段被应用于旅游演艺当中，项目数量猛增，投资巨大，形成了幕后创作、制作的产业链

图10-9　中国旅游演艺的发展历程
（数据来源：前瞻产业研究院）

（二）目前我国旅游演艺行业的市场状况

根据中国演出行业协会的数据统计，2012—2018年，中国旅游演艺行业演出场次呈现波动变化趋势。其中，2013—2016年我国旅游演艺行业演出场次逐年下降，2017年开始有所回升，至2018年，我国旅游演艺行业演出场次达到6.31万场，同比增长9.9%。2012—2018年，中国旅游演艺行业票房收入规模呈现波动变化态势。从2017年开始，旅游演艺市场开始有所复苏，票房收入开始有所增长，至2018年，中国旅游演艺行业票房收入达到37.5亿元，同比增长9.3%（见图10-10、图10-11）。

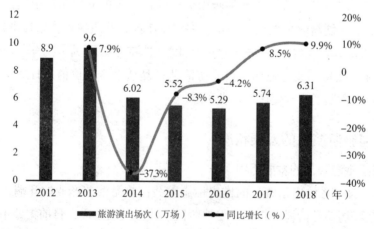

图10-10　2012—2018年中国旅游演艺行业演出场次变化情况
（数据来源：前瞻产业研究院）

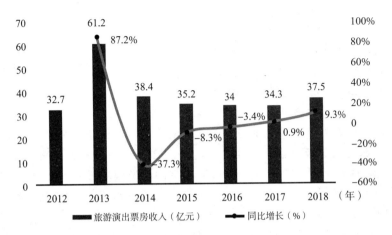

图10-11 2012—2018年中国旅游演出行业票房收入变化情况
（数据来源：前瞻产业研究院）

五、旅游演艺行业未来发展趋势

（1）沉浸式旅游演艺将在未来快速普及并日益成为主流演出。未来沉浸式旅游将快速普及，中国旅游消费升级从观光消费转型休闲消费，对文化的体验和互动需求大幅度增加，都促使了旅游演艺不再停留在舞台上，而是要走下舞台，走到观众中间。

（2）旅游演艺产品加速差异化，针对各自拥有的旅游资源定制化。沉浸式旅游演艺的特点是观众体验是唯一的、与众不同的，每一次互动都会有不同的结果，造就了千万个不同的内容。随着观众越来越需求互动和精神上的自我追求，旅游演艺也将越来越差异化。同时，在旅游资源上也将针对不同特色和情况，定制针对性内容与表演形式，创造产品独特性，以此对抗产品同质化压力。

（3）旅游演艺将与人工智能融合，创造全新的自动化演出形式。随着人工智能新技术的开发和应用，旅游演艺的表演也逐步自动化，体现在人工智能能针对不同观众的不同动作做出不同回应，并控制一些机械设备与观众进行互动，这大大拓展了旅游演艺的范围。比如，可以同时对多个观众进行协同互动表演等，针对这个新特性将诞生许多无法想象的新表演形式。

> **相关链接：旅游演艺——夜间的视听盛宴**
>
> 1. 旅游演艺丰富夜游
>
> 金黄花海、粉墙黛瓦，江西婺源迎来了最美的季节。夜晚，山水实景演出《梦里老家》则为游客展现出婺源另一番美景。山为景，水为台，真山真水打造

出古代诗词中描绘的"梦中家园"，把古徽州的书乡文化、茶文化、农耕文化、婚嫁习俗等融入春夏秋冬四幕美景中，游客沉浸其中便感悟到"落叶归根，根在婺源；千年守望，梦里老家"的浓浓乡愁。《梦里老家》填补了婺源夜间休闲旅游的空白，已成为婺源旅游新名片。

中国旅游演艺丰富多彩，成为很多地方的必游内容。文化和旅游部政策法规司副巡视员周久财近日表示，中国旅游演艺进入了快速发展期，从 2013 年到 2017 年，旅游演艺节目台数从 187 台增加到 268 台，增长了 43%；旅游演艺场次从 53336 场增加到 85753 场，增长了 61%；旅游演艺观众人数从 2789 万人次增加到 6821 万人次，增长了 145%；旅游演艺票房收入从 22.6 亿元增长到 51.5 亿元，增长了 128%。

说起旅游演艺，很多游客脑海中会浮现出山水实景演出的唯美画面。中国游客对旅游的要求日益增高，休闲文化游推动了旅游演艺大幅增长。旅游景区的实景演出以真山真水为舞台、以当地文化为内容，运用高科技的表现手法，在夜间为游客呈现出迥异于白天风景的视听盛宴。这是中国旅游的独创。从 2004 年实景演出《印象·刘三姐》的一炮走红到常演不衰，到《印象丽江》《印象大红袍》《鼎盛王朝·康熙大典》《禅宗少林·音乐大典》《长恨歌》《文成公主》等一批实景演出的纷纷登场，新颖的表演形式着实给游客带来了震撼的视听冲击力，大大丰富了夜间旅游的内涵。

2. 文化是灵魂

游客到访一个旅游目的地，希望能更深入地体验当地的历史文化和风土人情，而旅游演艺的形式最容易让游客短时间内形象地感知到当地文化。旅游演艺不仅仅是一台演出、一场歌舞、一段情景，更是一次进入游客内心的文化体验。"近年来，旅游演艺是游客体验当地文化的必不可少的环节。有特色的旅游演艺成为游客的首选。旅游演艺，'演'的应该是生动的中华文化精髓，'游'的应该是城市背后的历史文化故事。"马蜂窝数据研究中心负责人马禹涛说。

与法国的《红磨坊》和美国拉斯维加斯的《O 秀》并称为"世界三大名秀"的《宋城千古情》，用大气磅礴的视听手段展现了良渚古人的艰辛、宋代皇宫的辉煌、岳家军的惨烈、梁祝和白蛇传的千古绝唱，把丝绸、茶叶和烟雨江南等文化元素表现得淋漓尽致，带给游客视觉冲击和心灵震撼。

宋城演艺打造的"千古情"系列旅游演艺品牌，把地方特色与中华文化深度融合，每一台千古情都是一个地方的文化传奇。"千古情"每年演出 8000 余场、观众超过 3500 万，收入占据中国旅游演艺市场半壁江山。

获得游客喜爱的旅游演艺，无一不是以文化为灵魂。佛号声响起，篝火升腾的锅庄、打阿嘎的遁地之声、古老藏戏的声声传唱、甲谐的豪情奔放……包含西藏数十项非遗项目的实景剧《文成公主》以欢歌盛舞的方式拉开帷幕。演出以拉萨自然山水为背景，将戏剧、音乐、舞蹈与现代舞美元素融为一体，把文成公主进藏和亲那段历史佳话搬上了舞台。《文成公主》成为拉萨乃至西藏文化旅游的一张靓丽名片。

3. 沉浸式演出是创新

"安静地坐着观看，好像有些不过瘾。还有什么更好看的旅游演艺吗？"为了满足游客不断提升的新需求，一些旅游演艺融合 VR、AR 等舞台新技术，把景区场景化，创新出沉浸式旅游演艺。可参与体验的沉浸式夜间旅游演艺一台接一台亮相，并受到游客的热捧。

现在游客来武汉，一定不能错过长江首部漂移式多维体验剧《知音号》。长江边的码头和游轮就是剧场，围绕知音文化主题，以 20 世纪初大汉口的商业文化为故事背景。夜幕降临，200 余米的码头上，穿梭卖报的小童、卖力吆喝的小贩、提皮箱戴礼帽的绅士、匆忙赶路的旗袍淑女……游客步入码头，瞬间好似穿越回百年以前。登上轮船，演出就开始了。游客不必在观众席上正襟危坐，因为船上的每个角落都是故事发生的地方。船上不分观众区和表演区，演员和游客融为一体。该剧给湖北旅游特别是武汉旅游增添了最重要的夜间文化旅游景观，成为整个湖北旅游精品线路中最令人难忘的内容。

沉浸式旅游演艺极大地满足了游客的体验和互动这两大需求，是旅游演艺的一大创新。旅游演艺不仅停留在舞台上，更要走到观众中间。从早期的《又见平遥》到近年来的《极乐敦煌》《今时今日是安仁》《寻梦牡丹亭》《知音号》等演出，抓住了一大批游客的兴奋点，沉浸式旅游演艺快速增长。

目前，可参与体验的沉浸式夜间旅游演艺多以高科技为主、成本偏高、规模效应不足，如何引导游客二次消费、提升盈利能力成为痛点。未来，夜间旅游演艺的创新应是内容、形式和技术上更贴合大众需求，才能更有效地转化为旅游目的地发展的动能。

[资料来源:《人民日报》(海外版)]

项目总结

本项目基于我国旅游产业发展的最新动态，选取具有代表意义的旅游新业态——康养旅游、乡村旅游、工业旅游、研学旅行等，介绍了这些旅游新业态的概念、特征、发展背景和发展模式，以培养学生养成关注行业发展最新动态的习惯和行业素养。

📝 项目练习

一、思考题

1. 如何理解康养旅游的概念和特征？

2. 为什么说未来我国康养旅游市场潜力巨大？

3. 请阐述康养旅游的四种开发模式。

4. 什么是乡村旅游？乡村旅游的主要类型有哪些？请举例说明。

5. 什么是工业旅游？工业旅游有哪些发展模式？请举例说明

6. 如何理解研学旅行的概念和特征？

7. 研学旅行产品的类型有哪些？

8. 什么是旅游演艺？目前我国旅游演艺的主要类型有哪些？

二、案例分析

康养旅游：康养小镇怎么建？这个案例值得借鉴

大健康时代下，随着物质条件的不断改善及精神追求的崛起，人们对健康的追求，已不再仅仅是没有疾病，而是涉及物质和精神的各个层面，追求多元化、个性化的健康服务。大健康是随着人们健康理念的延伸而形成的一种全局理念。2016 年 8 月，习近平总书记在全国卫生与健康大会上提出了"健康中国"战略，在 2017 年党的十九大中明确提出"实施健康中国战略"。而"医疗 + 康养 + 旅游"的康养小镇模式成为这一战略的重要实施路径之一。

充分利用乡村优美生活环境，打造多元化、富有乐趣的生活方式，通过社区运营的方式经营的台湾长庚文化村成为康养小镇的一个标杆案例。台湾长庚养生文化村依托长庚医院建成，全村 3600 户，房屋为 7 层建筑，凡年满 60 岁配偶年满 50 岁都可申请入住。全村均为无障碍的环境设计，24 小时安全保卫，进出村庄需刷卡。村内附属有超市、书店、银行等服务性设施，村内居民除了自己做餐外，还可到小吃店、餐厅等餐饮区就餐或选择送餐服务。

长庚养生文化村设计理念有"怡亲""健康""养生""文化""社区""体验""教育训练"七大主题，但最主要的理念是"活到老，做到老"。例如，村内有会议厅，可举办学习演讲活动。如果入住的是教授，则可以在此指导学生写论文，其他老人也可增加与年轻人的交流。台湾长庚养生文化村是银发安居的典范，以其完美的社区模式服务银发群体,这种社区式的商业养老模式引发了行业极大的关注,成为康养产业一个重要的经典模式。

1. 长庚养生文化村特色

由于长庚养生文化村是依托长庚医院而建成,因此健康服务是养生村的最大亮点及主要服务内容,其重点服务人群为老人。提供针对老年人的高质量医疗及养生健康服务,满足长者最根本的需求,是长庚养生村的基础所在。此外,无障碍设施及丰富多彩的活动也为其添砖加瓦,成为核心吸引力的要素。

2. 健康服务

包括设立社区医院,提供居民特约门诊、康复及照顾护理等医疗服务;定期健康检查、防疫注射与体能检测,建立个人健康资料库;规划居民个人健康计划,提供养生处方和配膳建议,定期举办健康讲座、养生咨询;设立全天候监控中心,每户有紧急呼叫设施,确保高效率的紧急救护;定期举办健康讲座、养生咨询等。

3. 丰富多元的日常活动

从各类兴趣课程到 KTV、麻将、京剧、社团到学术讲座,简直媲美大学里的选修课程。村里还提供有偿工作,老人如有园艺农艺指导管理、简易水电维修等专长,都可通过为大家服务而按劳取酬。

4. 专业人才服务

文化村小区高龄教育课程,师资来源包含各大专院校、小区大学、长庚医院、养生文化村专长住民等为主。透过研习班课程让长者达到老有所用、代间交流、混龄教学、延缓老化及联结社会脉动等良好效果。社团活动则由区内老人相互传授经验,让教学者可以由活动中获得成就感,学员也可以在学习的过程中获得成长的快乐。在医疗活动方面,则由园区内专业医疗人员负责,包含专业医师、药剂师、专职护士及社工师,提供完善的看护服务。

5. 无障碍的环境设计

养生村的设计体现各个方面及细节上的精细化和人性化。在房间安全方面,每个房间都有紧急铃直通小区监控中心;房间都是无障碍空间,每间都有阳台,房内设置电磁炉过热自动断电,可做简单煮食,马桶是温控的。每幢都设有护理站,并为老人量身打造专属的健康计划。建筑内走廊的宽度比一般长照机构都要宽,一则避免视觉空间上的紧促感,二则方便老人,尤其是使用轮椅、助步器的老人漫步其中。

（资料来源：九鼎德盛旅游规划公众号）

> **案例思考：**你认为未来我国康养旅游发展的市场前景怎么样？结合长庚养生文化村的特色，请就如何开发康养旅游项目谈一下你的看法。

💬 推荐阅读

1. 康养旅游项目构建的 1 个误区、4 大格局、3 大模式、5 个步骤（微信公众号：酒店评论）

2. 乡村旅游的 7 个关键点（微信公众号：旅思马记）

3. 工学旅游：工业企业转型的探索者（微信公众号：工业旅游怎么搞）

4. 研学旅行 ≠ 游山玩水，要旅更要学（微信公众号：黔学帮）

参考文献

［1］刘葆，胡浩.中国旅游地理［M］.北京：对外经济贸易大学出版社，2017.

［2］郭亚军，曹卓.旅游景区运营管理［M］.北京：清华大学出版社，2017.

［3］张凌云，等.旅游景区管理［M］.北京：旅游教育出版社，2009.

［4］高峻.旅游资源规划与开发［M］.北京：清华大学出版社，2007.

［5］中华人民共和国国家旅游局.旅游景区安全管理实务［M］.北京：中国旅游出版社，2012.

［6］张伟强，刘少和，等.旅游资源开发与管理［M］.广州：华南理工大学出版社，2013.

［7］邵世刚.旅游概论［M］.北京：高等教育出版社，2015.

项目策划：段向民

责任编辑：张芸艳

责任印制：谢　雨

封面设计：武爱听

图书在版编目（ＣＩＰ）数据

旅游概论 / 唐志国 , 刘晓琳主编 . -- 2 版 . -- 北京：
中国旅游出版社 , 2020.9

中国旅游院校五星联盟教材编写出版项目　中国骨干
旅游高职院校教材编写出版项目

ISBN 978-7-5032-6454-2

Ⅰ . ①旅… Ⅱ . ①唐… ②刘… Ⅲ . ①旅游—高等职
业教育—教材 Ⅳ . ① F590

中国版本图书馆 CIP 数据核字 (2020) 第 033481 号

书　　　名：旅游概论（第二版）

作　　　者：唐志国　刘晓琳　主编

出版发行：中国旅游出版社

（北京静安东里 6 号　邮编：100028）

http://www.cttp.net.cn　E-mail:cttp@mct.gov.cn

营销中心电话：010-57377108，010-57377109

读者服务部电话：010-57377151

排　　　版：小武工作室

经　　　销：全国各地新华书店

印　　　刷：河北省三河市灵山芝兰印刷有限公司

版　　　次：2020 年 9 月第 1 版　2020 年 9 月第 1 次印刷

开　　　本：787 毫米 × 1092 毫米　1/16

印　　　张：16.5

字　　　数：320 千

定　　　价：39.80 元

ＩＳＢＮ　　978-7-5032-6454-2